KB104435

◐ 速成 바둑레슨 11 ◑

포석의 급소와 쟁점

中級에서 初段까지 〈坂田栄男 編〉

5段 沈宗植 校閱

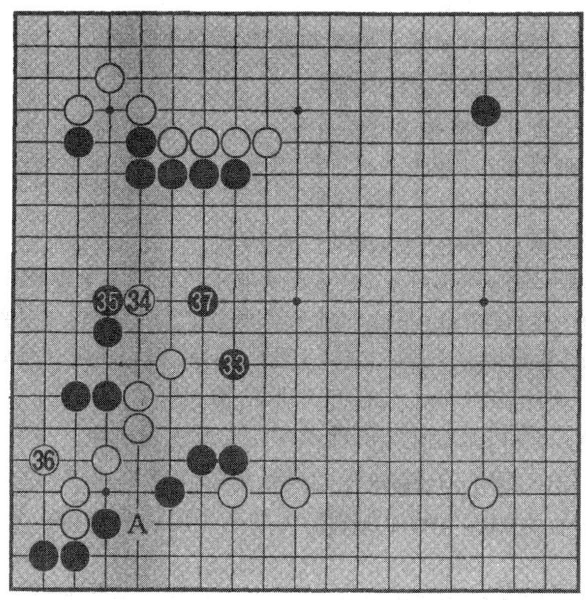

일신서적출판사

머리말

1980년도에 나는 일본 기원(日本棋院)의 이사장으로서 기계를 대표하여 「자수포장(紫綬褒章)」을 수상하였다.

1929년 10세의 나이로 増渕辰子6단의 문을 두드리고부터 어언 50년 동안을 바둑을 천직으로 여기고 오직 이에 열중하였다는 것과, 명인(名人), 본인방(本因坊) 등 61개의 타이틀을 획득하였다는데 대한 표창이었다.

앞으로는 국민학교와 중학교의 소년 소녀 전국 대회를 열고 이를 주축으로 하여 1천만 바둑팬의 조직화와 레벨어프, 그리고 세계적인 바둑으로 발전할 수 있도록 바둑의 국제화와 이의 보급을 위해 노력하기로 한다.

*　　　*　　　*

이 책에서는 서반의 구상에 관한 문제를 주로 다루었다.

「제1장 · 현대 포석의 급소와 쟁점」

「제2장 · 급소의 쟁점을 파악하는 법」

「제3장 · 坂田바둑 / 중반전의 급소와 쟁점」

「제4장 · 눈으로 익히는 급소와 쟁점」

이 4가지 문제를 주제로 하여 편집하고 있다.

1국의 바둑은 집과 위치, 즉, 실리와 세력과의 대항으로 구성되고 있다.

이의 근본을 이루고 있는 것이 전국적인 밸런스 감각이며, 이것은 포석 구상의 기술과 연관되고 있을 뿐 아니라 1국의 부침(浮沈)과도 관계되고 있다.

그러므로 본서에서는 형세 판단을 토대로 한 서반에 있어서의 「급소와 쟁점」을 파악할 수 있는 방법에 관하여 소개하고 있는 것이다.

제1장은 나의 실전보(實戰譜)를 소제로 하여 현대 포석의 급소는 어디에 있는가, 그리고 쟁점은 어떻게 포착할 수 있을 것인가에 대하여 설명하고 있다.

모든 포석의 흐름은 급소와 쟁점을 둘러싸고 맞보는 관계에 있는 것이다.

제2장은 나의 실전과 현대 포석의 저류를 이루는 「秀策류」를 소제로 하여 서반전의 이론적인 사고 방식과 착점의 필연성을 알기 쉽게 정리하였다.

제 3 장은 나의 실전 경험을 소제로 삼았다.

서반에서 중반으로 이행하는 동안에 발생한 작전에 대하여 이를 정확하게 판단하고 아울러 급소를 찾아낼 수 있는 방법을 익혀 주기 바란다.

제 4 장은 밸런스 감각과 모양 형성의 쟁점, 그리고 공방전에 있어서의 급소를 즉시 알아낼 수 있는 감각 양성 문제를 다루고 있다.

모두가 나의 실전보에서 발췌한 기본형이므로 많은 도움이 될 것이라고 믿는다.

현재, 바둑책은 어느 것을 선택하는 것이 옳은지 망설이게 될 만치 많이 발행되고 있다.

그러나 이 책 저 책을 닥치는 대로 많이 읽는다고 하여 충분한 효과를 거둘 수 있는 것이 아니다.

요는 진지한 연구와 탐독이 필요한 것이다.

물론, 독자의 실력 정도나 열성, 이해력, 그리고 기억력 등에 의하여 다르겠지만 다음 사항에 유의하여 연구를 거듭한다면 기력의 향상 및 숙달을 위하여 많은 도움이 될 것이라고 생각한다.

우선, 1 국의 국면을 연구할 때에는 이를 몇 번씩 되풀이 하기 바란다. 회를 여러 번 거듭하는 동안에 그 수를 암기하게 될 것이다.

여기서 포석 구상의 맛과 즐거움을 누릴 수 있게 되는 것이다.

나는 앞에서 말한 원칙에 따라 바둑의 기본 요소를 되도록 간결하게 해설하고 있다.

坂田榮男

▣ 포석의 급소와 쟁점 차례 ▣

제1장　현대 포석의 급소와 쟁점

제2장　급소와 쟁점을 포착할 수 있는 방법

제3장 坂田바둑의 급소와 쟁점

제4장 눈으로 포착할 수 있는 급소와 쟁점

제 1 장

현대 포석의 급소와 쟁점

포석 작전에 있어서의 급소와 쟁점

최근에는 어떤 대국에 있어서나 5집반의 공제가 채택되고 있다. 이런 바둑의 출현으로 인하여 과거의 다소 여유가 있었던 포석법은 필연적으로 수정되고 현대의 날카로운 감각의 포석법이 생겨났다.

즉, 이런 공제 바둑의 포석 작전은 黑번에서는 되도록 속전 속결로 몰고 가서 선착의 위력을 발휘할 수 있도록 노력하여야 할 것이며 白번에서는 5집반이라고 하는 예금을 활용하여 되도록 지역과 세력과의 밸런스를 유지할 수 있도록 세기(細碁)의 형세로 몰고 가는 것이 기본적인 것이라고 생각된다.

다소 어려운 점이 있을 것으로 생각되지만 자전보(自戰譜)를 중심으로 하여 현대 포석의 구상을 알기 쉬운 구도로 연구하여 주기 바란다.

포석 작전은 어떻게 수립하는 것이 좋은지 이의 급소와 쟁점을 소개하기로 한다.

범 례

1. 포석 구상을 위한 교제로는 나의 실전보와 옛날의 秀策류 포석에서 채택하였다.

   현대 포석 가운데에서도 소위 1·3·5의 「秀策류」가 포석의 저류를 이루고 있기 때문이다.
2. 1국의 흐름을 포석의 급소와 포석의 쟁점이라고 하는 각도에서 착점을 감각적으로 포착할 수 있도록 편집하였다.
3. 각 국마다 여러 보로 분류하여 상단에서는 수순의 진행을, 하단에서는 이에 대한 해설을 하고 있다.
4. 제1보에서 제2보, 제3보로 진행하고 있는데 각 보마다 기수를 1로 통일하고 있다.

   각 보의 옆에 쟁점과 급소를 표시한 것은 신기축이다.

제 1 형

2연성의 포석
제 1 보

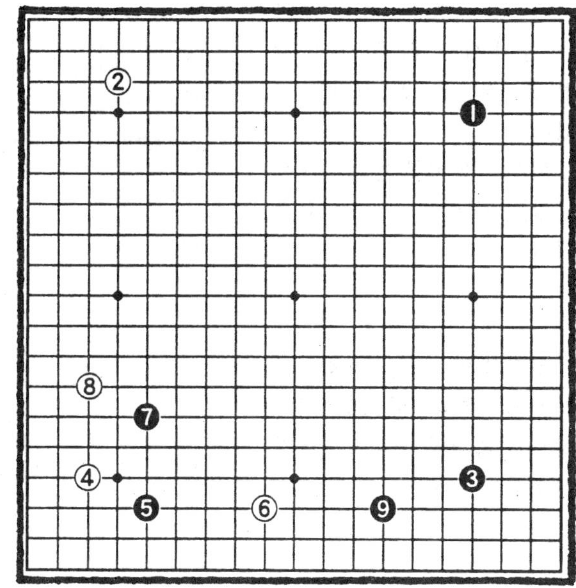

❶·❸ 근대 포석법
⑥ 여유 있는 태도
❾ 완착

화점에 두는 것은 1수로 귀를 차지할 수 있는 스피드와 중앙 중시의 발상이며 2연성은 근대 포석의 꽃이다.

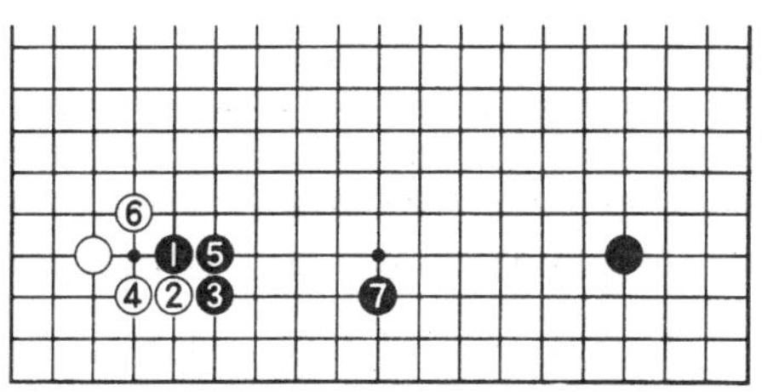

참고도 1

黑5 이하는 참고도 1의 구도도 유력하였다.

黑9는 다음에 白6에 대하여 적절하게 공격할 수 없는 것이 난점.

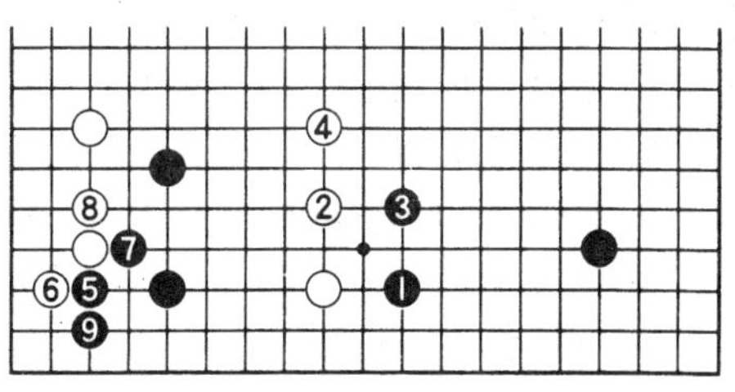

참고도 2

참고도2의 黑1, 3을 채용하여야만 했다.

白1의 굳힘은 이론이 없는 수이지만 **참고도3**의 상변 중시의 구도도 생각할 수 있다.

黑2는 올바른 방향으로서 쌍방이 대치하고 있는 급소이다.

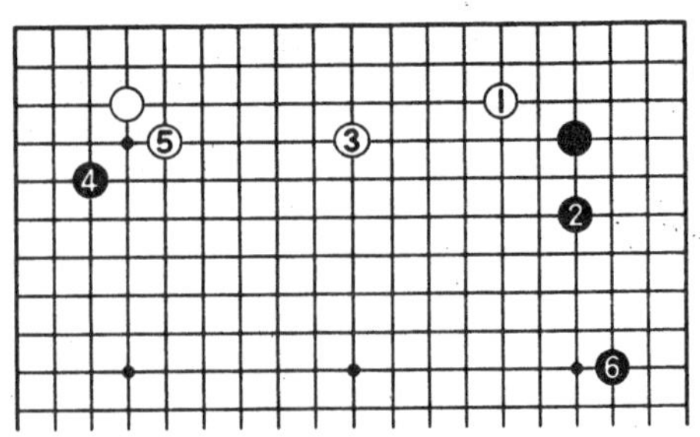

참고도3

이것으로는 **참고도4**의 3연성도 호점이나 이번에야말로 白2, 4의 구축으로 a가 절호점이 된다.

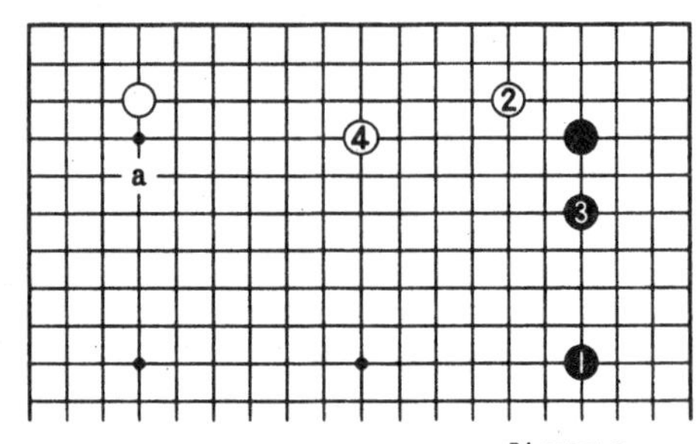

참고도4

위기10결

1. 탐부득승(貪不得勝) 탐하면 승리할 수 없다
2. 입계의완(入界宜緩) 입계를 완만하게
3. 공피고아(攻彼顧我) 상대를 공격하려면 자신을 돌아보라
4. 기자쟁선(棄子爭先) 돌을 버릴 망정 선수를 잡아라
5. 사소취대(捨小取大) 작은 것을 버리고 큰 것을 차지한다
6. 봉위수기(逢危須棄) 위기에 처하면 포기한다
7. 신물경속(愼勿輕速) 신중을 기하며 경솔하게 행하지 아니한다
8. 동수상응(動須相應) 적의 움직임에 따라서 이에 응한다
9. 피강자보(彼強自保) 상대가 강하면 자기를 보호한다
10. 세고취화(勢孤取和) 세가 고립되면 타협하라

제 2 보

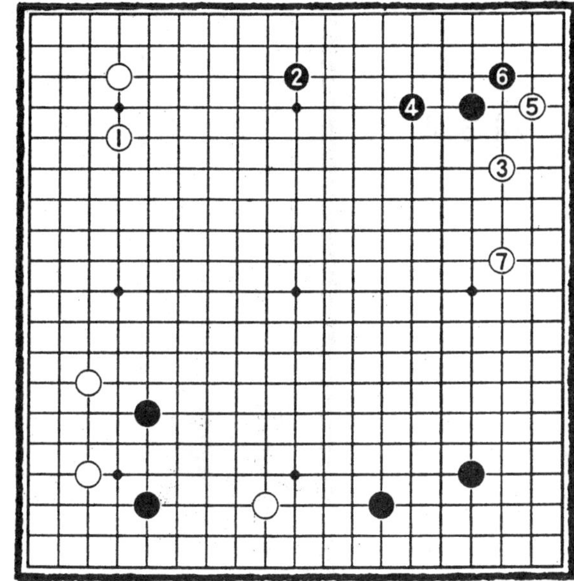

❷ 대치의 급소
③ 당연한 1수
❻ 너무 안이하다

黑4로써 참고도5의 협공 정석을 선택하는 것은 이 형세에서는 일방적인 모양이 되므로 의문이다.

黑6은 중대한 작전의 기로. 즉, 白7의 의도가 뚜렷하여 국면의 여유 있는 점에 주목한다.

그러므로 참고도6의 정석을 채용하고 黑9가 유력한 구상.

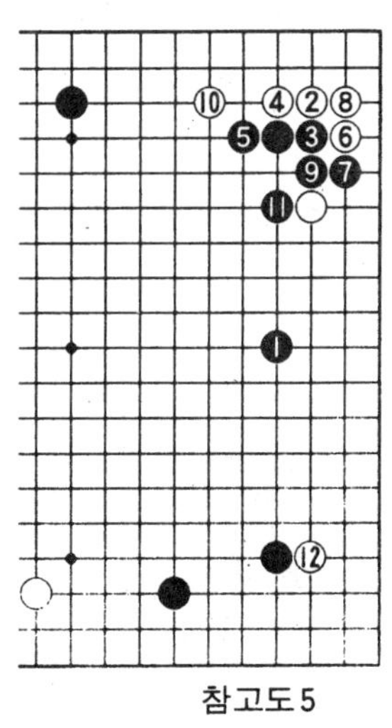

참고도5

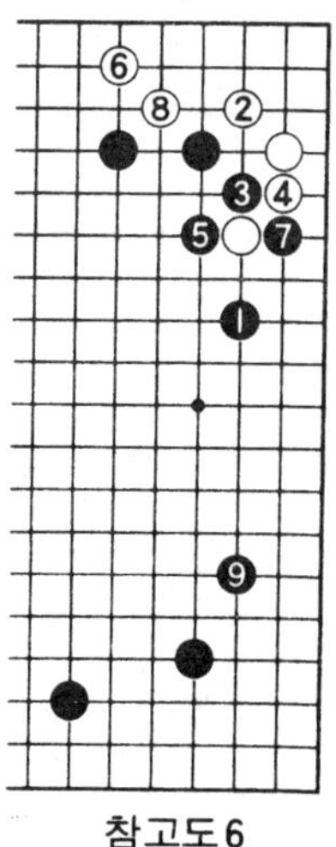

참고도6

제 3 보

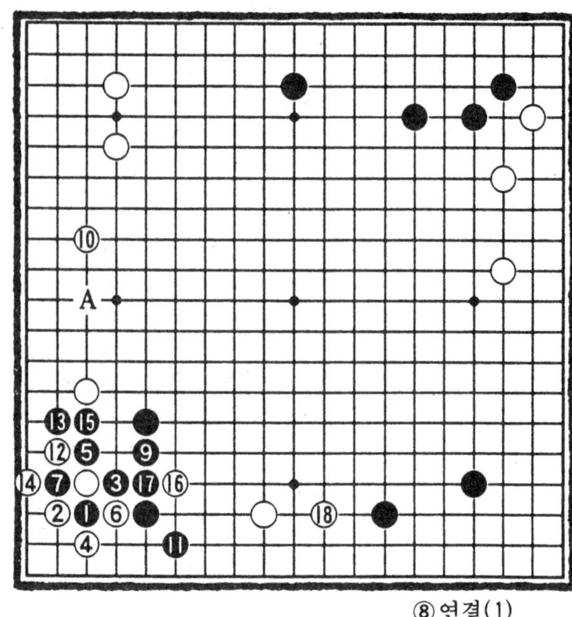

❶ 쟁점
⑩ 밸런스의 요점
⑱ 쟁점의 급소

⑧ 연결(1)

黑1의 붙임수는 지금이 시기이다. 여기는 白이,

참고도7 白1로 내려가는 것이 실질적인 면에서 큰 수가 되며, 소위 쟁점이 되고 있다.

白4의 젖힘수는 기세지만 黑9로 **참고도8**을 생각할 수 있다.

참고도9 白2는 黑3, 5가 맥으로서 7까지 좋은 모양이므로 白은 불리하다.

白10의 벌리기가 하변에 형성된 黑의 세력을 고려한 밸런스 감각의 요점이다.

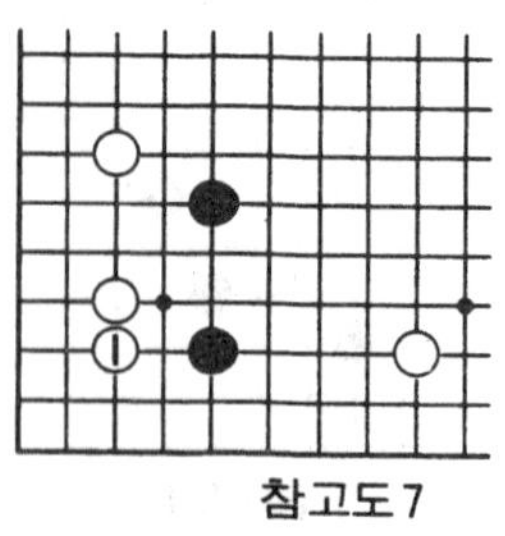

참고도 7

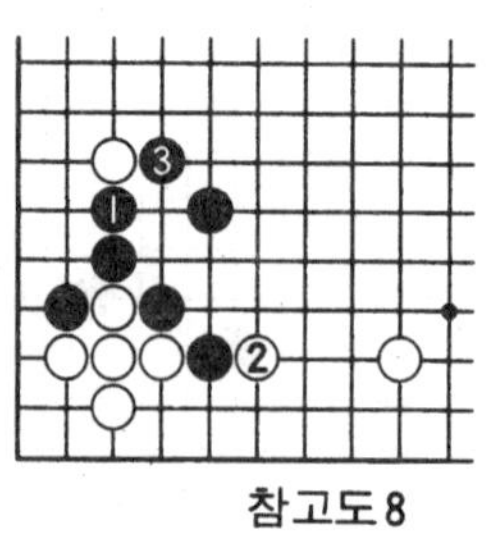

참고도 8

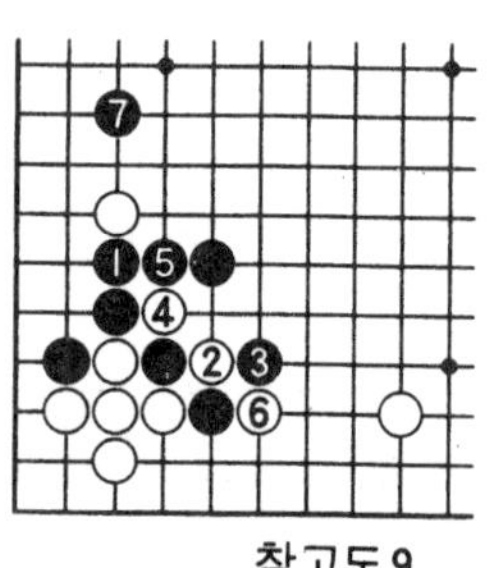

참고도 9

이것으로 A의 2칸벌리기를 생각하는 분이 많으리라고 생각되는데 이것은 무모하다.

참고도10 黑1의 침투로 순식간에 불리하게 된다. ◬이 부적당하다는 증명이다.

참고도11 ◬은, 黑1로 침투하여 오면 기꺼이 白1점을 포기하려는 것이다.

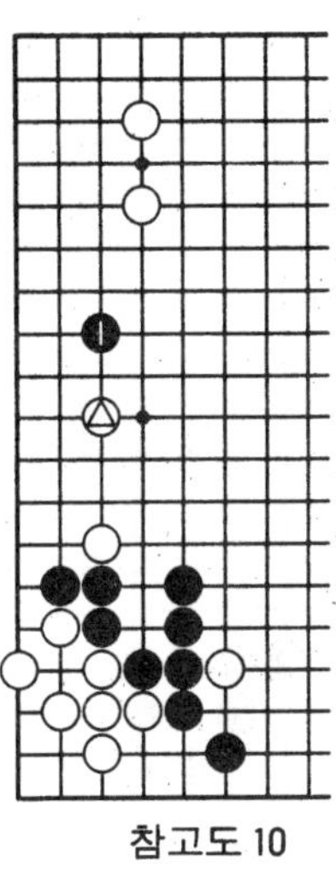
참고도 10

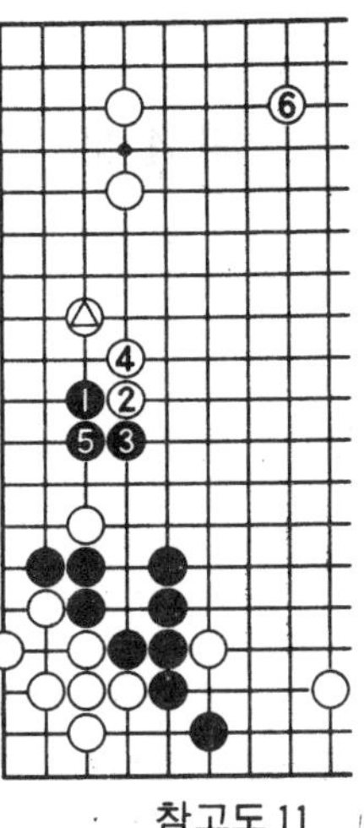
참고도 11

참고도12 참고도10의 黑1의 급소에 침투하면 아래쪽의 두터운 맛이 위력을 발휘한다.

白2 이하의 강인한 봉쇄 수단도 다음에,

참고도13 黑1 이하로서 크게 산다.

참고도14 黑1에 白2로 나와도 黑3, 5로서 결과는 白이 나쁘다.
돌의 경중을 파악하기 바란다.

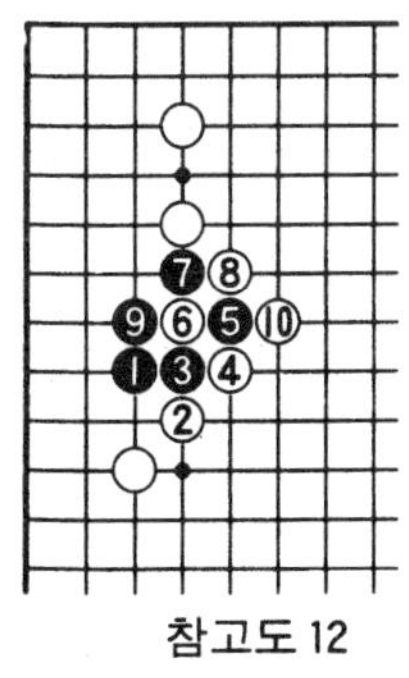
참고도 12

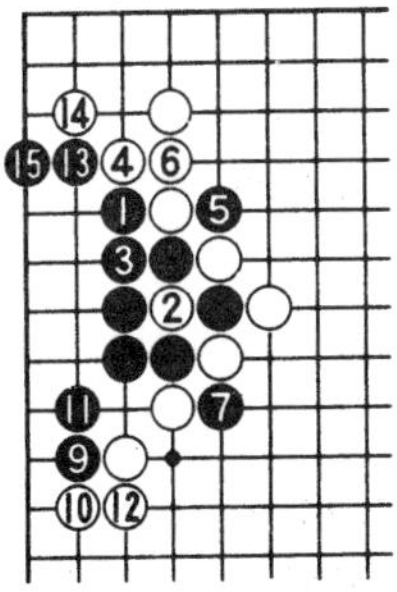

⑧ 연결 참고도 13

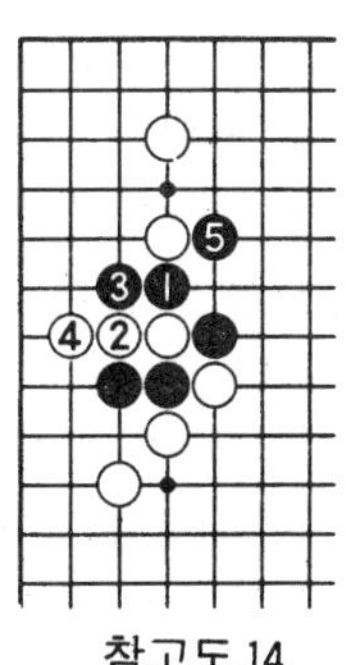
참고도 14

제 4 보

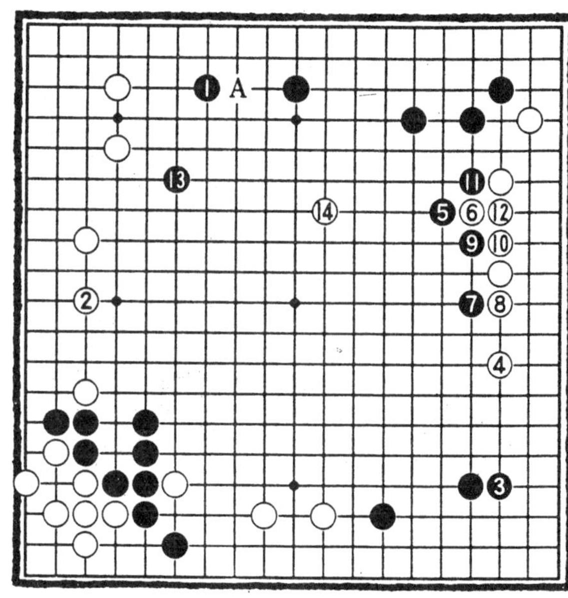

❶ · ② 맞보기
❸ · ④ 맞보기
⓭ · ⑭ 적당

黑1의 벌리기는 당연하다.

이것으로 2로 침투를 하면 白A로 돌아서 이쪽이 큰 것이다.

白2는 마지막으로 남겨진 큰 자리. 그러나 가장 작은 큰 자리라는 것을 알아야 한다.

黑3의 굳힘과 白4도 또한 맞보는 점으로서 포석에서는 항상 이「맞보기」를 고려하고 두지 않으면 안 된다.

이것이 포석 작전에 있어서의 중요한 기점이 되고 있는 것이다.

黑3으로 **참고도15**는 白이 귀를 차지한다.

白12까지 받고 있지만 黑의 큰 모양에 현혹되지 않고 黑13을 맞이하여 白14의 삭감까지 白이 맞보기를 두어 성공적인 포석이다.

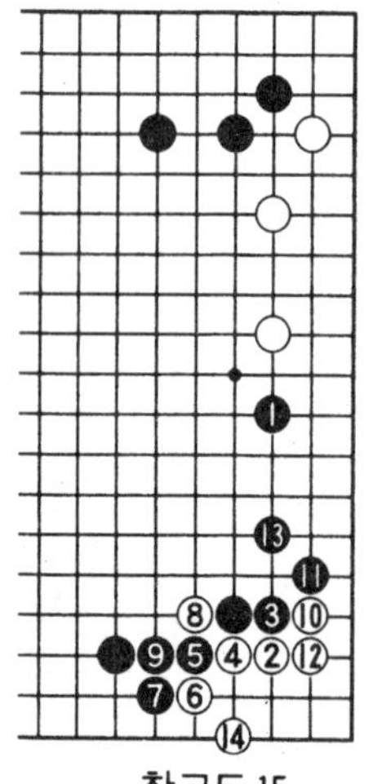
참고도 15

제 2 형

향소목의 포석 제 1 보

② 어느 귀나 자유
④·❺ 맞보는 점
⑧ 순리의 협공

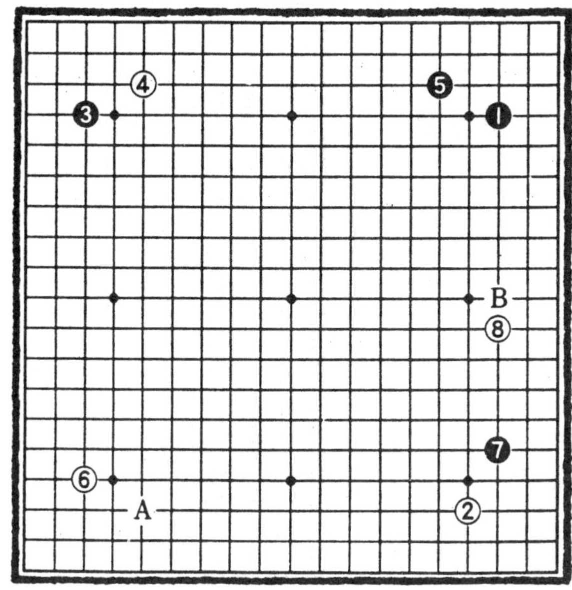

종전에는 白2로 좌상귀에 두는 것이 보통이었지만 현대에는 어느 귀에 두어도 무방하며 각각 1국의 바둑이다.

黑7로 A의 자리에 걸치는 것 보다는 제 1 보가 자연스럽다.

白8은 黑B의 호형에 앞선 쟁점.

참고도1 이것도 여유 있는 1국의 구도이다. 黑2로써 a라면 白b로 이상형.

참고도2 유행되고 있는 白1의 2칸높은 협공은 黑4의 육박이 우상의 굳힘과 어울려 이상적인 구도이다.

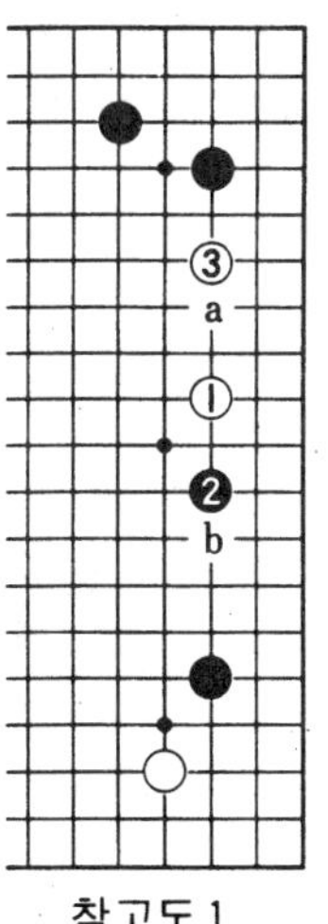

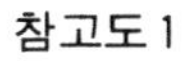
참고도 1

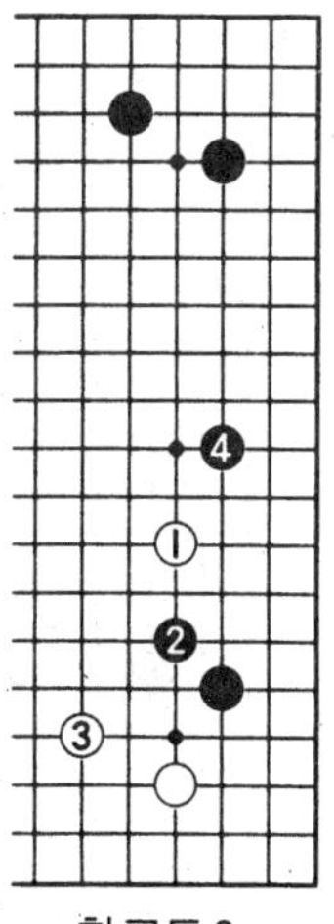
참고도 2

제 2 보

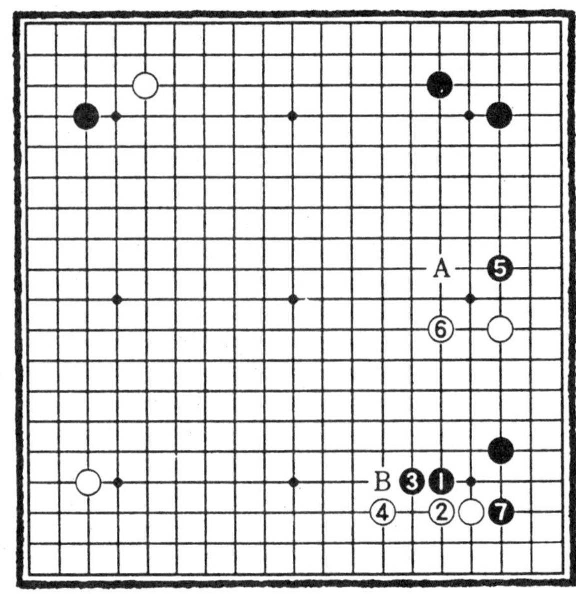

❶·⑥ 정석
❼ A, B도 있다

黑1 에서부터 5까지는 하나의 정형으로서 이따금 사용되고 있다. 또,

참고도3 黑1 에서부터 白4까지 두는 구도도 있다.

제 2 보의 黑7은 정법.

참고도4 이것을 黑1 로 뛰면 白2에서 10까지로 모양을 갖춘다. 白8 로써,

참고도5 1 로 절단하면 黑8까지.

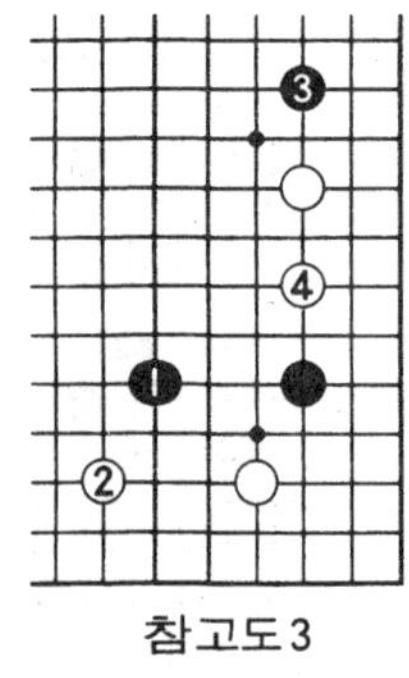

참고도3

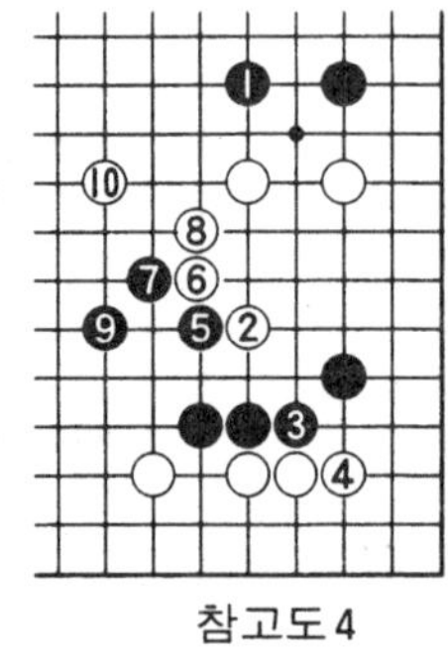

참고도4

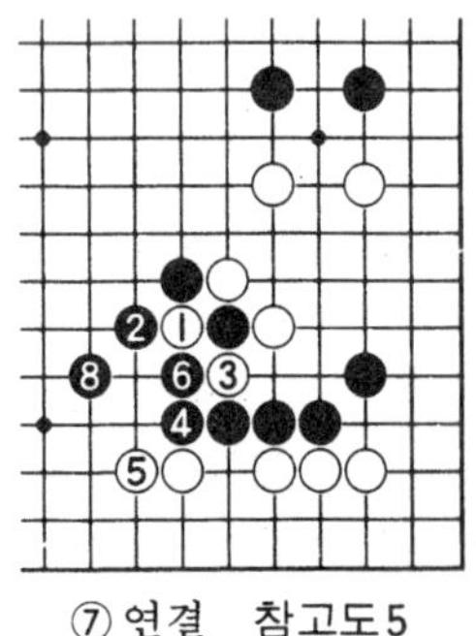

⑦ 연결 참고도5

제 3 보

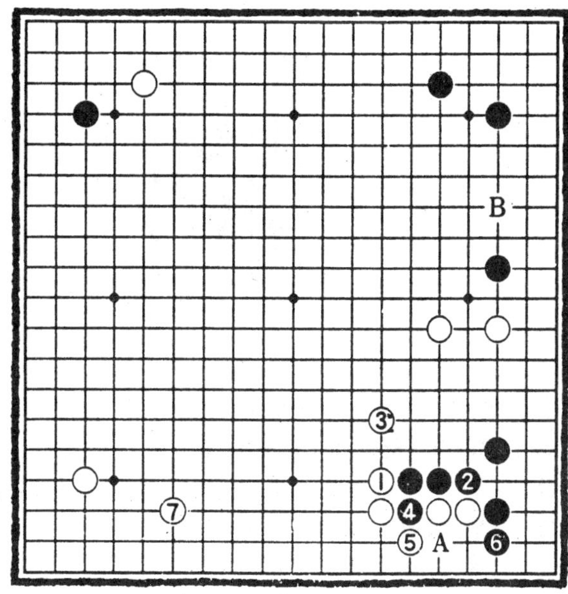

①~❻ 정석
A로 잡기는 작다
⑦ 절호의 급소

白의 포석 구상은 1의 밀어올리기에서부터 黑6까지의 정석을, 이어서 白7의 굳힘으로 도는 설계가 하나의 세트로 되어 있는 것이다. 즉, 白7이 절호의 급소로서 하변에 이상형이 완성되었다.

참고도6 여기서 白1로 나오는 변화는 어떤가?

黑2로 응수하고 이하 白7까지는 필연. 이어서,

참고도7 黑1의 절단에서부터 白14까지는 黑의 세력과 白의 실리라는 대항으로서 제3보와는 반대의 대항이 되지만 白은 우변 B의 침투가 있어 이렇게 둘 수도 있다.

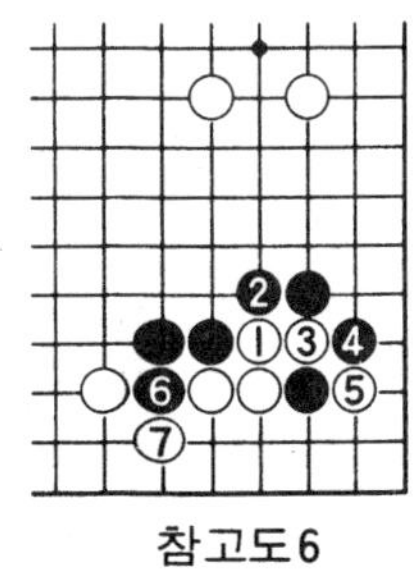

참고도6

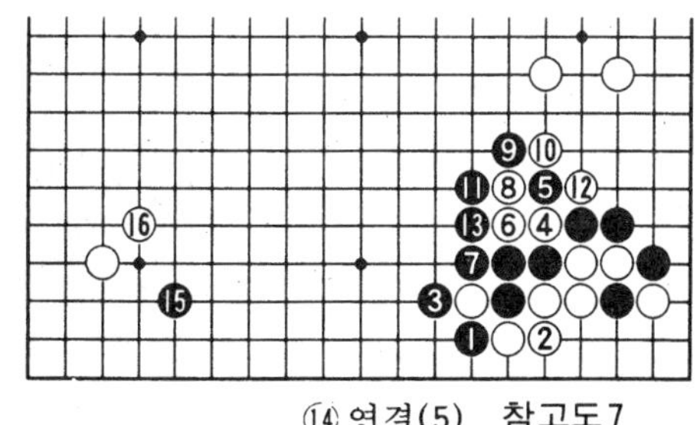

⑭ 연결(5) 참고도7

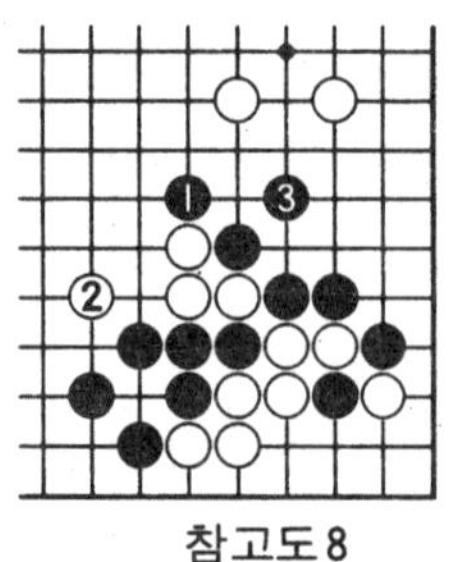
참고도8

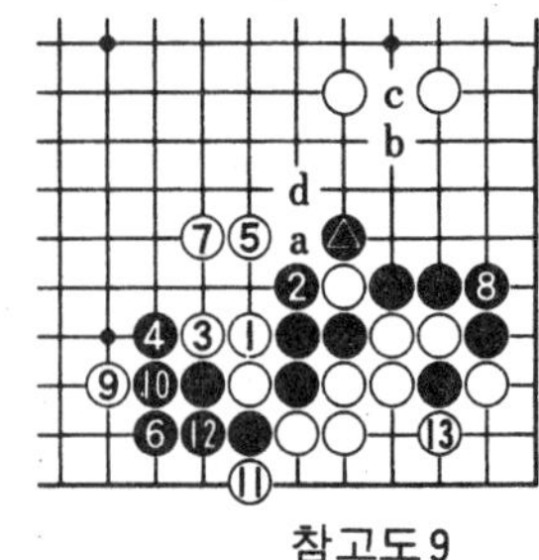
참고도9

수순 중 黑5가 절대로서 단순히 7로 잡는다면 白5로 불리하다.

또한, 黑9의 2단젖히기도 필히 명심하여야 한다.

참고도8 白이 조이는 것을 꺼리며 2로 뛰면 黑3이 멋진 모양이다.

참고도9 ▲에 대하여 白1로 나오는 것도 유력하며, 그러면 이하 13까지 상정되므로 白이 유리한 모습이라고 생각된다.

수순 중 白7로써 a는 8의 연결을 활용하여 黑b 白c 黑d의 준엄한 젖히기로 오히려 불리하다.

참고도10 처음에 白1 다음에 3으로 절단하는 것은 약한 수로서, 黑4의 씌우기로 白은 불리하다.

참고도11 黑a의 변화는 여러 가지로 검토되었지만 黑1로 내려가면 5까지 되었을 때에 白6의 절단이 준엄하다.

이것은 △의 뛰기로 黑이 무리한 모양이다.

이상의 참고도는 맥과 형태를 혼용하고 있어 반드시 실전에 도움이 될 것이라고 믿는다.

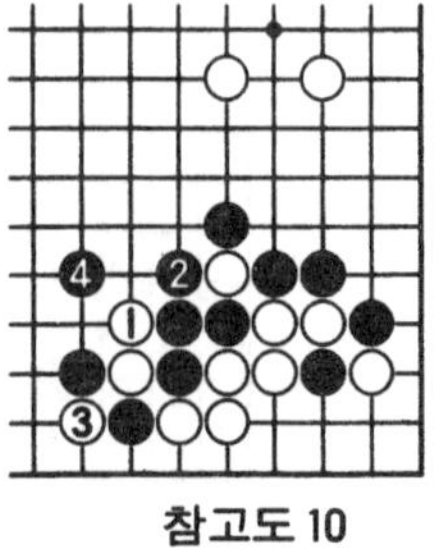
참고도10

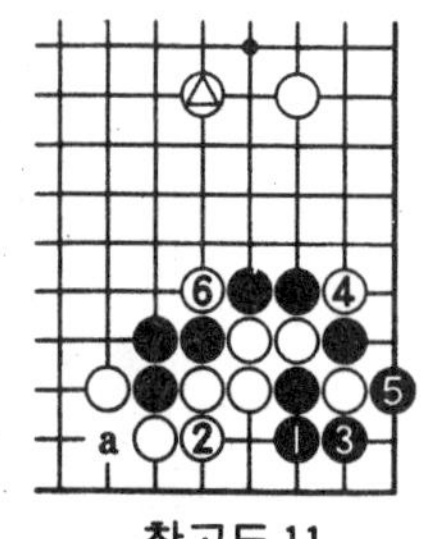
참고도11

제 4 보

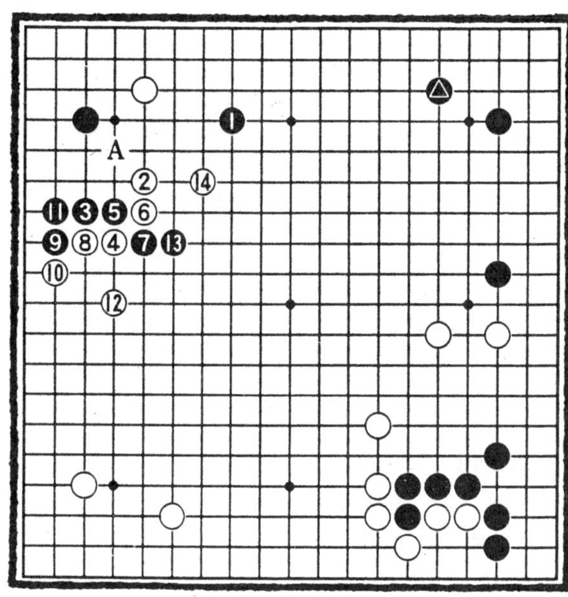

❶ 급소의 협공
②·④ 중앙제압작전
⑩ 의문의 1착

黑1의 협공은 당연하다. 이것으로 A의 ㅁ자 등은 白12의 구축으로 이상적인 양쪽 날개를 펼 수 있다.

白2는 黑3을 예기하고 즉시 白4의 씌우기를 노린다. 일거에 속전으로 몰고 가서 중앙을 제압하려는 작전이다.

黑3은 정석이지만 白의 수에 말려들었다.

여기는,

참고도12 黑1 이하의 정석이 재미있는 구상. 이유는 黑11의 벌리기가 절호이며 白10은 우상귀 ▲의 굳힘이 白의 발전을 저지하고 있기 때문이다.

黑5, 7의 절단은 기호지세.

제4보 白10의 막기는 문제이며 단순히 12가 정착.

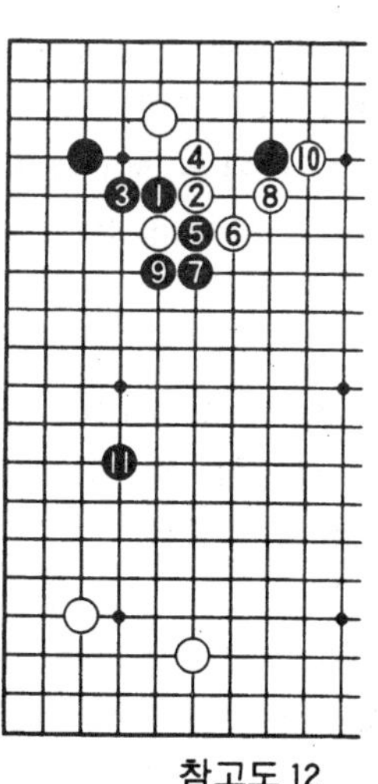

참고도 12

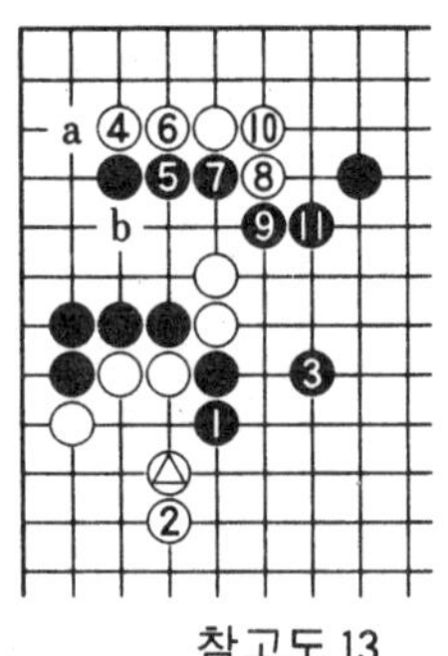

참고도 13

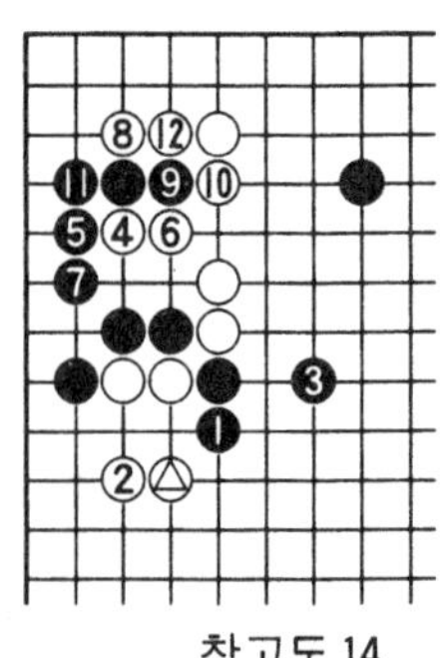
참고도 14

참고도13 △의 실책을 응징하여 1로 뻗어야만 하였다. 白2라면 黑3이 모양으로서 白은 진출하기 어려우므로 4에 붙여 살겠지만 黑5 이하 11로 2점을 잡고 불만이 없다.

수순 중 黑5로써 a는 白b의 끼워붙이기가 성립하여 黑이 나쁘다.

참고도14 단순히 △라면 黑1에 대하여 白2가 좋은 수이다.

黑도 역시 3이라면 白4, 6의 준엄한 수단이 생기는 것이 앞 그림과의 차이. 白12까지로 괴롭혀 黑은 크게 불리하다.

제4보에서 白14로 뛰어 나오기에 이르러 白이 호조의 국면.

그 원인은 黑3 때문에 白4의 압력을 받았던 점에 작전의 실수가 있었다고 생각한다.

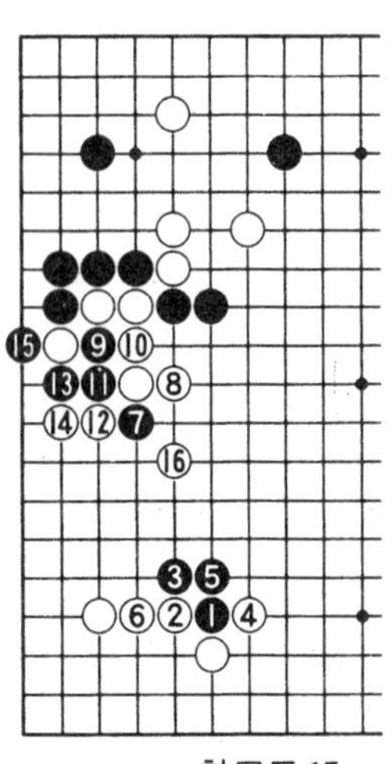
참고도 15

참고도15 제4보 다음의 진행인데, 黑1 이하의 신랄한 작전도 白16까지의 강력한 응수로 실패로 그쳤다.

黑1은 5의 씌우기가 보통.

이 수단의 노림은 黑7을 결행하는 축머리의 복선이 되고 있다. 白8 1수로써 12로 받는 것은 黑8로 눌려 불리하다.

제 3 형

고풍스런 포석
제 1 보

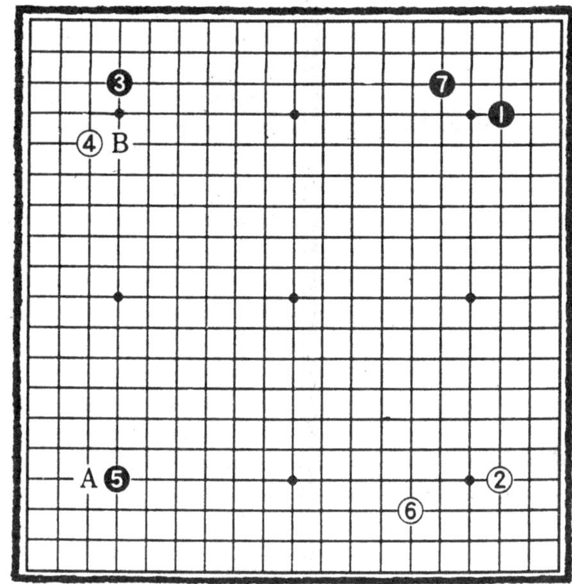

② 秀哉류
④ 적극적인 수법
⑥·❼ 맞보기

黑1에 대하여 白2로 같은 모양으로 두는 것은 본인방 秀哉명인이 즐겨 사용하고 있던 수법이다.

黑3도 향소목이나 화점을 차지하는 등 여러 가지 수가 있지만 그 당시의 기분이나 상황에 따라서 선택한다.

白4로 A의 빈 귀에 두면 黑B로 굳히는 것이 되지만 白의 태도로서는 어쨌든 적극적으로 분쟁을 벌리려는 것이다.

黑5의 화점은 현대 감각의 수법. 이것으로,

참고도1 黑1로 외목에 두는 것이 보통으로서 그렇게 두는 수가 많다.

白이 2로 걸치면 黑3이 협공과 벌리기를 겸하여 절호점이 된다.

그러나 자리가 넓기 때문에 반드시 白이 불리하다고만은 볼 수 없으며 제1보의 7에 걸쳐 변화를 구한다.

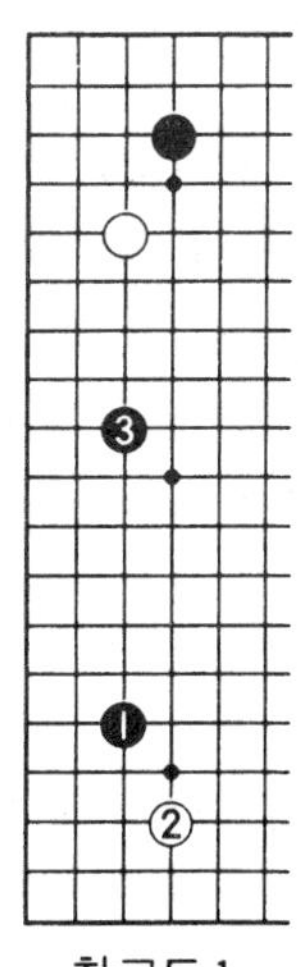

참고도1

제 2 보

①·③ 취향
❹ 쟁점의 큰 자리
⑤·❻ 맞보기
⑦ 쟁점의 급한 자리

白1, 3은 일련의 취향이다. 이 1로,

참고도2 쌍방의 쟁점인 우변의 큰 자리를 선택하면 黑은 2의 협공으로 돌며 이하 12까지 무난한 구도가 상정된다.

이어서 白13의 붙이기로부터 23까지 처리의 요령이다.

포석의 재미는 1수의 방향 결정으로서 국면이 일거에 변화한다고 하는 묘미에 있다.

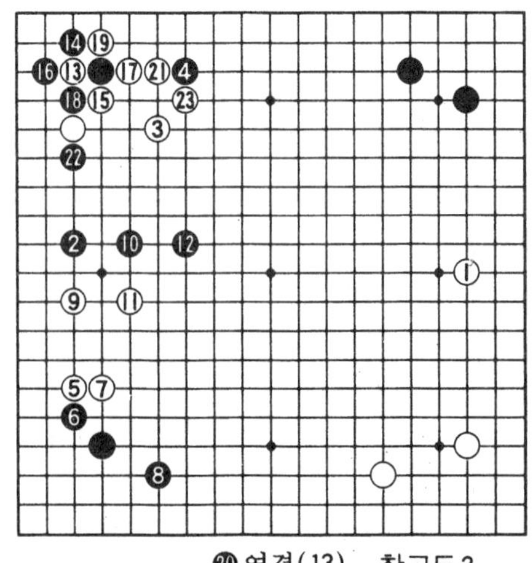

⑳ 연결(13) 참고도2

제2보의 白1로써,

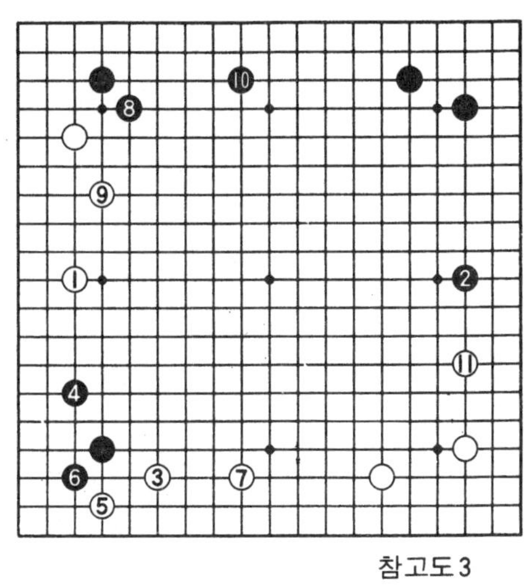
참고도3

참고도3 단순히 白1도 있는데, 그러면 黑2를 차지하게 된다.

그러므로 이번에는 白3에서부터 걸치고 이하 11까지 黑의 편안한 포석이라고 할 수 있다.

제2보의 黑2로써는 낮게 A로 굳히는 것이 白5의 걸치기가 절호가 될 수 없으므로 좋다.

黑4는 쟁점의 큰 자리.

이것으로 B의 벌리기도 호점이지만 4의 큰 자리에는 미칠 수 없다.

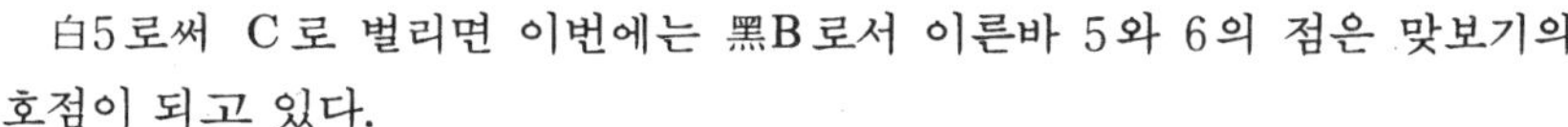
白5로써 C로 벌리면 이번에는 黑B로서 이른바 5와 6의 점은 맞보기의 호점이 되고 있다.

白7도 당연한 급소. 黑은 반대로 이 점에 두는 것이 좋다.

즉, 포석의 쟁점이나 급소는 서로가 맞보기의 관계를 노리고 물이 흐르듯이 운영하는 것이 이상적이다.

黑10은 요점.

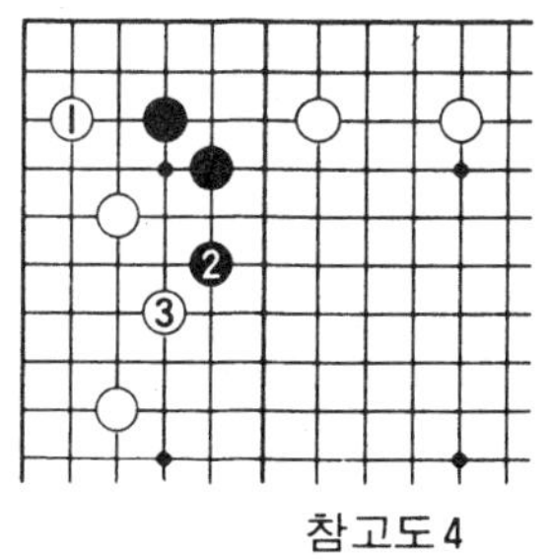
참고도4

참고도4 白1, 3으로 실리를 차지하면서 공격하면 견딜 수 없다.

제2보의 黑12는 문제.

D가 정착이다.

제 3 보

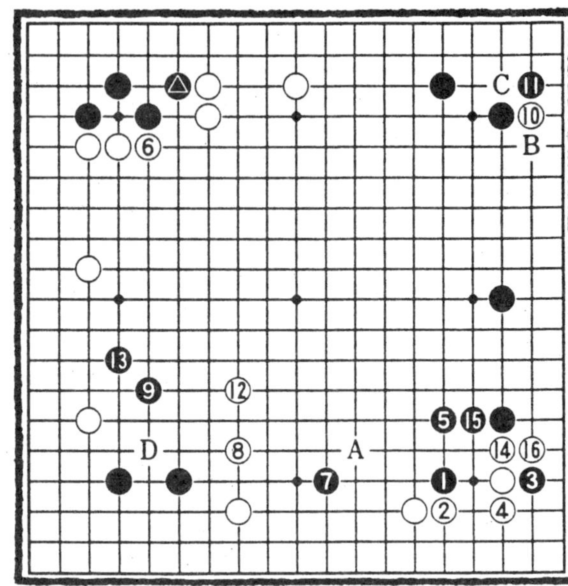

❶~❺ 정석
⑥ 급소
❾ 쟁점
⑭ 모양의 급소

黑은 좌상귀에 ▲를 선수로 두고 1 이하의 호점을 서둘렀지만 이것은 약간 지나친 느낌.

黑5까지는 하나의 정석이므로 당연히 이론이 있을 수 없으나 전국적으로는 白6으로 봉쇄되고 두터운 모습을 주게 되어 득책이라고 할 수 없다.

白4로써,

참고도5 白1로 누르는 정석은 黑8까지로 일단락한 다음 黑a로 씌우는 준엄한 수가 있으므로 白은 바빠진다.

黑7의 침투는 白8의 뛰기를 유인하여 黑9로 두려는 것이지만 의문이다.

이유는, 우하귀의 白이 견고하기 때문에 7이 부담이 되고 있다는 뜻과, 白이 하변을 둘러싼다면 7로 둘러쌀 것이 아니라 역시 8로 크게 두고 싶고, 그것이라면 黑A가 적당한 삭감이 될 수 있기 때문이다.

그러므로 黑7은 단순히 9의 요점을 차지하여야만 했다.

白10의 붙이기는 日자굳힘에서의 상법.

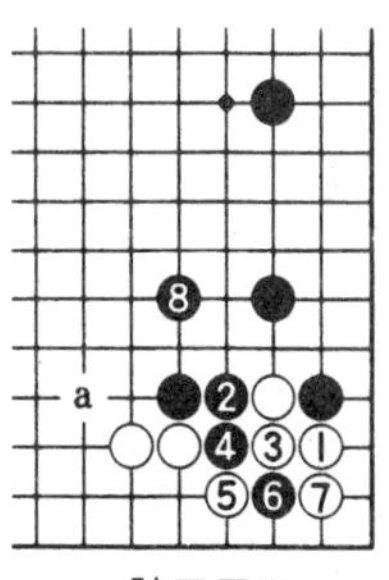

참고도5

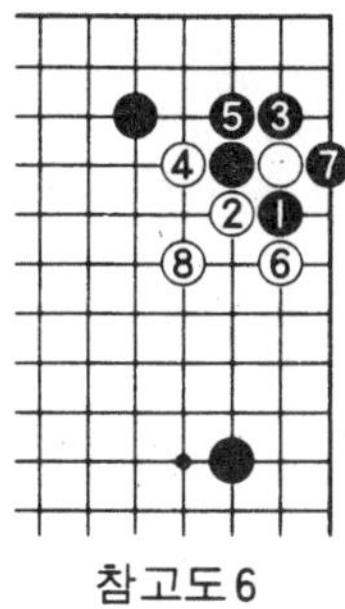
참고도6

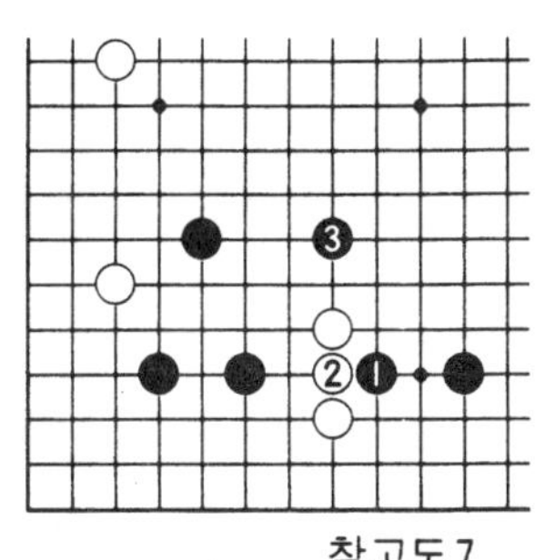
참고도7

黑11 로써 B로 누르면 장래에 白C로 젖혀 귀에서 살려는 수단을 취하거나 참고도6을 선택한다.

제3보는 귀를 확보하고 白의 선택을 봉쇄하였다. 白12는 요점.

참고도7 黑1, 3의 공격에 대비하는 것과 동시에 제3보의 黑7을 공격하고, 또한 黑13을 두지 않으면 白D로 이곳의 차단을 노린다.

白14는, 黑이 이곳으로 두는 수가 두터우므로 이 모양을 무너뜨리면서 응수를 타진하고 있다.

참고도8 黑이 욕심을 부려 1이라면 白2, 4를 활용하고 6이 맥. 이것은 白12까지 黑의 불리한 싸움이 될 것이다.

黑15 白16의 교환은 黑이 불만이다.

참고도9 黑1의 2칸뛰기가 호착.

白2면 黑3으로 2점을 만들어 버리고 외세를 얻는다.

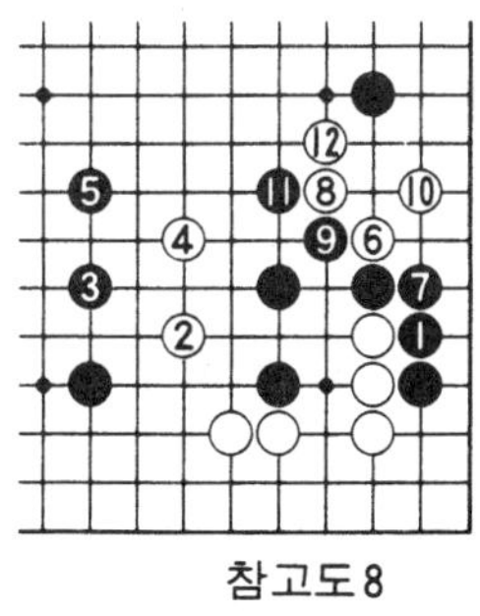
참고도8

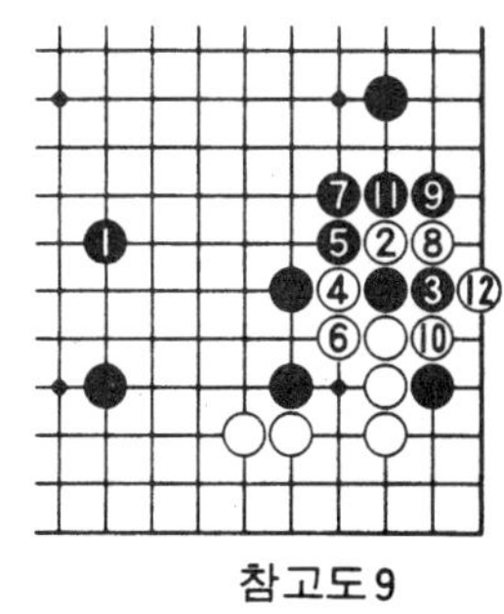
참고도9

제 4 보

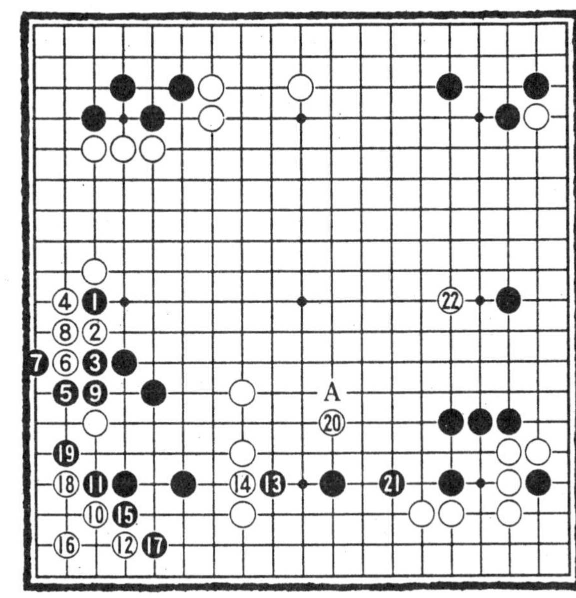

❶ 패착
②·⑩ 급소
⑳·㉒ 쟁점

黑1은 고심의 1착이나 A의 뛰기가 절호점.

참고도10 黑은 白2를 기대하고 이하 7까지의 구도를 상정한 것이나 너무 안이한 생각이었다.

제4보에서와 같이 귀에서 살고 白20, 22의 요점을 차지하면 黑은 자멸한다.

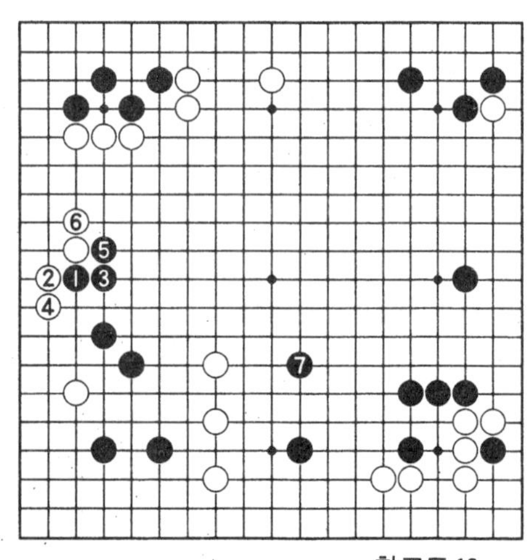

참고도10

제 4 형

의욕적인 포석
제 1 보

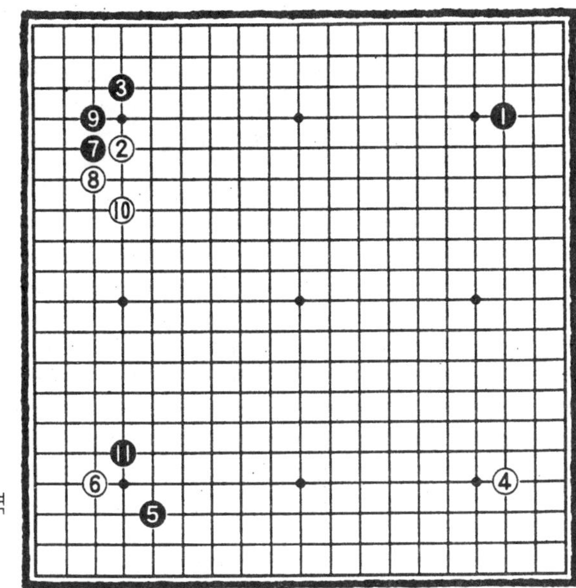

② 의욕적인 취향
❸~⑩ 실리 대 세력
⓫ 적극적인 작전

白2의 고목이 최근에 별로 많이 채용되지 않고 있는 것은 현대 포석이 집을 중시하기 때문이라고 할 수 있다. 그러므로 3의 소목에 걸치는 것이 가장 많은 것이다.

白4로써 참고도1의 씌우기도 정석이나, 이것은 黑6, 8을 차지하여 黑의 편안한 포석이 된다.

黑11로써 참고도2의 1, 3의 정석을 채택하는 것은 白4의 협공에서부터 8의 구축이 절호가 된다.

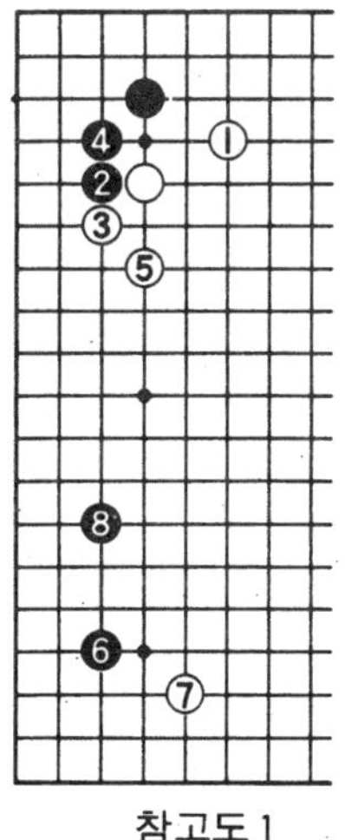

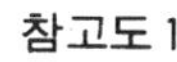

참고도 1

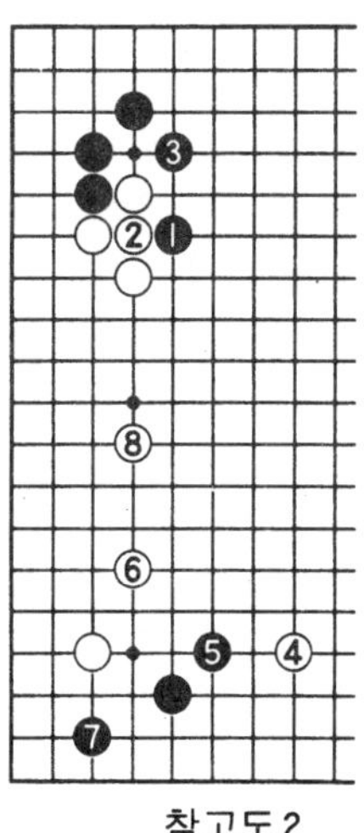

참고도 2

제 2 보

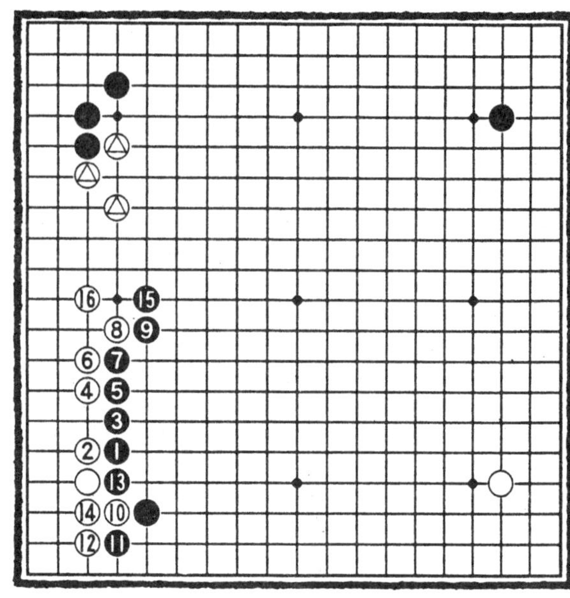

⑩ 정착, 수순
⑮ 모양
⑯ 요착

黑이 참고도2의 정상 코스를 밟지 않고 1로 압박한 것은 ◬의 두터운 맛을 지우려는 재미있는 취향.

그리고 일거에 白16까지 좌변 일대에 걸쳐서 상당한 白집을 주었다고는 하나, 黑은 웅대한 두터운 맛을 구축하고 있다.

白10으로 참고도3의 1로 젖히는 것은 黑4, 6이 맥으로서 제2보와는 실리와 세력이 반대가 된다.

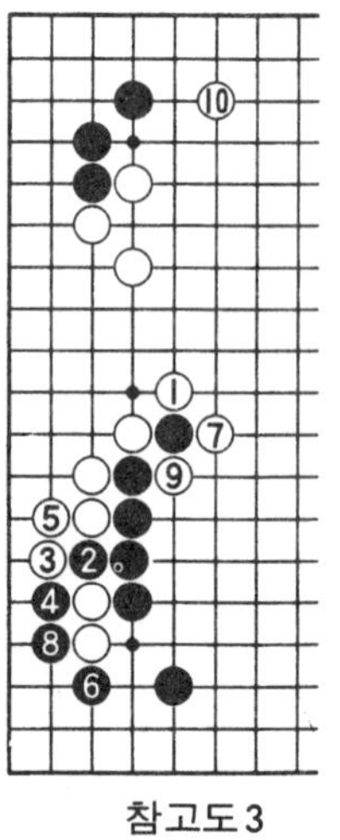

참고도3

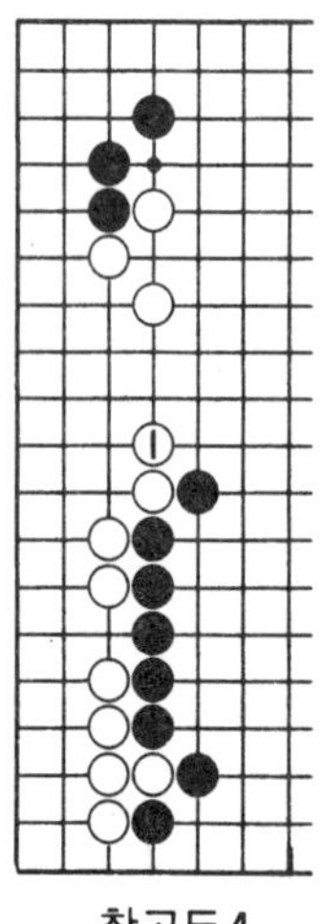

참고도4

제 3 보

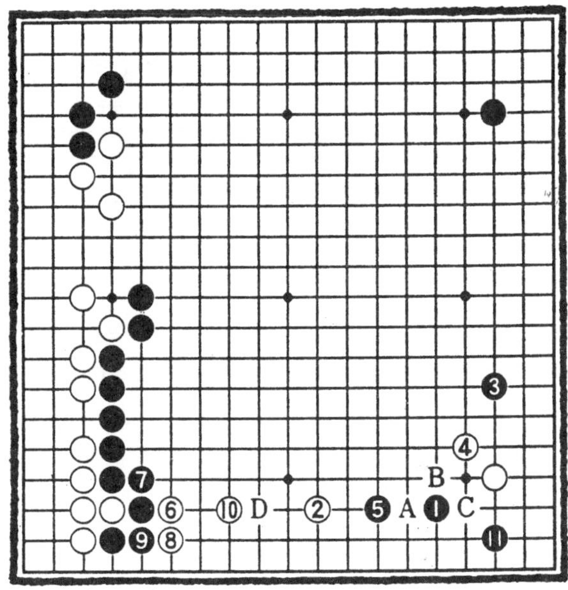

❶ 의문
② 적절한 협공
⓫ 쟁점의 급소

黑1의 日자로 걸친 것은 의문이다.

이유는, 白2로 절호의 협공을 예측할 수 있기 때문인데 여기는 A 또는 B의 걸치기가 유력하다.

참고도5 黑1에 白2로 응수하면 黑3으로 구축하고 이것은 黑의 이상적인 모양이다. 그러므로——

참고도6 黑1에는 白2가 예상되고 이하 13까지의 정석이지만 이것은 쌍방의 불만이 없는 갈림이 된다.

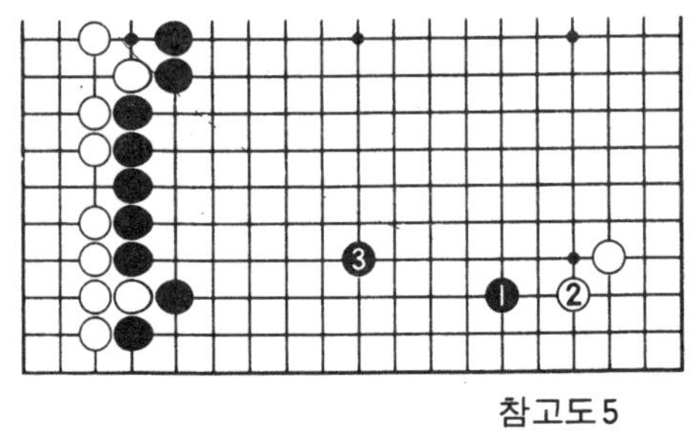

참고도5

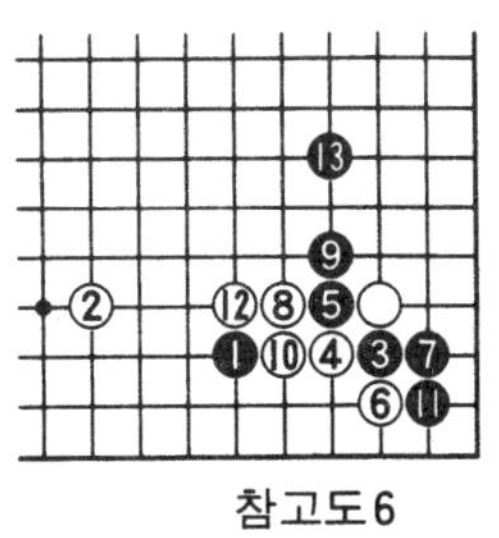

참고도6

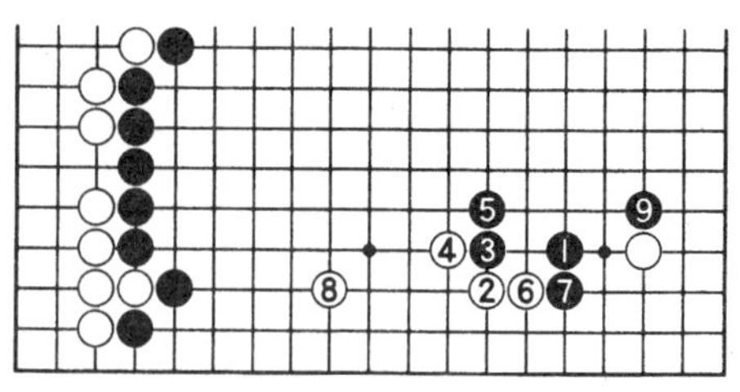

참고도 7

참고도7 黑1의 걸치기라면 白2로 협공하는 것도 보통이다. 白2로써 7로 붙이면 黑6으로 누르는 정석으로 黑이 큰 모양을 구성하게 되므로 불리하다.

黑3, 5의 뻗기가 재미있는 수단으로서 白8로 벌려도 黑9로 붙여 유리하다.

참고도 8

수순 중 白8로써,

참고도8 白1로 받는 것은 黑2의 걸치기가 교묘한 수단으로서 4로 절호의 공격으로 돌 수 있으므로 黑이 유리하다.

제3보로 돌아와서 黑은 속전으로 몰고 가고 싶지만 수단이 없다.

참고도9 黑1 이하 5까지는 실전에서 흔히 볼 수 있는 수법이지만, 이 경우에는 3, 5의 자세가 왼쪽에 구축한 세력에 비하여 협소하다고 하는 것과, 白으로부터 a를 선수로 당하여 불만이다.

제3보 우하귀의 黑11은 쟁점의 요점.

白은 이에 앞서 C로 ㅁ자붙임을 하고 싶지만 여기에는 黑D가 준엄하다.

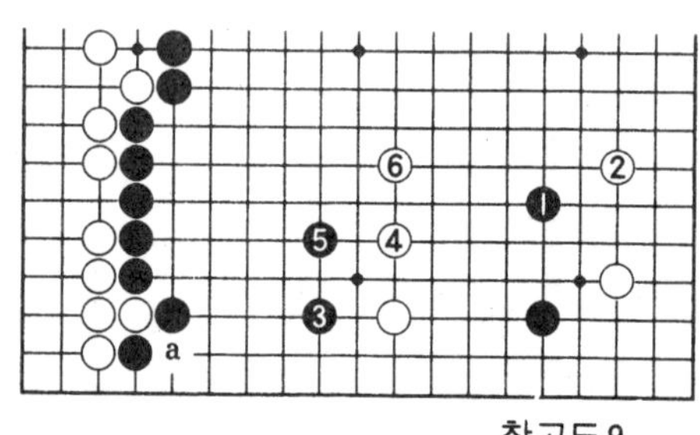

참고도 9

제 4 보

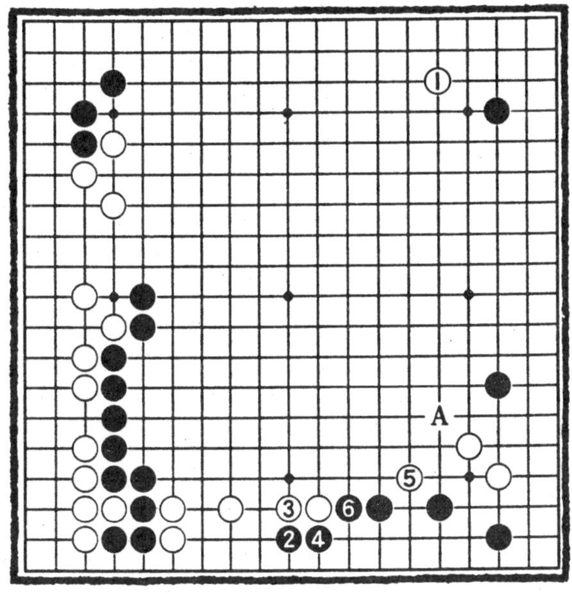

① 쟁점의 큰 자리
❷ 날카로운 착상
⑤ 모양의 급소

白1의 걸치기는 최대의 쟁점이다.

黑2로써 A의 급공이 눈에 띄지만 白5로 들여다보고 견디는 수단이 있다.

참고도10 白이 1의 받기라면 黑2, 4로 나와 끊고 2점을 사석으로 하여 조이려는 것이다. 黑8로 두텁게 두고 白의 공격을 노리게 되는데, 8로써는 즉시 a 또는 b도 있다.

제4보의 白5는 모양의 급소. 黑6은 좋지 않았다고 하는 것이 제5보에서 증명되고 있다.

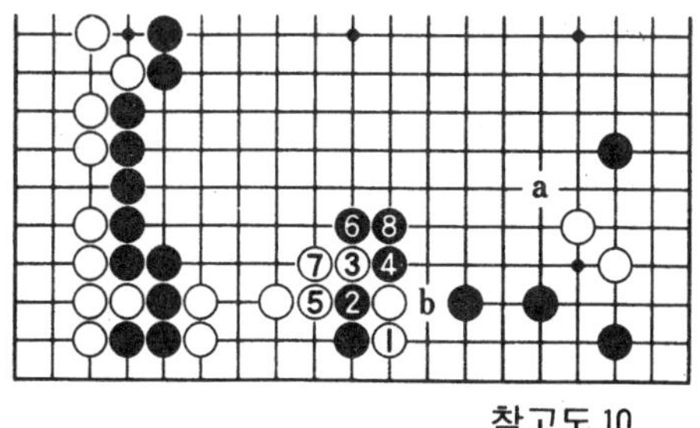

참고도 10

제 5 보

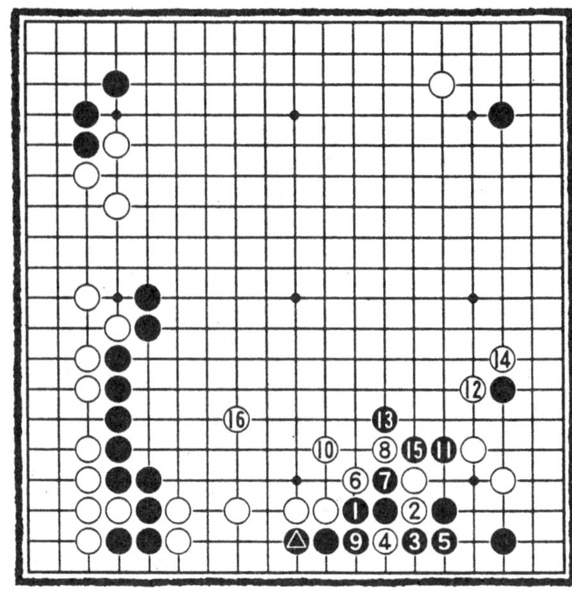

❶ 실착
④ 좋은 맥
⑩ 白의 성공한 모양

黑1이 실착. 이 때문에 白은 2 이하의 맥이 성립하고 10까지 모양을 갖추게 되었다.

즉, ▲의 호수도 黑1의 악수로 인하여 黑의 양면 작전은 수포로 돌아간 것이다.

참고도11 △에 대하여는 黑1로 연결하는 것이 상도로서, 그러면 白은 적절한 봉쇄 수단이 없다. 만약에 강경하게 白2,4라면 黑의 축이 유리하므로 이 싸움은 a와 b에 결함이 있는 白이 무너진다.

제5보의 白12에서부터 16으로 가볍게 몸을 피하고 白이 호전하는 형세이다.

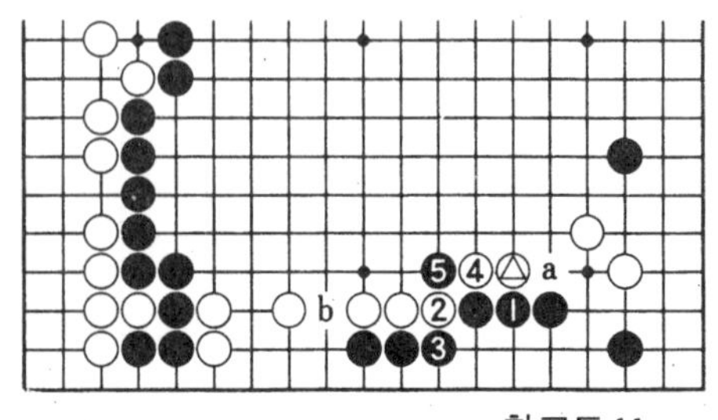

참고도11

제 5 형

오청원(吳清源)류의 포석
제 1 보

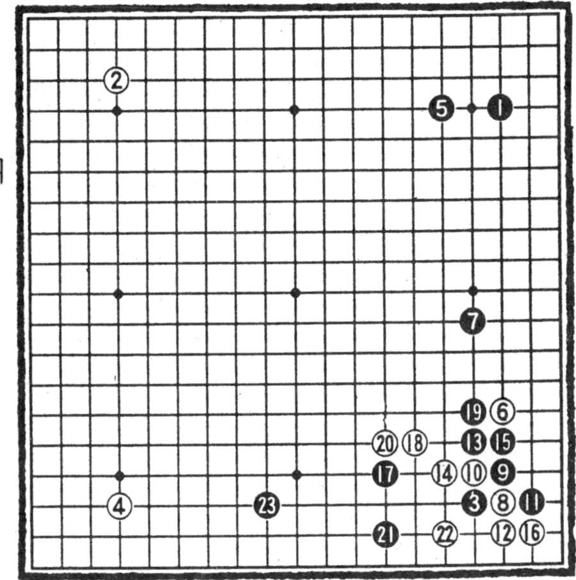

②·④ 향소목
⑥ 吳清源류
❼~㉓ 정석

白2, 4의 향소목의 포석은 바둑에 여유가 있다고 하는 것이 특징이라고 할 수 있다.

白6의 걸치기는 吳9단이 창시한 수법으로서, 현재에는 정형이 되고 있다. 이것으로,

참고도1 보통 白1로 걸치면 물론 黑2로 협공하고 1칸굳힘의 배경이 빛난다.

그러므로 1칸굳힘의 위력을 완화하려고 고안한 것이 6의 걸치기이다.

참고도2 白1에 黑2라면 白3이 정형.

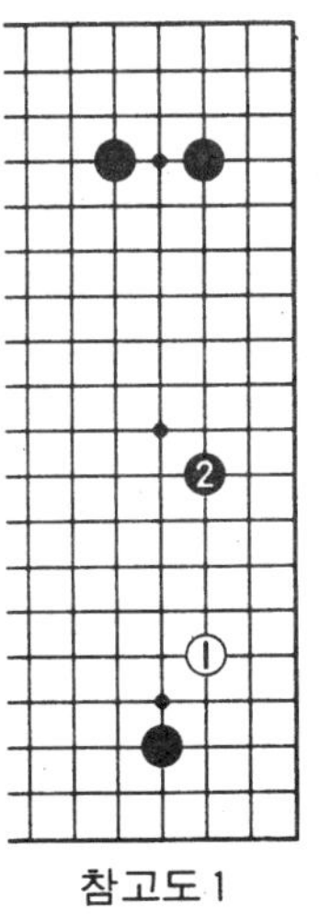
참고도1

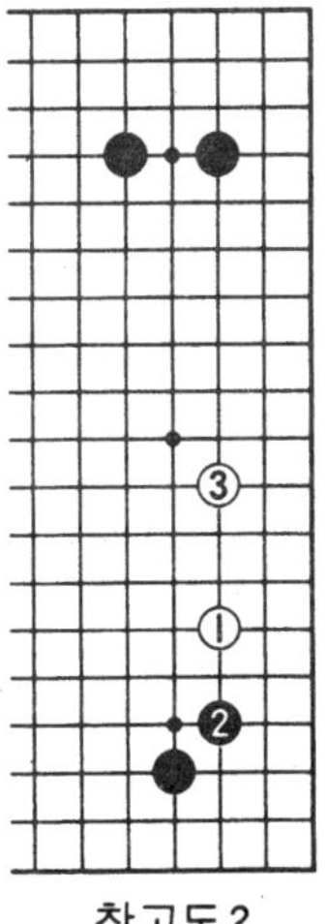
참고도2

제 2 보

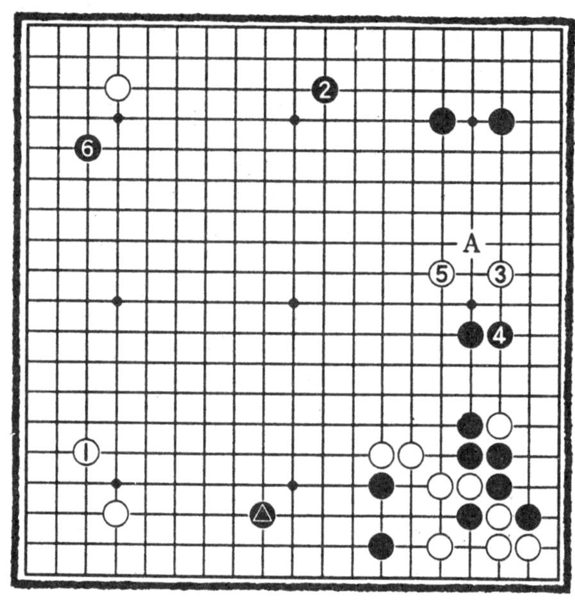

① 최대의 호점
❷ 취향적인 벌리기
❻ 쌍방의 쟁점

우하귀의 갈림은 정석이라고 할 수 있는데 아래쪽의 黑은 경쾌하게 보이며 엷은 모양을 하고 있다.

그러므로 黑돌의 배치가 ▲에 오면 白1의 굳힘은 당연하며 쟁점의 급한 자리가 된다.

黑2로써는 단순히 6으로 걸치는 것이 보통이나, 보는 취향으로서 白이 1로 귀를 굳히면 黑A로 두고 둘러싸려는 의도인 것이다.

그러나 白은 黑A로 둘러싸는 것을 허용한다고 하더라도 黑은 일방적인 모양이므로 버틸 수 있을 것이다.

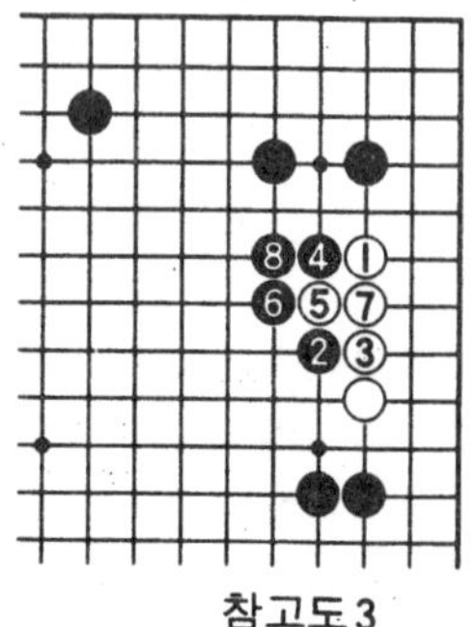

참고도3

白5로써 참고도3의 1로 육박하는 것도 있으나 별로 좋지 않다.

黑2, 4가 준엄하고 8까지 두텁게 두게 되므로 재미없다.

黑6은 쟁점.

제 3 보

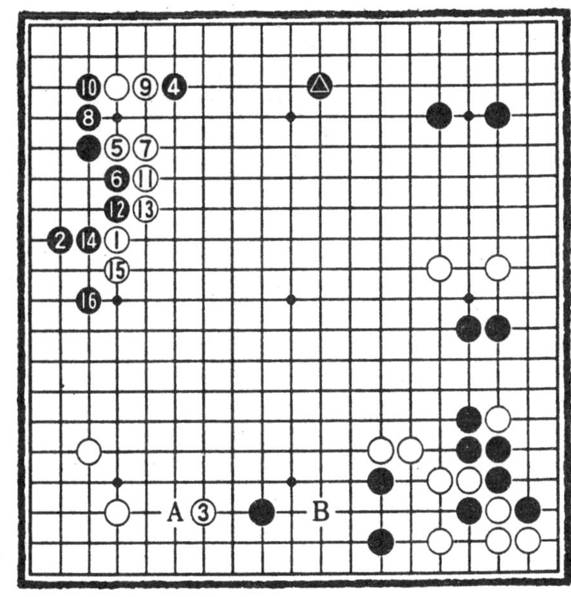

① 의문의 협공
❷ 적절한 착상
❹~⓰ 黑 작전 성공

바둑은 한 칸의 차이에 따라서 양상이 달라지는데 이 국세에서 白1로 높게 협공한 것은 문제다.

참고도4 白1로 낮게 2칸협공을 하는 것이 올바른 구도라고 생각된다.

黑2가 白의 잘못을 응징하는 재미있는 착상.

즉, 상변은 ▲에 의하여 白의 발전이 저지되고 있으므로 여기서는 좌변에 중점을 두는 것이 올바른 판단이며 그런 의미에서 2가 적절하다.

白은 좌변에 적당한 응수가 없으므로 3으로 급소로 돌았다.

黑A를 방어하면서 B로 침투한 것이 노림수이다.

黑4로 협공하기까지 黑은 순조롭다.

白15로 봉쇄하였으나 ▲의 영향으로 큰 효과를 거두지 못하였다.

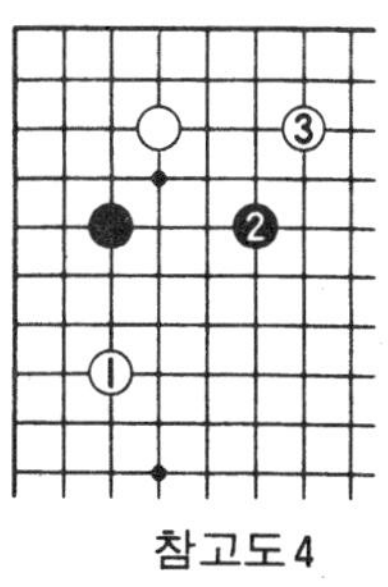

참고도4

제 4 보

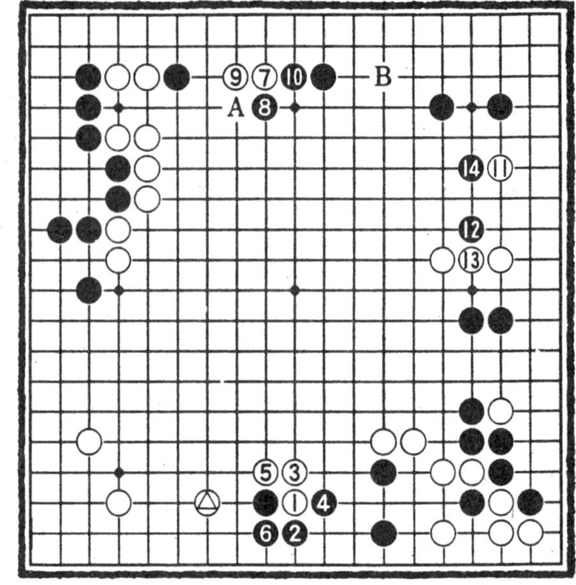

① 불발의 노림수
⑦ 급소
⑪ 최대

白1의 붙임수는 ◬로 육박하였을 때부터의 노림수이지만 黑2, 4로 받아 별 수 없다.

참고도5 白1의 침투가 급소였다. 黑2로 붙이면 白3에서 7까지 건너가 黑은 연결하기가 곤란하다.

黑8을 두면 白9, 11까지를 그리며 白은 순조롭다.

이 모양은 黑a 白b 黑c가 선수로 영향력을 행사하고 있으므로 ▲은 잡히지 않지만 白b에 돌이 오면 d로 젖히는 맛을 보고 e로 붙이는 수가 생긴다.

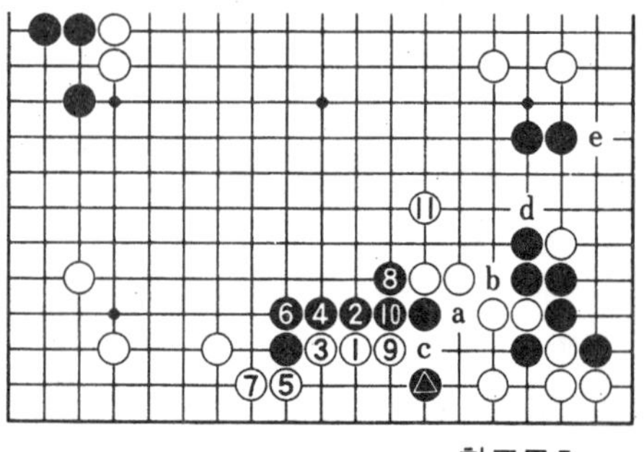

참고도5

그러므로 黑2로 위쪽을 붙이는 것은 재미가 없다.

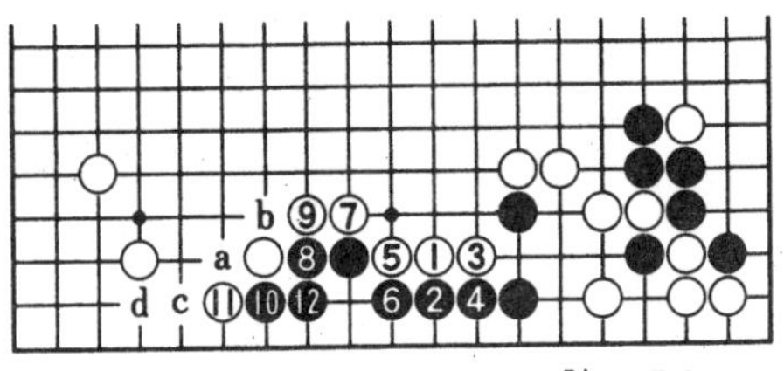

참고도6

참고도6 黑2로 아래쪽에 붙이는 수도 있지만 白3 이하 11까지로 봉쇄하여 白은 제4보에서 보다도 훨씬 더 우세하다.

白은 선수로 다른 자리에 옮기고 黑에서부터 a는 白 b 黑c 白d를 기대하는 호흡이다.

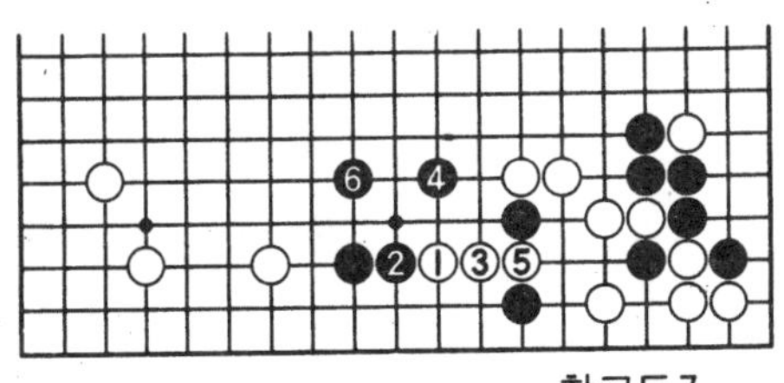
참고도7

참고도7 黑2로 부딪는 것도 모양이지만 이에는 白3으로 응수한다. 黑4, 6으로 모양을 갖추었을 때 白5로 절단하면 白은 불리하지 않다.

제4보의 白7의 침투는 黑이 9 또는 A로 구축하면 모양이 좋으므로 당연하며, 黑은 8, 10을 두고 B의 침투에 대비하여야 한다.

즉, 白7의 효과가 반감되고 있다.

白11의 벌리기는 지금이 최대의 호점.

이에 대하여 黑12, 14는 준엄해 보이나 이 때는 적당치 않다.

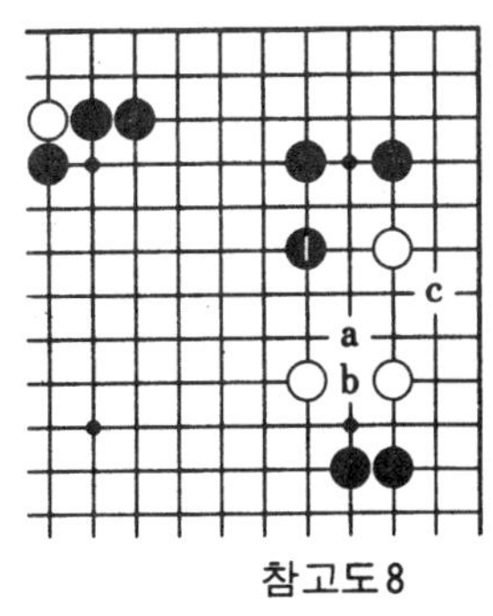

참고도8

참고도8 여기는 黑1로 꼬부리는 정도로 충분한 기세(碁勢)이다. 黑a 白b 黑c를 노리고 있다.

제 5 보

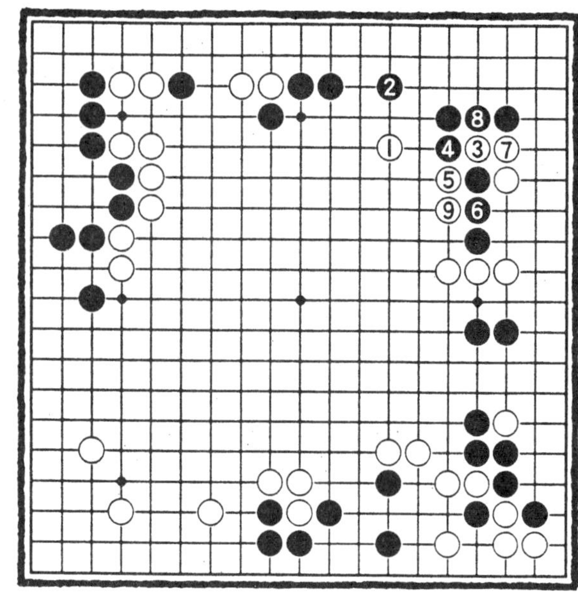

① 승부수
❷ 문제의 자중
③~⑨ 白 성공

白은 여기서 반격을 가하지 않으면 기세의 호전을 바랄 수 없다. 그러므로 白1로 승부수를 두었다.

黑2로 받은 것은 우세함을 의식하고 자중하는 것이지만 다소 약하였다고 생각된다.

참고도9 黑1로 누르고 白2로 뛰면 黑3으로 싸우는 자세이다.

이것으로 白은 왼쪽의 3점과 연결하는 수단이 없다고 하는 점에 주의하기 바란다.

白3의 반격은 예정된 행동. 그리고 이하 白9까지로 3점을 잡히면 黑에게는 상당한 타격이라고 할 수 있다.

그러므로 黑4로써는 7로 절단하고 참고도10과 같이 변화하는 것이 우세하다.

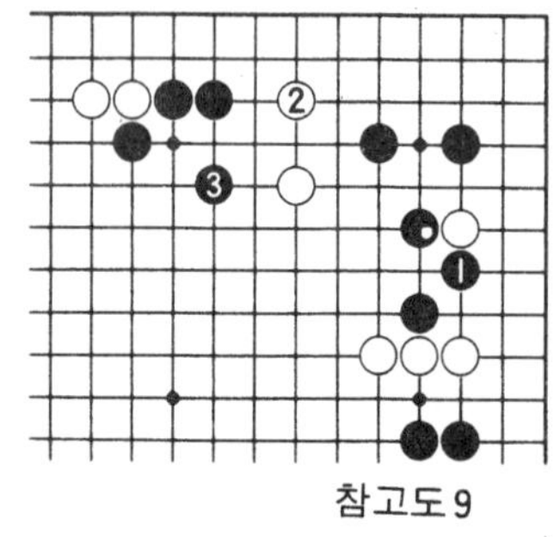

참고도9

참고도10 黑1에는 白2의 단수를 활용하여 4까지가 수순.

白2로써 단순히 4라면 黑2로 白이 불리한 모양.

黑5로 되돌아오며 이하 白12로 일단락이다.

이 갈림은 黑이 괴롭겠지만 白도 후수로 연결할 수밖에 없으므로 제5보의 3점을 잡힌 그림보다는 黑이 우세하다.

수순 중 黑5로,

참고도11 黑1이면 좋으나 白10까지로 잡힌다.

여기서 △이 영향력을 행사한다.

참고도12 앞 그림의 변화에서 黑1로 뛰어나오는 수가 있지만 그러면 이하 黑13까지.

좌변에 白의 벽이 있으므로 공격을 기대할 수가 없다.

참고도13 또한 참고도10의 黑9로써 1로 뻗는 것은 강한 수이지만 白2에서 4로 절단하는 묘수가 발생한다.

白18까지 선수로 봉쇄를 당하여 黑이 크게 불리하다.

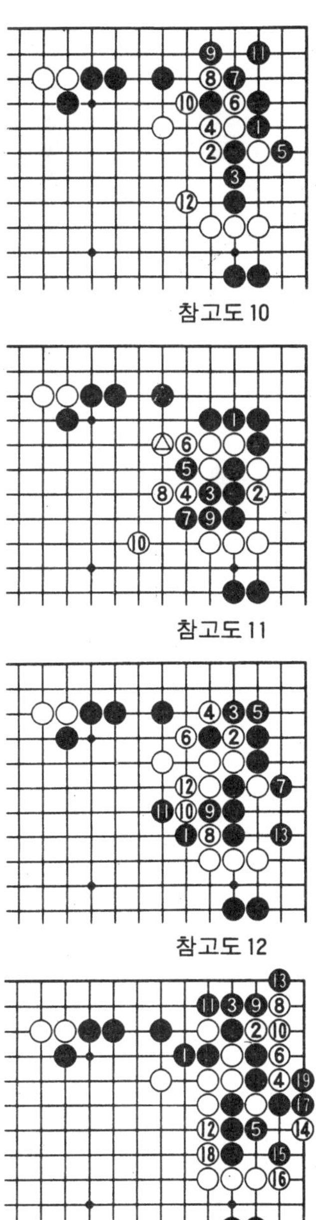

참고도10

참고도11

참고도12

❼ 연결　참고도13

제 6 보

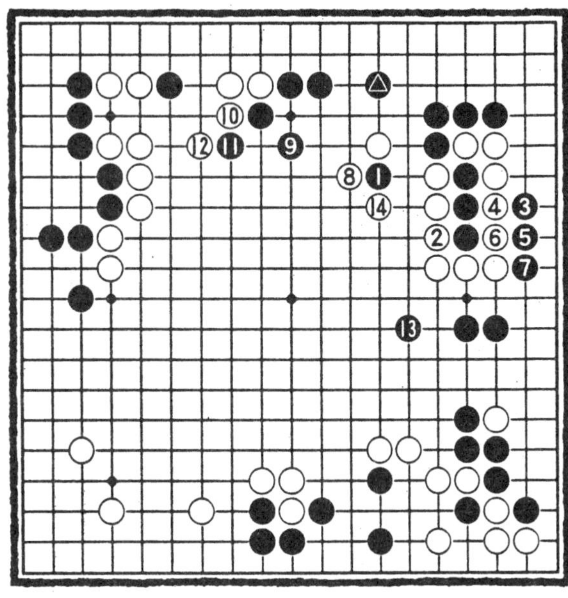

❶ 활용
⑧ 급소
⓭·⑭ 쟁점

黑은 ▲의 완착으로 白에 반격의 찬스를 준 것이 실책.

앞의 제 5 보에서 소개한 참고도가 승부의 포인트가 되고 있다.

黑1로 두고 일전직하(一轉直下), 아래쪽의 3으로부터 7은 수순.

黑은 3점의 사석을 활용하고 있지만 白을 두텁게 한 손해는 명백하다.

白8이 급소로서, 이곳을 빼앗겨 우세를 유지하고 있던 黑도 이제는 어렵게 되었다.

黑9 이하 白12까지는 이런 정도이다.

黑13의 1칸뛰기, 白14의 단수는 모두가 쟁점의 호점이지만 黑으로서는 문제가 있다고 할 수 있다.

黑은 어쨌든 14로 뻗어 나오고 싸움을 해야 할 국면.

白을 14로 몰게 한 것은 참으로 애석하다.

黑은 중앙의 白 모양을 우려한 것 같은데 중앙은 대단치 않다.

제 6 형

정통파의 포석
제 1 보

❶·❸ 정통파
❺ 2, 4의 중심점
⑥·⑧ 발전 방향

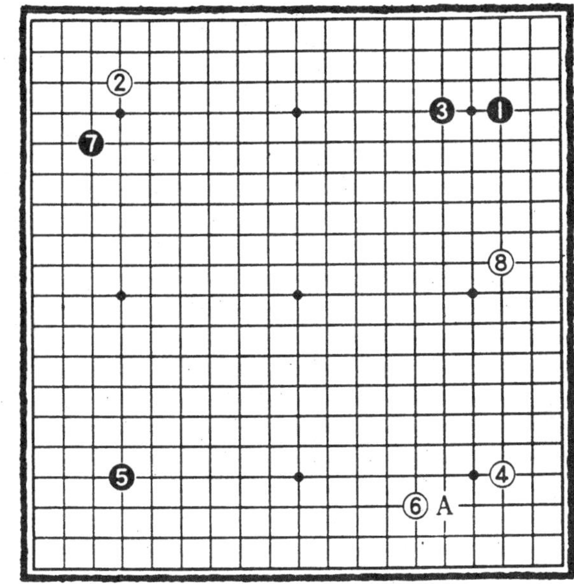

黑5는 7과 A의 걸치기를 맞본 취향.

白6은 黑7의 걸치기를 예상하고 제일의 발전 방향인 8의 큰 자리를 차지하려는 것이다.

참고도1 白1, 3의 방향은 ▲과의 관계 「군힘으로부터의 발전의 법칙」에서 제2차가 되는 것이다.

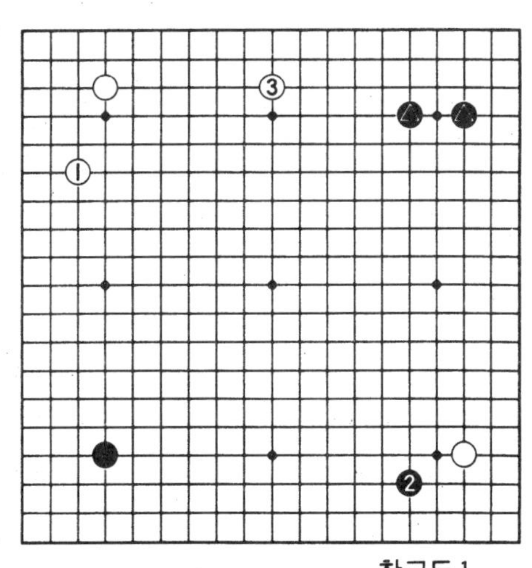
참고도1

제 2 보

❶ 취향
② 秀策의 口자
❸·④ 쟁점
⑥·⑧ 귀의 급소

白2가 급소.

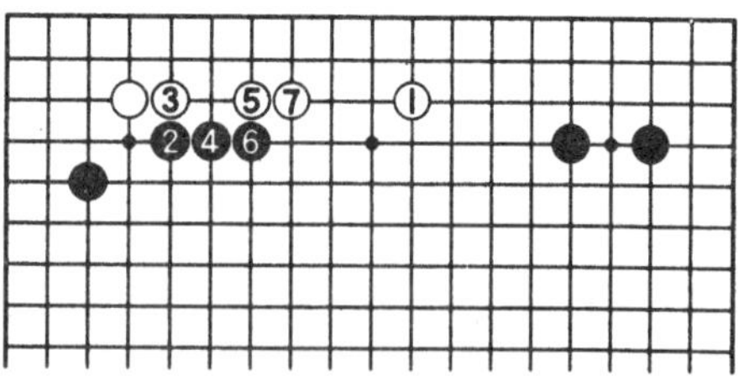

참고도2

참고도2와 같이 상변에 전개하면 黑2 이하의 압박으로 白이 불리하다.

제2보의 白6, 8이 쟁점으로서 A의 공격을 남기고 있다.

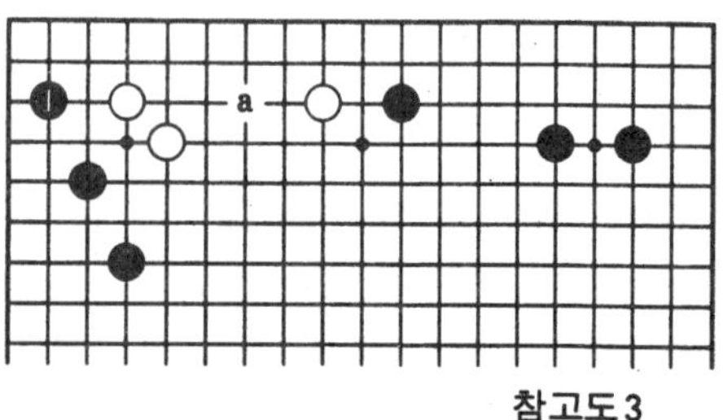

참고도3

참고도3 黑1의 미끄러지기가 실질적으로 20여집에 해당하고, 게다가 黑a의 침투가 발생한다는 점에 주목하기 바란다.

제 3 보

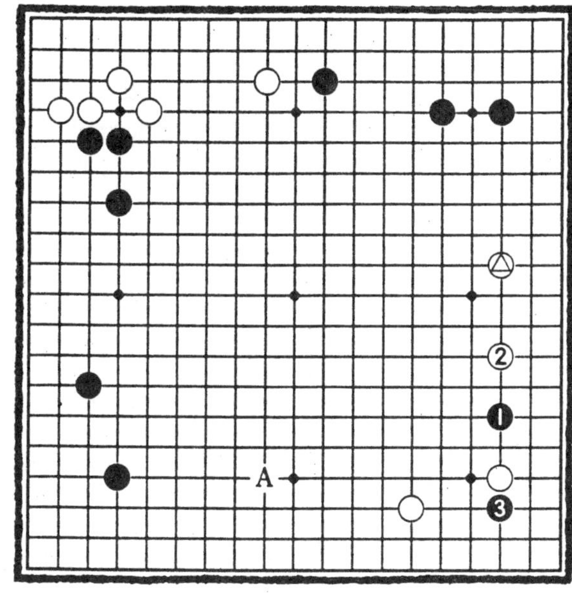

❶ 취향
② 이 1 수
❸ 급소

黑1로 대국적인 관점에서부터 큰 자리를 선택한다면 하변 A가 정공법으로서 좌변의 黑 모양이 입체화한다. 그러나 △의 벌리기가 욕심을 부리고 있으므로 黑1의 침투는 유력한 취향이다.

白2로 협공하는 것이 중요하다. 이것으로,

참고도4 白2로 귀를 지키는 것은 黑3의 좋은 모양을 허용하고 단조로우므로 白은 불리하다.

참고도5 △이 협소하면 黑3은 따분하다.

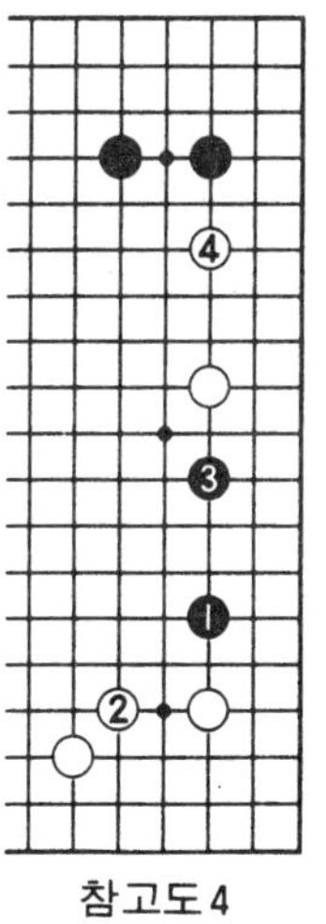
참고도 4

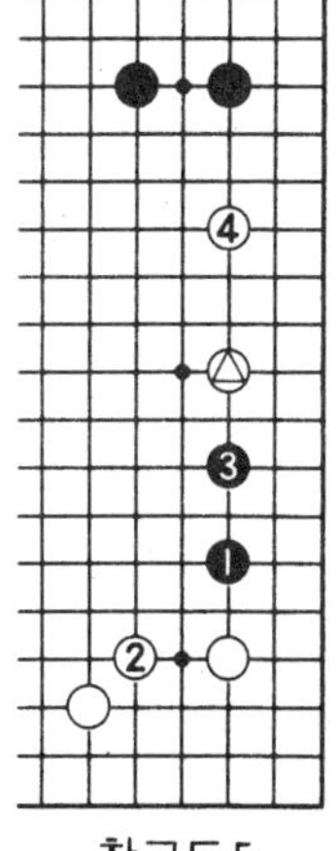
참고도 5

제 4 보

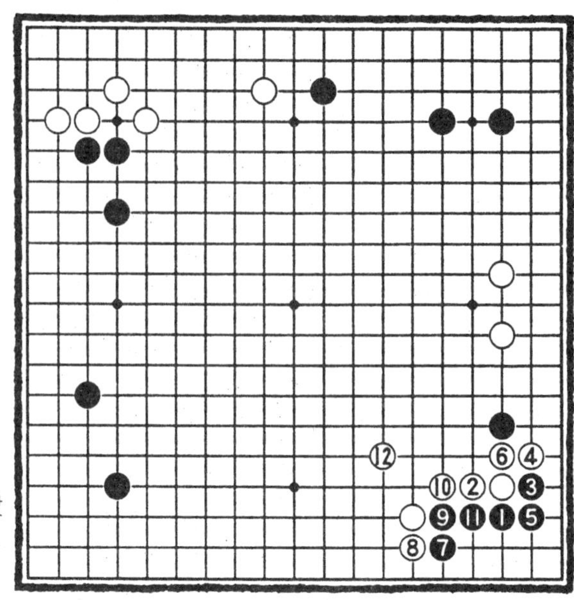

② 정착
❸~⑫ 실리, 두터운맛
⑫ 모양

黑1로 붙이면 白12까지는 필연.

白2로써 참고도6의 白2로 직접 밀어올리는 수가 준엄한 것 같지만 黑3으로 내려가는 호수로 수단의 여지를 준다. 白4면 이하 黑9까지가 되고 다음에 白a의 축관계가 불리하기 때문에 白의 실패. 수순 중 白4로써 5라면 黑4.

또한 白9로 응수하는 것은 黑b로 귀에서 사는 요령이다.

白12의 日자연결이 모양으로서, 이 일단락의 결과는 白이 두터워졌으므로 성공이라고 할 수 있다.

그러므로,

참고도7 黑1 이하로 처리하는 방법을 채용하는 쪽이 좋았다. 黑a로 눈 모양은 용이.

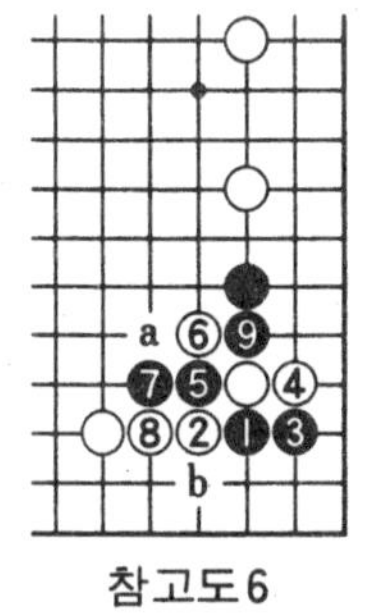

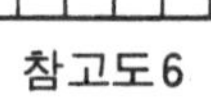

참고도6

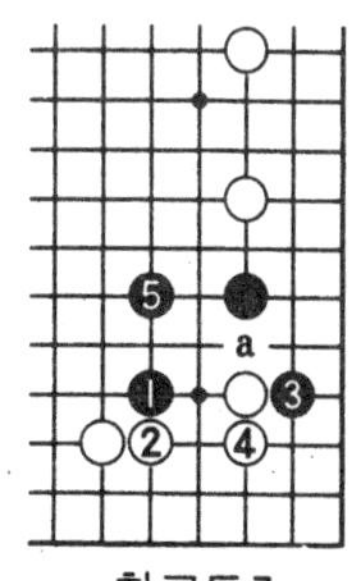

참고도7

제 5 보

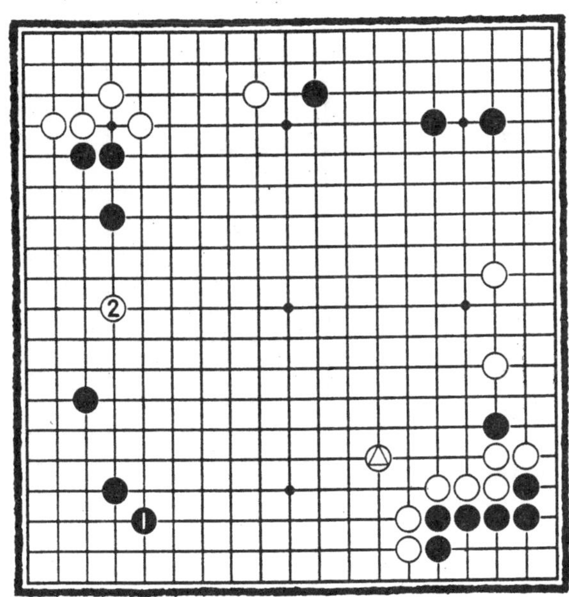

❶ 쟁점의 급소
② 침투의 급소

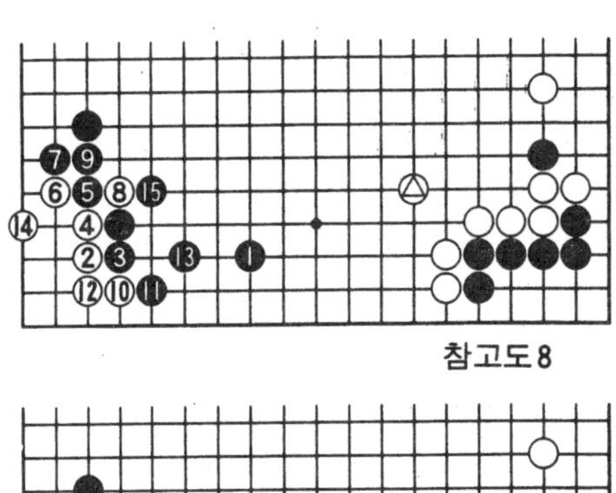

참고도8

黑1의 ㅁ자굳힘이 여기서의 1수이다.

참고도8 △의 세력을 고려하면 黑1 정도가 한도이나 白2로 들어오면 허술하다.

제5보 白2가 △과 일체의 관계가 되고 있다.

참고도9 白1이면 黑 모양의 골이 깊어진다.

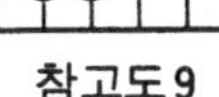

참고도9

제 6 보

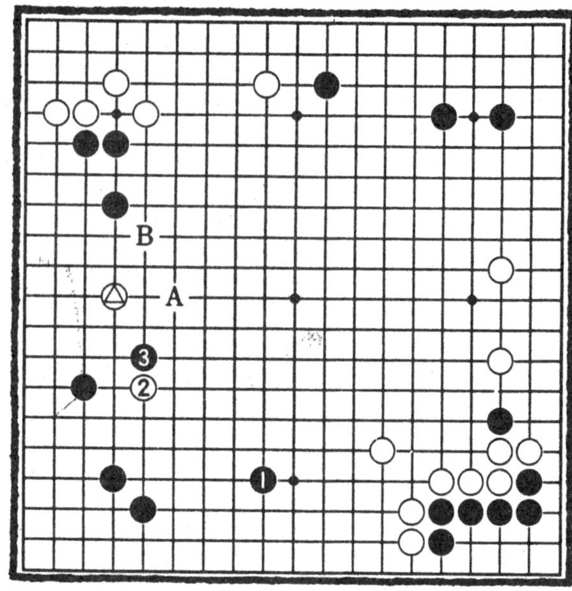

❶ 쟁점
② 맞보기의 급소
❸ 중반전으로

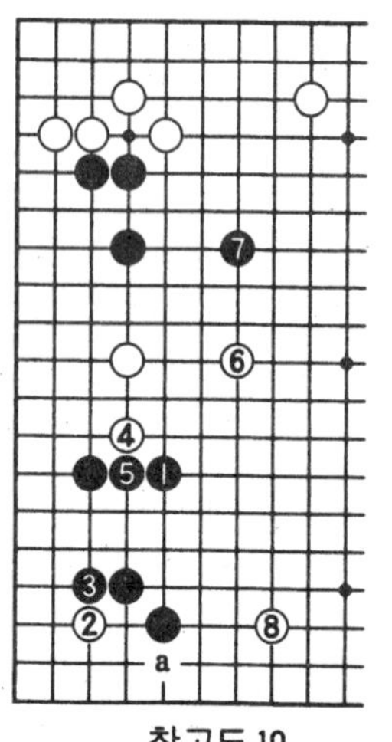

참고도 10

△의 침투에 대하여 즉시 黑A로 씌우는 것은 좌상의 黑이 엷고 白B로 나와서 좋지 않다.

그러나 黑이 엷다고 白이 좌상의 黑을 갑자기 공격하려면 준엄한 수가 없는 것이다.

黑1로 큰 자리로 옮긴 이유가 거기에 있다.

白2는 빠뜨릴 수 없는 급소.

1과 2의 점은 맞보기로서 이 양쪽에 모두 黑이 두면 좌상귀의 黑집이 부풀어오른다.

참고도10 黑이 1의 뛰기를 선택하면 白2를 두어 a의 끝내기의 맛을 남기고 이하 白8까지.

제6보는 黑3의 붙임수에서부터 중반전이다.

제 7 형

큰 모양의 포석
제 1 보

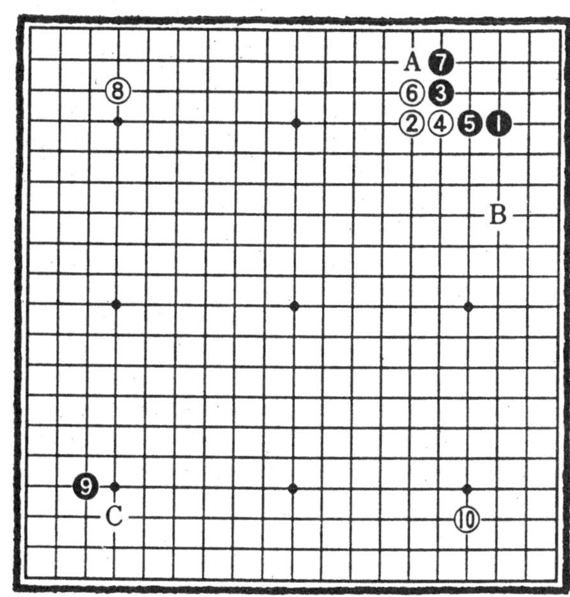

② 작전
❸~❼ 정석
⑧~❾ 급소

白2로 즉시 2칸높이 걸친 것은 별로 흔하지 않은 수법이지만 하나의 작전이다.

黑3으로 여러 가지 응수가 있지만 그것은 정석서에 미루기로 하고, 黑7까지는 기본 정석.

이 다음에 白A에는 黑B, 白B라면 黑A를 맞보고 있다.

白은 2 이하의 투자를 배경으로 8의 소목이 포석 구상의 급소이다.

참고도1 白1의 소목이라면 黑2의 걸치기를 가정하였을 때에 白3의 협공이 a의 약점으로 두기가 어렵다는 의미가 있다.

제1보의 黑9로써 10은 白C로 되어 黑의 배석이 우변으로 편중하게 된다.

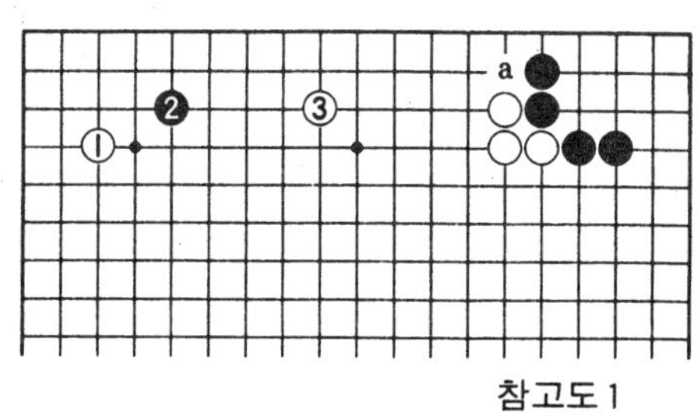

참고도 1

제 2 보

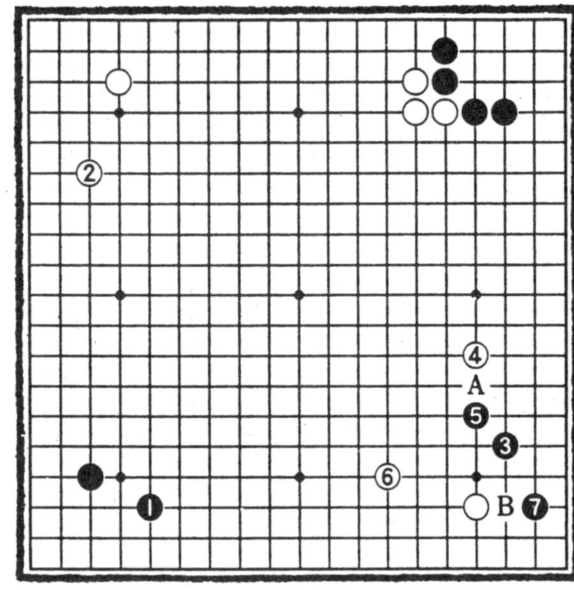

❶ · ② 맞보기
⑥ 구상의 포인트
❼ 급소

黑1 白2는 맞보기의 급소이다.

黑3에 대하여 白A의 1칸높은 협공도 있지만 다른 국면이 된다.

그리고 白4의 2칸높은 협공, 黑5의 口자일 때 白6의 目자가 포석 구상의 포인트이다.

그 이유는——

참고도2 평범하게 白3의 日자면 黑6이 쟁점의 급소가 된다.

즉, 선착한 ◬의 무력화와 黑의 절호의 공격 목표가 된다는 것으로서 黑에 6을 허용하면 괴롭다.

제2보의 黑7은 급소. 생략하고 白B로 근거를 빼앗기면 안 된다.

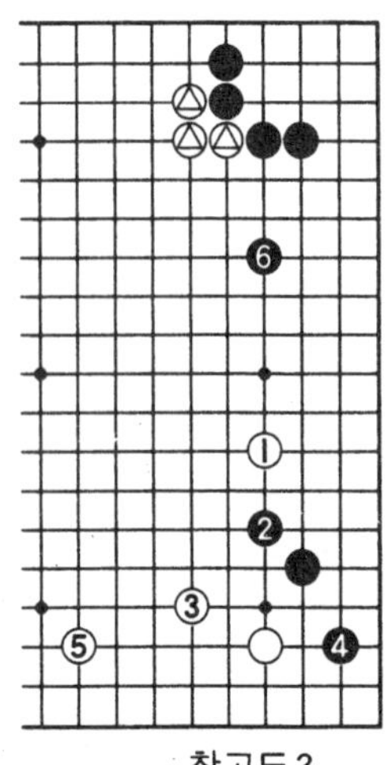
참고도2

제 3 보

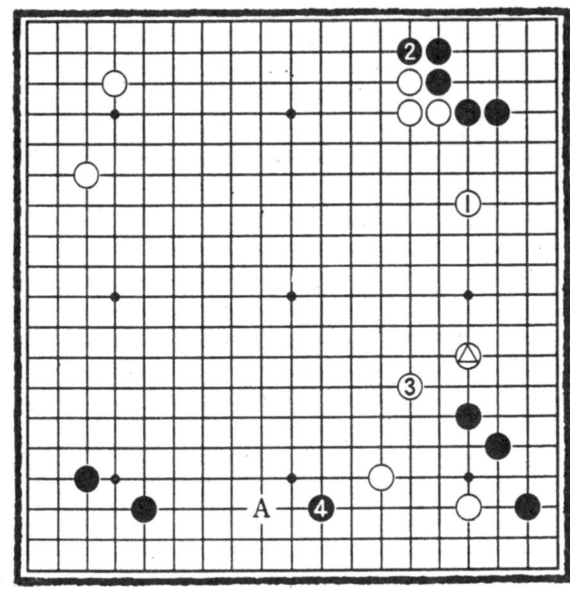

① 쟁점
❷ 급소
③ 중앙 구상
❹ 이 1수

白1이 쟁점이라면 黑2는 놓칠 수 없는 급소이다.

즉, 우변과 상변은 맞보기의 관계에 있으며 이 양쪽을 상대에게 허용하면 안 된다.

白1로써 A의 벌리기가 目자의 취향과 관련되고 있으나 그러면 黑이 1의 급소를 차지한다.

그러므로 白1이 △와 우상의 2칸높은 걸치기 정석을 살리는 밸런스의 1수가 된다.

白3이 중앙 구상의 구체화이다.

黑4가 바로 이 1수.

참고도3 방치하면 白1이 급소로서, 黑2일 때에 白3으로 벌리고 白은 만족이다.

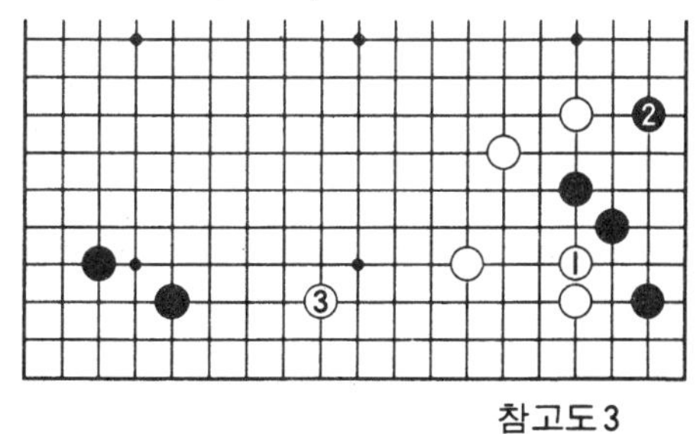

참고도3

제 4 보

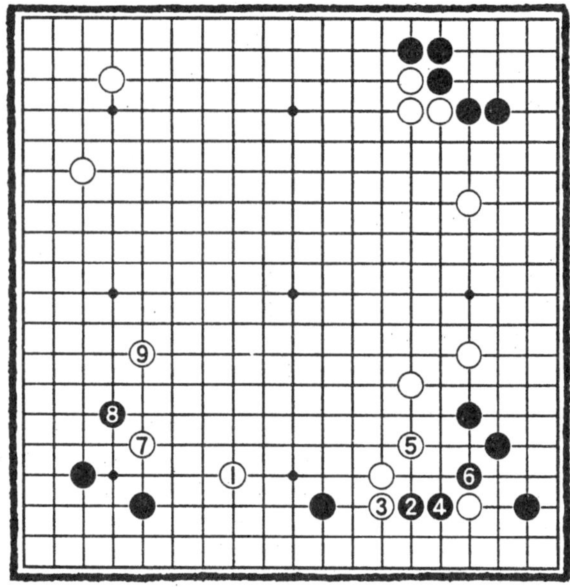

① 기합의 급소
❷ 실리 전법
⑦·⑨ 기략적 구상

白1에서부터 8까지의 진행은 기략의 응수이다.

참고도4 黑1의 중앙 진출은 白2가 급소.

黑4에는 白5로 움직이며 싸움으로 돌입한다.

참고도5 白1로 1점을 봉쇄하는 것은 견실하지만 黑은 a, b를 보류하고 2의 큰 자리로 선행한다.

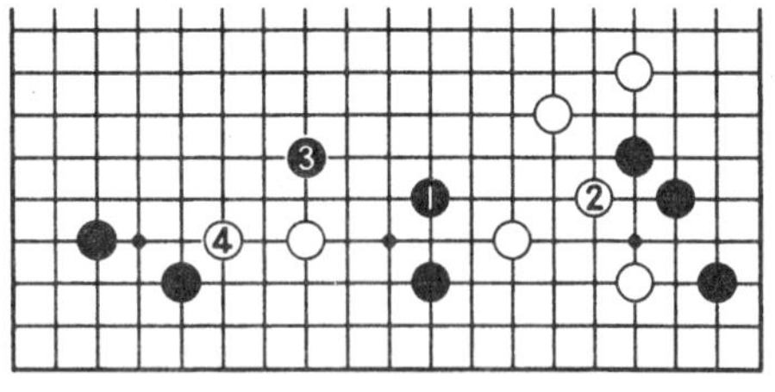

참고도4

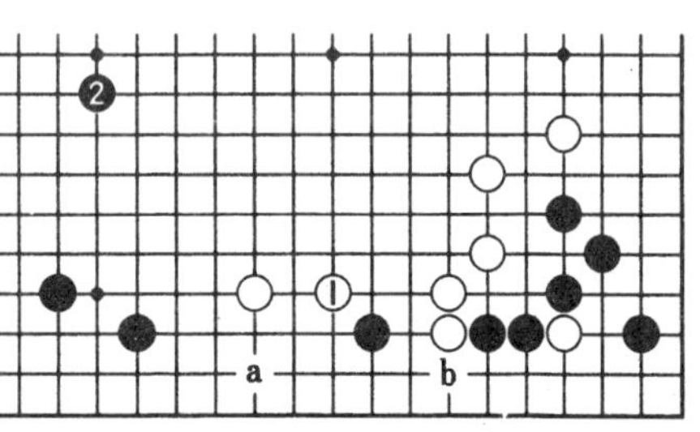

참고도5

제 5 보

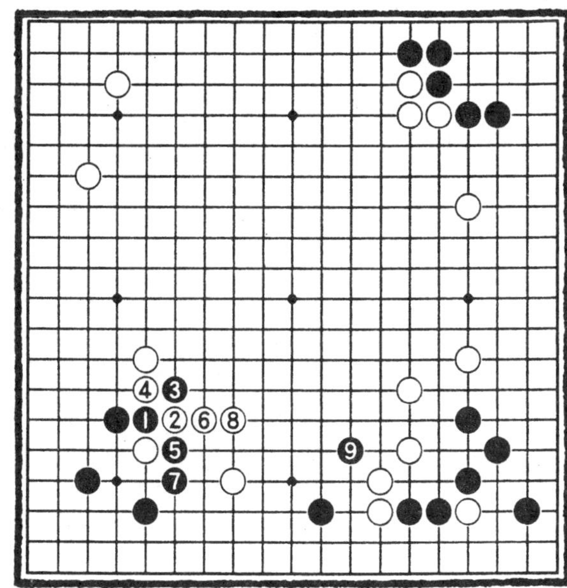

❶ 기합
❼·⑧ 요점
❾ 타개의 급소

白의 중앙 지향에 대하여 黑은 주저할 필요없이 1 이하 7까지 실리 전법에 철저하다. 여기서 느낄 수 있는 것은 白이 처음부터 「중앙 바둑」을 의도하고 있는 것을 黑은 굳이 상대의 계략에 편승하여 3귀를 차지하였다는 것에서, 기합과 의지가 서로 충돌하는 심리전의 일단을 엿볼 수 있다.

白8로 모양을 갖춘 중앙 구상의 성패가 승부. 黑9로 타개의 급소에 두고 중반전이다.

참고도6 黑은 중앙에서 1로 뻗는 수단도 있다. 黑3 白4로 모양을 갖추고 黑5의 뛰기에서부터 공중전에 돌입한다.

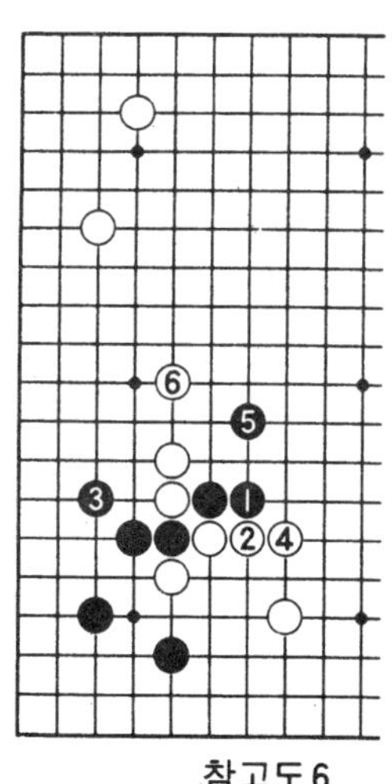

참고도6

제 6 보

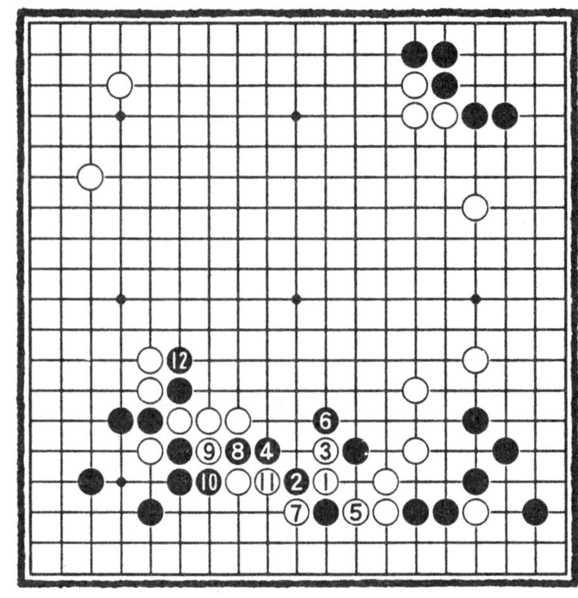

① 맥
❻ 실수
⓬ 방향 전환

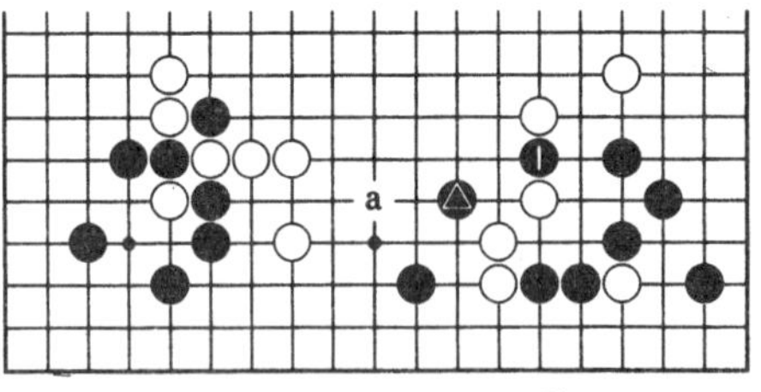

참고도7

참고도7 ▲을 타개의 급소라고 한 것은 黑돌이 a 부근에 오면 1의 노림수가 생기기 때문이다.

제6보는 白1에서부터 공격하면 처리를 위한 격투이나 黑6의 젖히기가 실수로서 黑은 괴로워졌다.

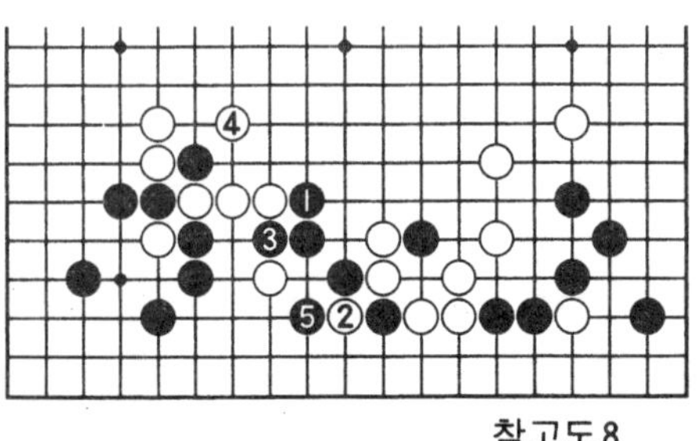
참고도8

참고도8 黑1, 3으로 타개하였다.

제 8 형

현대 포석
제 1 보

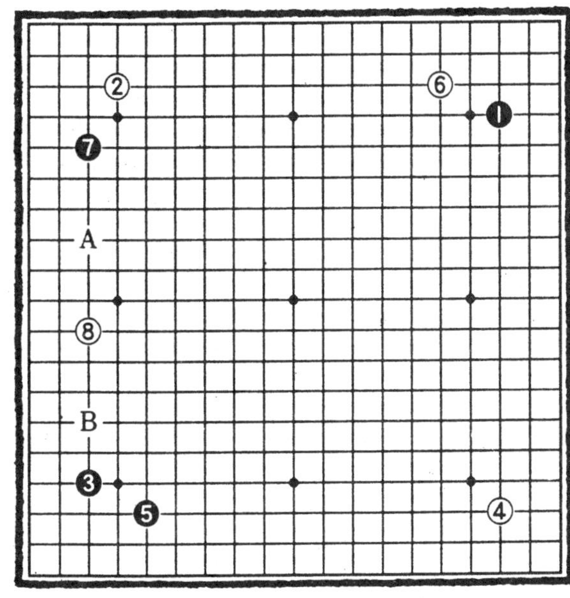

④ 현대 포석
⑥ 쟁점
❼ 갈라치기

白4의 3三은 현대 포석의 감각으로서, 1수로 귀를 굳히고 여유 있는 국면으로 유도하려는 작전이다.

黑5로 굳히면 白6의 걸치기는 필연이라고 할 수 있다.

즉, 白6으로써 7로 굳히는 것은 黑6의 양쪽굳힘으로 국면이 단조로워진다.

「양쪽굳힘을 허용하지 마라」하는 금언은 선인의 체험에서 생겨난 것이다.

白8의 갈라치기는 좌변에서 싸움을 벌리는 것은 현명하지 않다는 판단이며 A와 B를 맞보고 있다.

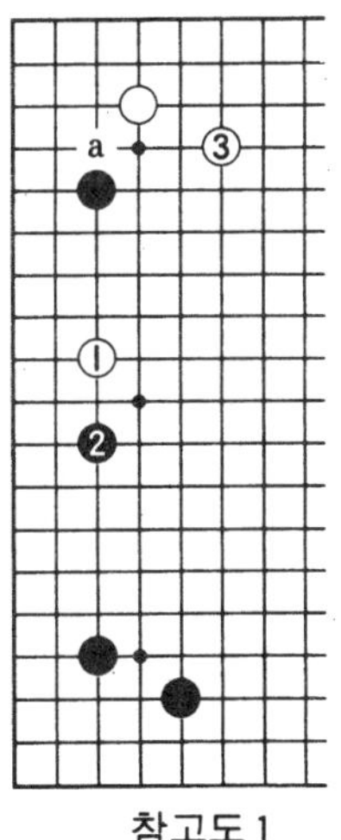

참고도1

참고도1 白1의 3칸협공은 黑2의 육박이 좌하귀의 굳힘에서부터 절호의 전개가 된다.

白은 3으로 응수하고 a의 ㅁ자붙임을 하려는 작전이다.

제 2 보

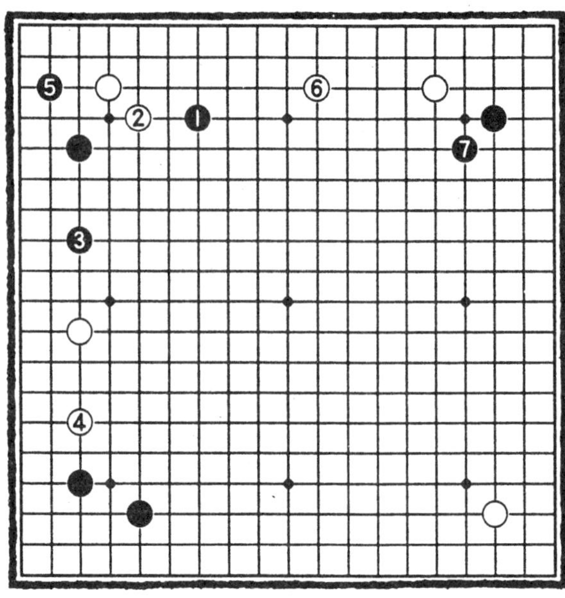

❶~❸ 취향
④·❺·⑥ 급소
❼ 口자의 호수

좌변의 구도는, 黑3을 두면 白4는 이 1수로서 모두가 놓칠 수 없는 급소이다.

여기서 포석 구상의 묘미에 대하여 약간 다루어 보기로 한다.

그것은 黑1의 협공에서부터 白2를 유인하고 여세를 몰아 黑3을 두는 리듬 감각.

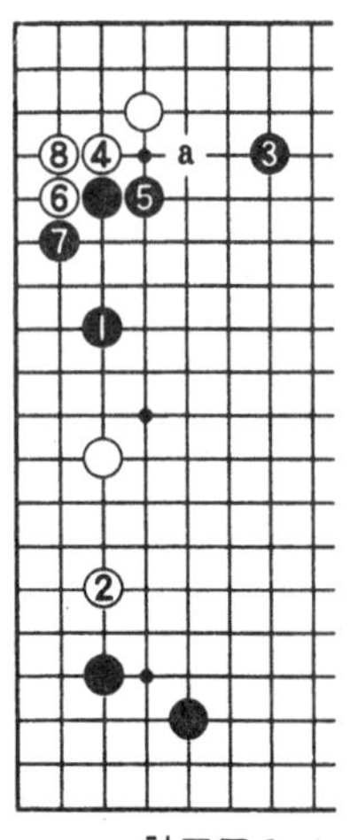

참고도2

참고도2 수순을 반대로 하여 黑1 白2를 먼저 결정하고 나서 黑3을 두면 과연 白a로 응수할 것인가? 이번에는 白4 이하의 木谷류로 빨리 살기를 도모하는 것이 유력하게 된다. 黑의 배석이 어쩐지 허술하다는 느낌이다.

제2보의 취향은 黑5로 돌고 만족이다.

白6은 당연. 黑이 이곳에 두면 큰일이다.

제 3 보

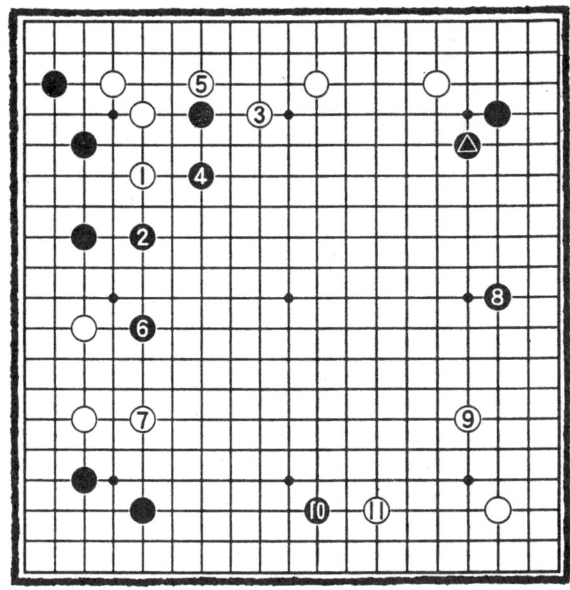

❻·⑦ 맞보는 점
❽ 포석의 급소
⑨·⑪ 모양

白1은 즉시 고개를 내밀고 싶지만 ▲이 빛나고 있다.

즉, 白이 상변의 구축으로부터 우상귀의 소목에 대한 책동을 1수로 봉쇄하고 있는 자리에 있는 것이다.

白3, 5의 연결은 맛이 나쁜 모양이지만

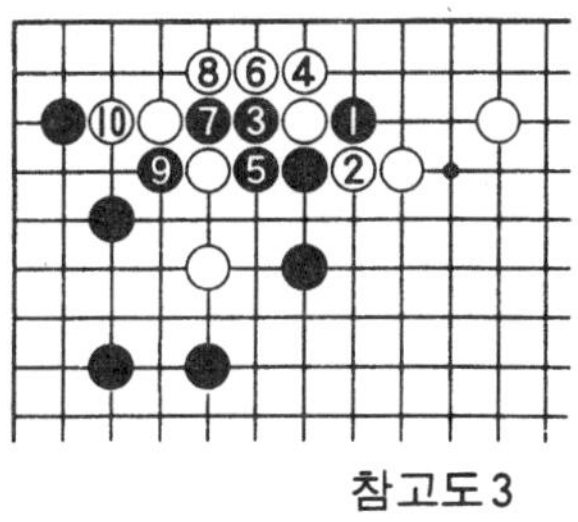

참고도3

참고도3 黑1의 젖히기는 白2의 절단에서부터 10까지를 상정하여 대단치 않다.

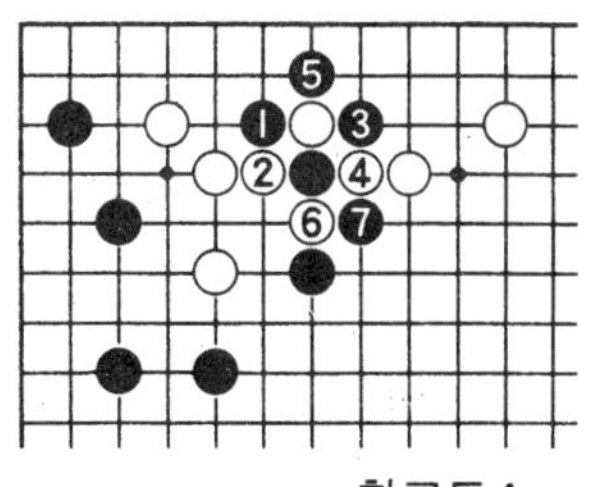

참고도4

참고도4 黑1로서는 일거에 黑7까지의 패싸움이 되지만 그 시기가 어렵다.

제3보의 黑8은 쟁점의 급소이다.

제 4 보

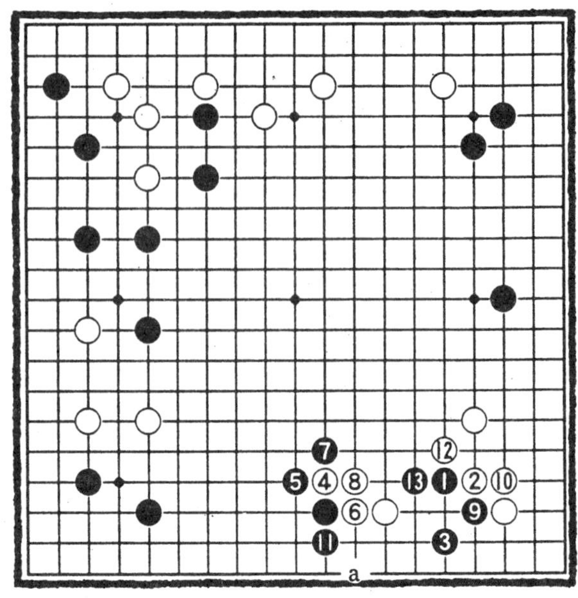

❶ 침투의 급소
② 방어의 급소
❸~⓫ 공격과 방어

黑1이 침투의 급소로서 중반전에 돌입한다.

참고도5 白이 2로 대비하면 黑3의 붙임수.

참고도6 또한 白2로 탈출을 봉쇄하면 黑3으로 붙이고 모양을 갖추려고 한다.

제4보의 白2는 참고도의 黑의 의도를 동시에 견딜 수 있는 급소이다.

공격과 방어로 최선의 수순은 계속되고 있으나 黑11의 내림수는 a의 건너가기를 포함하여 오른쪽을 응원하고 있으며 급박한 싸움이 벌어지고 있다.

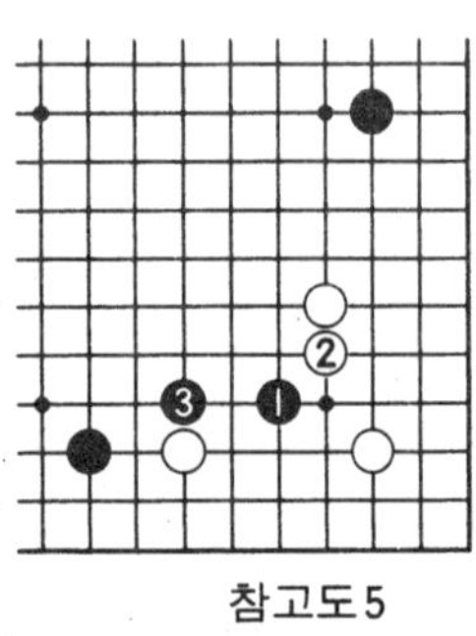
참고도5

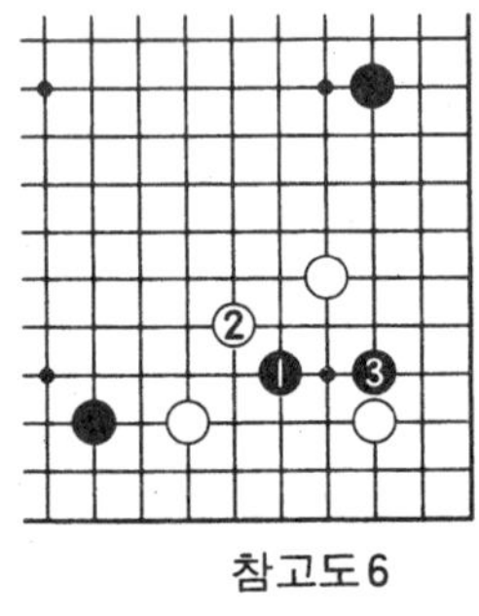
참고도6

제 5 보

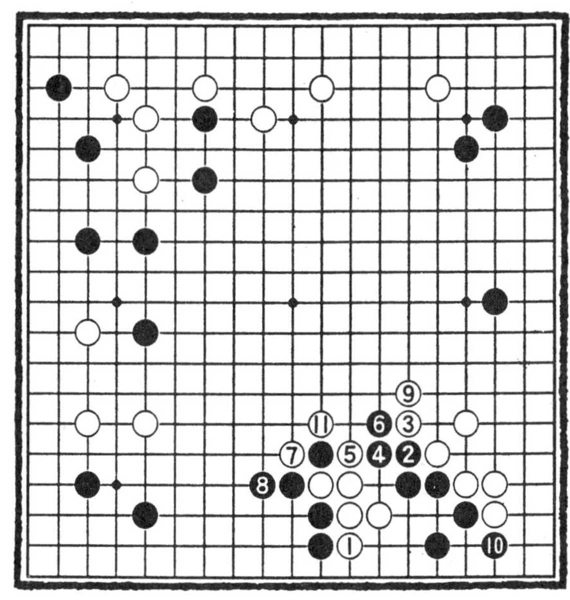

① 이 1수
❿ 黑은 안정된 모양
⑪ 불만없는 갈림

白1로 黑의 건너가기를 저지시킨 것은 당연하다.

黑2에서부터 중앙으로 지향하고 있지만 黑10으로 젖히고 안정된 모양.

그러나 白도 11로 빵때림을 하여 불만이 없으며 이것은 적당한 갈림이라고 할 수 있다.

참고도7 제5보에 계속되고 있는 진행인데 이 수순에서 싸움의 호흡을 알 수 있다.

黑1을 생략하고 맞좋게 봉쇄당하면 괴롭다.

白2로써 a는 黑2로 싸움을 할 수 없게 된다.

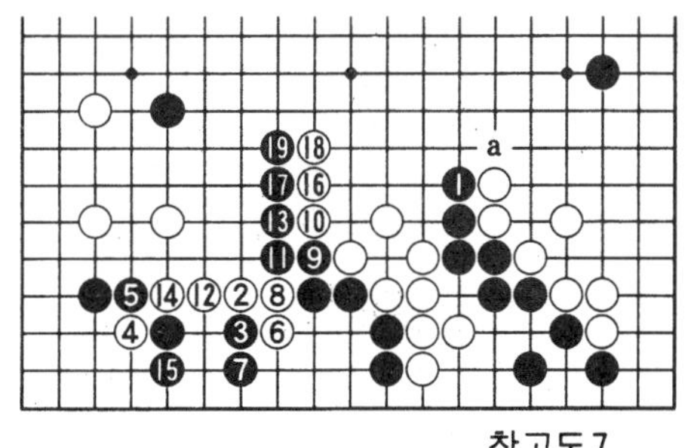

참고도7

연결과 절단의 맥

절단이나 연결도 실전에서는 여러 가지 케이스가 있다.

넓게 발전하다 보면 그만치 허점이 생긴다. 연결을 유지하면서 어디까지 발전할 수 있는가? 그리고 연결의 미비점을 어떻게 발견하는가 하는 것은 역시 「실력」의 문제. 바둑에는 여러 가지 싸움이 있는데 연결이나 절단이 그 가운데의 하나이다.

그림 1 白1로 붙이고 黑을 좌우로 분단시키려 하고있다. 黑a라면 白b, 黑b라면 白a로써 절단하고 있는 것 같이 보이지만——

그림 2 그렇지만 黑에도 1의 수가 있어 이것으로 좌우가 연결되고 있다는 것을 확인하기 바란다. 이런 기술과 연관된 급소의 수를 「맥」이라고 부르고 있다.

그림 1

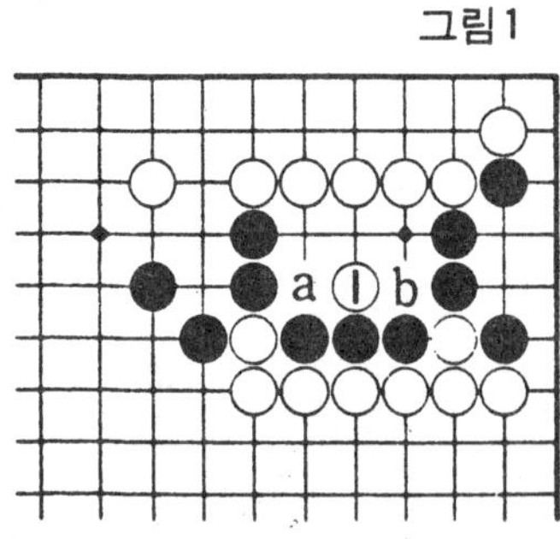

그림 2

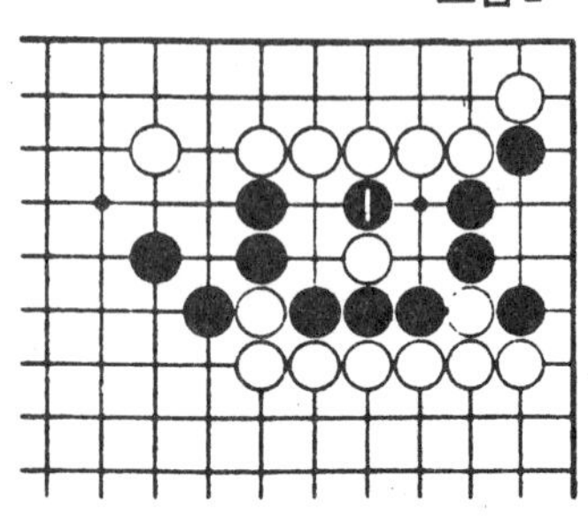

제 2 장

급소와 쟁점을 포착할 수 있는 방법

급소와 쟁점을 포착할 수 있는 방법

옛날부터의 가르침에 「黑을 쥐면 견실하게, 白을 쥐면 복잡하게」라는 말이 있는데, 물론 이 속에 진리가 있다고 하더라도 현대 바둑에 있어서는 「黑번이면 준엄하게, 白번이면 여유 있게」라고 변화하게 되었다.

그렇다고 하여 포석은 결코 어려운 것이 아니며 이론적인 원칙 가운데에 세력에 대한 실리와 밸런스 감각이 성립되고 있다.

말하자면, 옛날의 포석법이건 현대의 포석법이건 이의 기본법은 첫째로 굳힘, 둘째로 걸치기, 셋째로 벌리기의 원칙에 따라 여러 가지 포석을 구상할 수 있다는 것이다.

이를 명심하고 포석에 관한 사고 방식과 급소와 쟁점을 포착할 수 있는 방법을 연구하여 보기로 한다.

범 례

1. 나의 실전보와 秀策류의 포석에서 발췌하여 포석 구상의 교재로 삼았다.
   현대 포석 가운데에서도 소위 1·3·5의 「秀策류」가 포석의 저류를 이루고 있기 때문이다.
2. 1국의 흐름을 포석의 급소와 포석의 쟁점이라는 각도에서 착점을 감각적으로 포착할 수 있도록 편집하였다.
3. 각 국마다 여러 보로 분류하고 상단에는 수순의 진행을, 하단에서는 이를 해설하고 있다.
4. 제1보에서 제2보, 제3보로 진행하고 있는데 각 보의 기수를 1로 통일하고 있다.

제 1 형

정석 문답

○白번

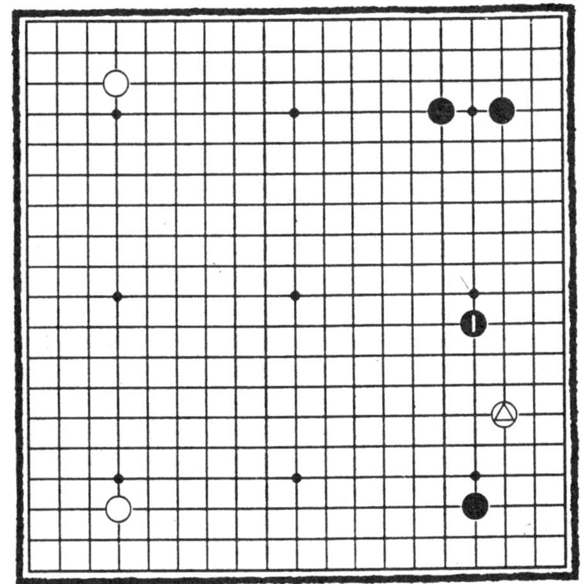

△의 目자걸치기는 吳清源류이다.

黑1의 높은 협공에 白은 어떻게 응수해야 하는가?

참고도(吳清源류의 취향)

白6의 걸치기는 옛날부터 취향으로 두어지고 있는데, 이 포석을 시도한 사람이 吳清源9단이며 보통 白a로 걸치면 黑b의 협공이 우상귀의 1칸굳힘과 호응하여 절호가 된다.

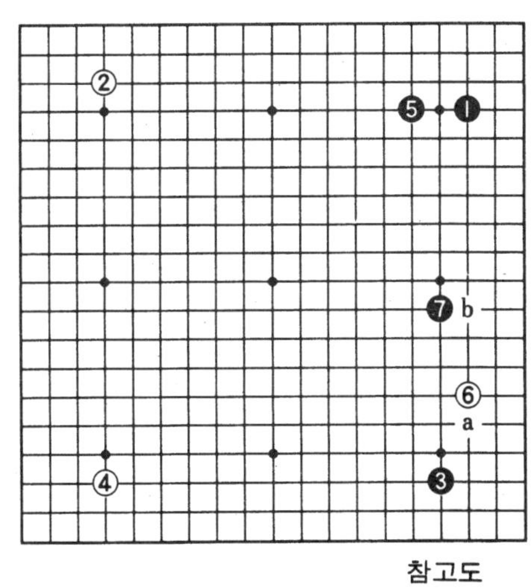

참고도

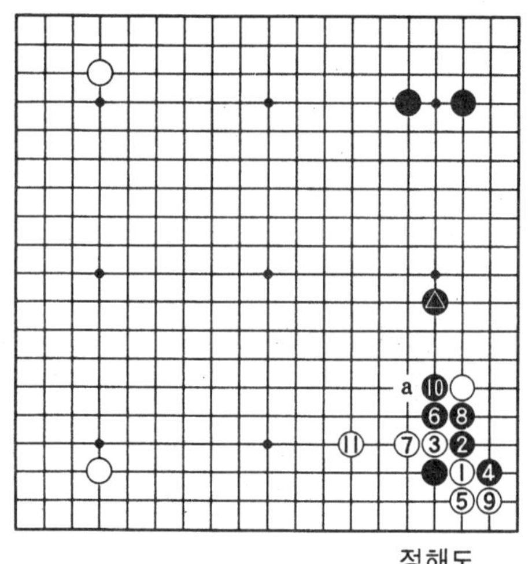

정해도

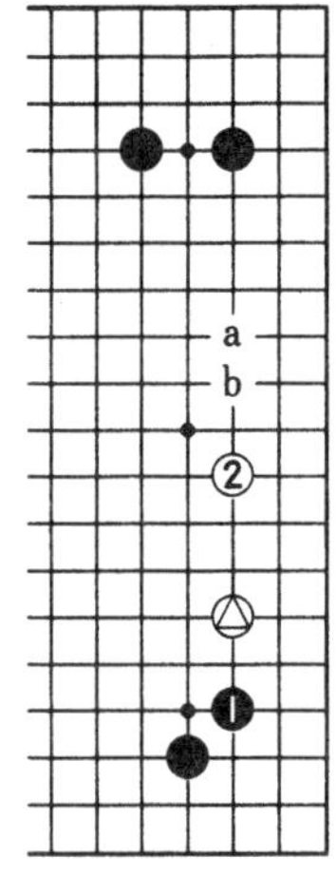

참고도1

정해도(바꿔치기의 정석)

▲의 적극책에 대하여는 白1로 3三에 붙이는 맥으로 변화하는 것이 포인트가 되고 있다.

白1로 평범하게 a 등으로 중앙 진출을 도모하는 것은 黑7로 받아서 따분하다는 것을 이해하여 주기 바란다.

참고도1 △의 걸치기에 黑1로 ㅁ자굳힘을 하고 白2의 2칸벌리기라면 간명한 정석이다.

부분적으로 말한다면 1과 2의 교환은 분명히 黑이 유리하지만 우상귀에 黑의 1칸굳힘이 대기하고 있는 구도에서는 2의 벌리기에 의하여 굳힘의 위력을 감소시키고 있는 것이 주요한 목적으로서, 다음에 白a의 2칸, 黑b의 육박이 좋은 모양이 된다.

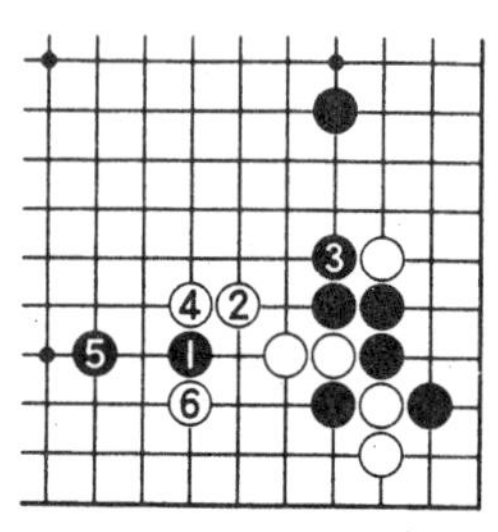

참고도2

참고도2 정해도의 黑10으로써 준엄하게 1로 육박하는 것도 유력한데 이것은 현대류라고 할 수 있다.

따라서 이하 白6까지가 정석.

그림1 黑1, 3의 걸치기에 白2, 4로 협공하는 작전이 향소목의 주안을 이룬다.

黑5 이하 8까지는 상식적인 운용.

白6으로 **참고도3**의 정석은 黑에 좋은 모양을 주어 불리하다. 黑은 a의 씌우기가 있어 b의 침투가 유력하다.

그림1의 黑9는 급소로서 일거에 白12까지의 갈림.

白10으로 **참고도4, 5**는 白이 불리한 결과이다.

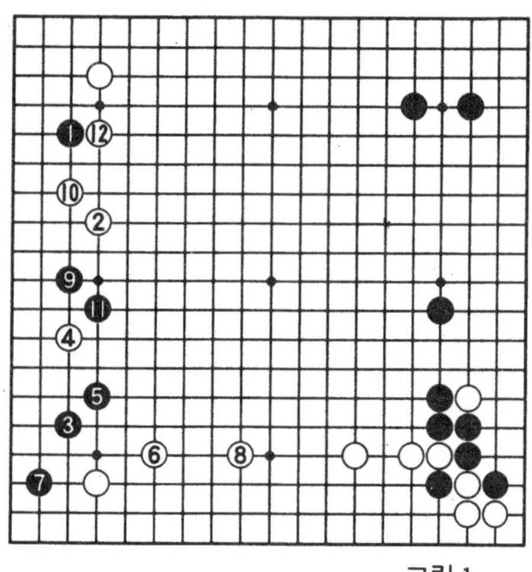

그림 1

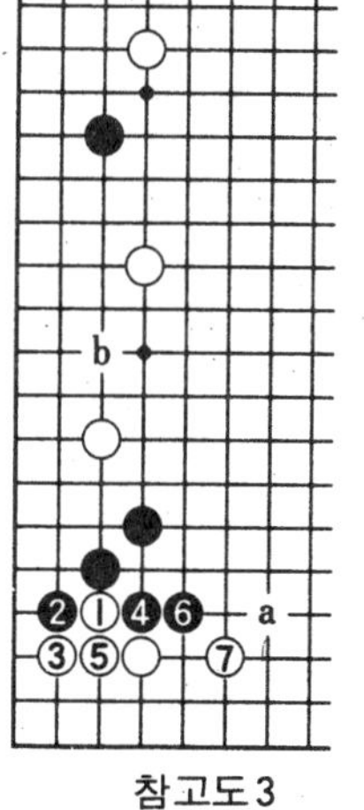

참고도3

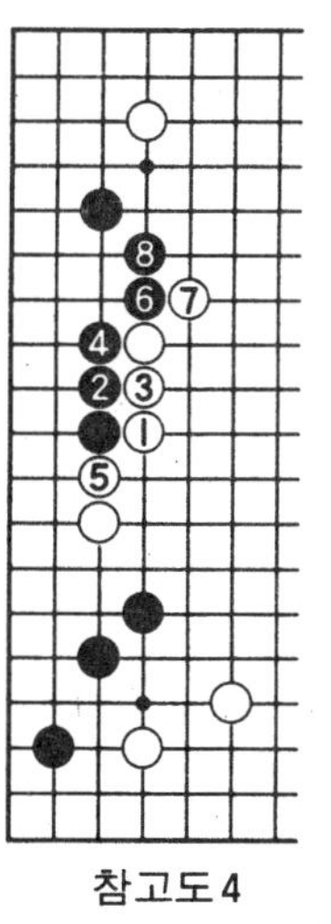

참고도4

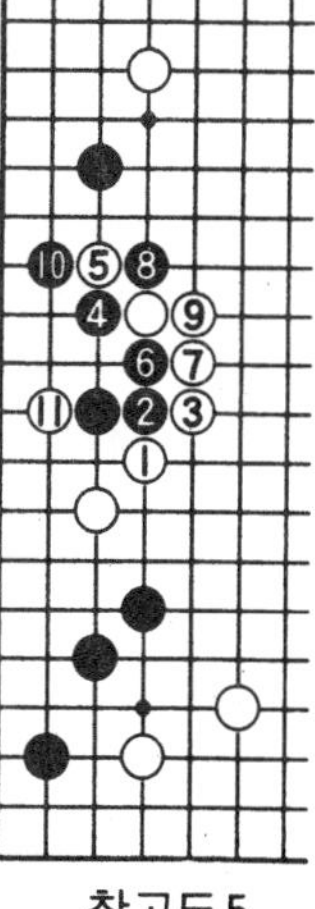

참고도5

그림2 黑1은 쟁점.

보통은 a까지 나가지만 이 구도에서는 좌상의 白이 견고하므로 침투가 준엄하게 된다.

白2의 침투는 절호의 타이밍.

호기를 놓치면 黑b로서 크게 구축한다.

黑3은 白에 타개의 여유를 주지 않는 상법.

白4도 하나의 모양이지만 c의 1칸도 있다.

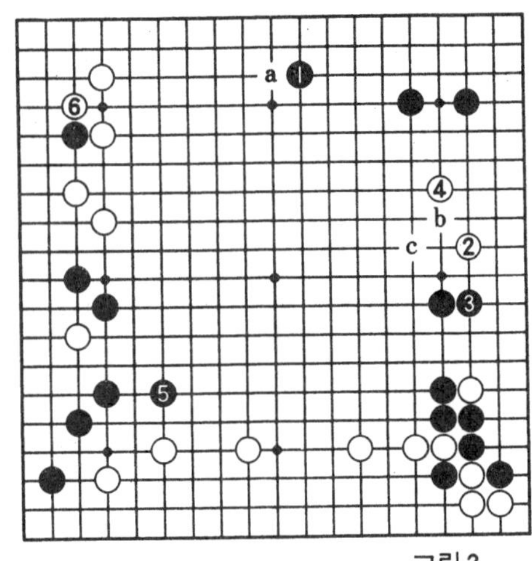
그림 2

참고도6 白1은 黑2, 4로 봉쇄하므로 불리하다.

그림2의 黑5는 정수로서,

참고도7의 白1, 3에서부터 a로 젖히고 나오는 수를 봉쇄하고 있다. 그림2의 白6은 정착.

이것은,

참고도8 黑1의 젖힘수에서부터 바꿔치는 위험을 봉쇄하였다.

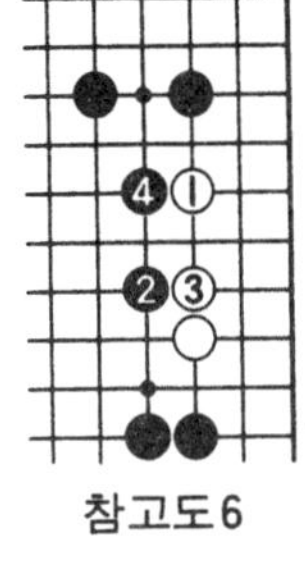
참고도6

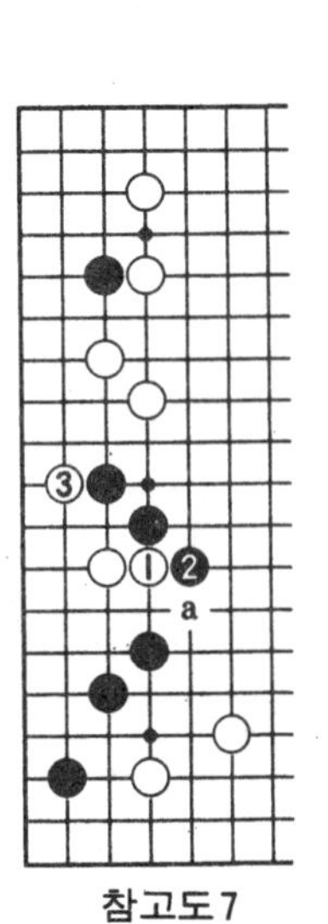
참고도7

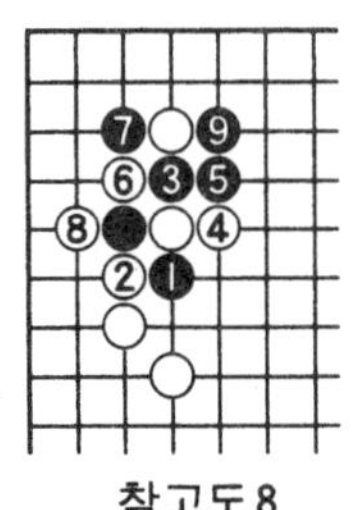
참고도8

그림3 黑1 白2는 맞보기의 쟁점.

黑1로써 a의 침투를 결행하면 白은 상변의 b로 육박하고 좌상을 확대하게 된다.

또 白2는 정착으로서 c로 넓히면 역시 黑a가 성립한다.

白6 黑7이 모두 요점이며 모양이다.

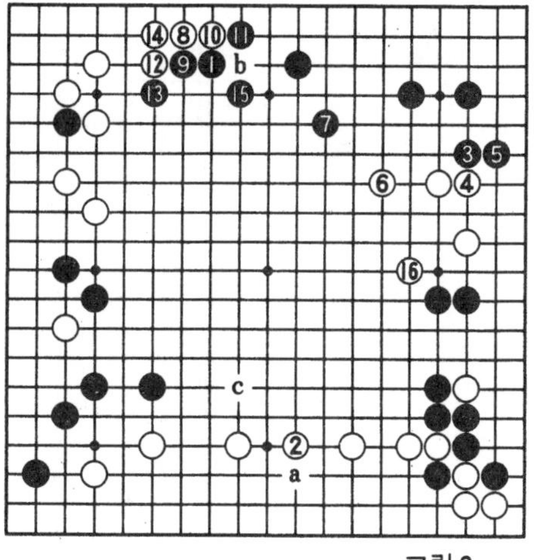

그림 3

그림4 △의 日자가 모양으로서 다음에 7이 좋은 모양.

黑3, 5의 붙여끌기는 이 시점에서는 최대.

白4로써 5는 黑a의 반격으로 하변이 파괴된다.

黑7로 쟁점을 차지하였을 때 白8, 10으로 일단락이나 이것은 바로 모범적인 포석 구성이다.

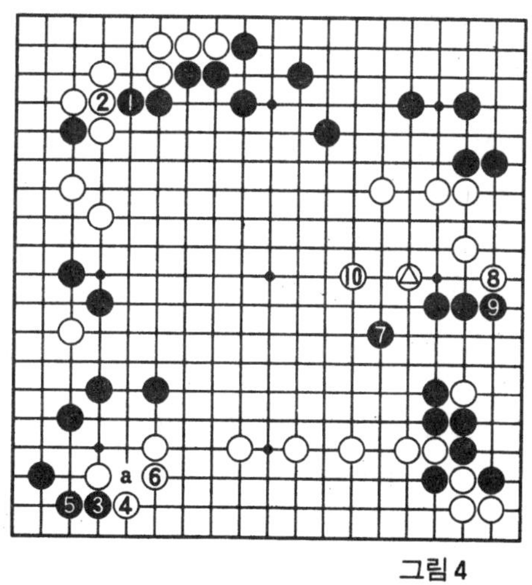

그림 4

제 2 형

이 1수

●黑번

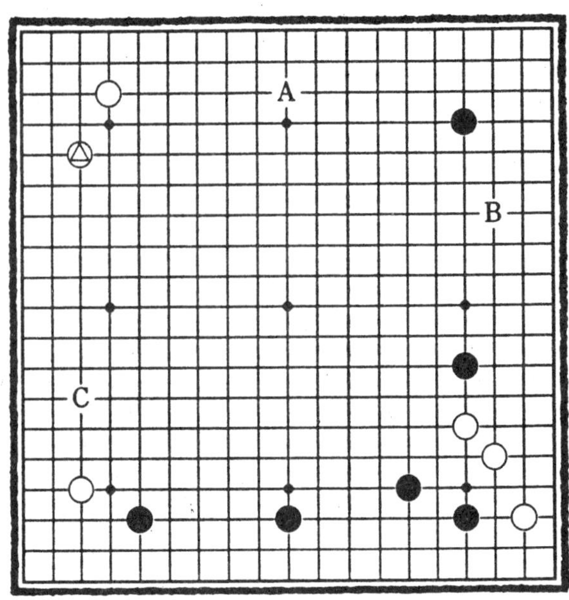

현재 ⚠로 굳힌 포석이 구성되고 있는데 A, B, C 가운데에서 당신이 선택하는 쟁점은?

참고도 (白의 계략에서 벗어나는 黑5)

白2, 4의 소목에 주목한다. 黑5로써 a의 굳힘을 먼저 두면 白5로 굳히려는 계략.

黑7의 2칸높은 협공에는 11까지가 현대의 정석이나 7로써는 12로 걸치는 것도 있다.

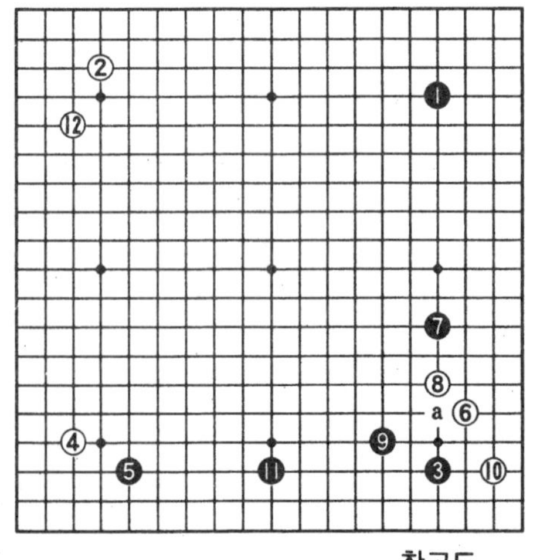

참고도

정해도(白6의 높은 구축이 포인트)

◬의 굳힘이 있으면 좌우 대치의 중심을 차지하는 상변의 黑1이 놓칠 수 없는 쟁점이 된다.

白2의 걸치기를 게을리하면 黑a의 벌리기가 ▲과 1의 벌리기와 호응하여 포석의 이상형을 형성한다.

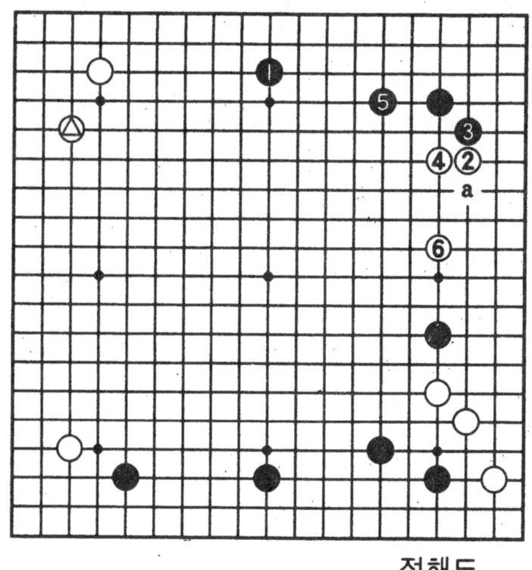

정해도

참고도1 정해도 黑3으로 단순히 1로 받으면 白2, 4로 구축하는 구도가 되지만 우변의 포인트는 4로 높게 육박하여 ▲을 삼켜 버리는 발상이 긴요하다.

참고도2 정해도 白6으로 정석 그대로 1로 벌리는 착상은 좋지 않다.

黑은 ▲을 가볍게 본 2의 씌우기가 좋은 수가 되며 白의 저자세가 불만이다.

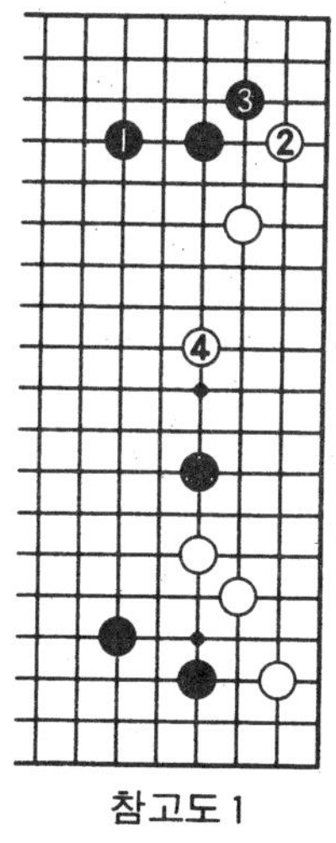

참고도 1

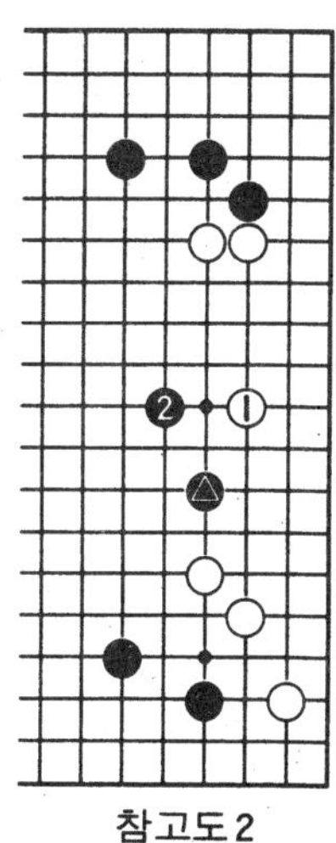

참고도 2

그림1 국면의 초점은 黑1, 3과 좌변의 구축에 있다. 이것으로 黑2로 걸치고 하변의 黑 모양의 확대를 도모하는 것은 일방적인 바둑이 되므로 위험하다.

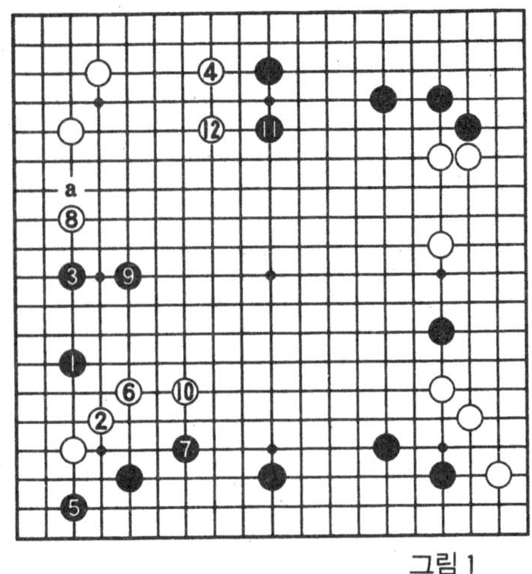

그림 1

이어서, 白4의 전개가 남겨진 쟁점으로 물이 흐르듯이 포석이 진행된다.

黑5가 공방의 급소. 白의 근거를 빼앗으면서 7로 둘러싸는 구상에 묘미가 있다.

白8도 공수를 겸한 호착.

黑이 a로 선착하는 호형을 상정한다면 이의 차이는 자명하다.

즉, 黑1에서부터 白10까지의 운용은 공격과 방어를 복선으로 하여 포석 구상이 진행된다.

黑11, 白12는 모두가 방어의 요점이다.

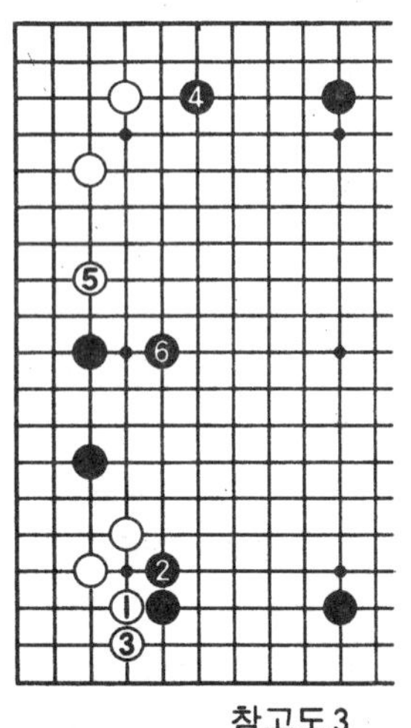
참고도3

참고도3 그림1의 白4로써 1, 3으로 귀에서 안정하는 것도 눈에 띄지만 黑4로 육박하면 대세에 뒤지게 되므로 그림1이 최선의 진행이라고 판단된다.

그림2 黑1의 내림수는 白a의 침투에 대비하면서, 白의 동향을 보고 나서 태도를 결정하려는 것이다.

白2는 쟁점의 뛰기. 黑1점을 크게 노리면서 하변에 대한 침투를 엿보고 있다.

그러므로 黑3에서부터 7까지로 모양을 갖추며 白의 야망을 미연에 방지하고, 白도 8로 자중하여 일단락.

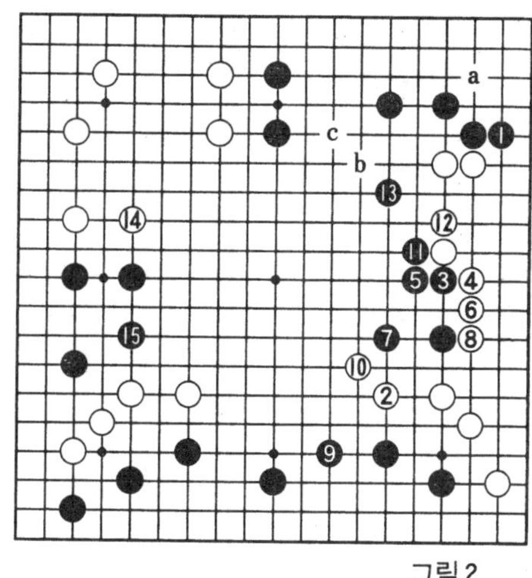

그림 2

얼핏 보기에는 평범한 진행이나 허허실실의 응수가 숨겨져 있다.

또 白8로써는 b로 뛰기, 白c로 교환하면 黑의 봉쇄를 피할 수 있으나 상변의 黑집이 크게 정리되므로 일장일단이 있다.

白10에 黑11, 13의 봉쇄는 모양이지만 장래에——

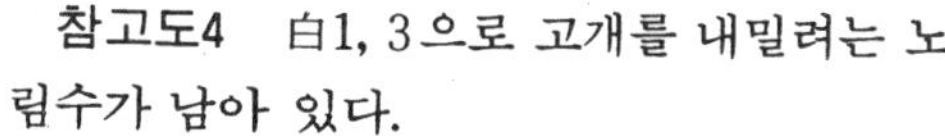

참고도4 白1, 3으로 고개를 내밀려는 노림수가 남아 있다.

그러나 지금 당장에 결행한다고 하더라도 黑8까지가 되어 성과는 기대할 수 없다.

그림2의 黑15로 방어를 하고, 黑의 충분한 포석 구성이다.

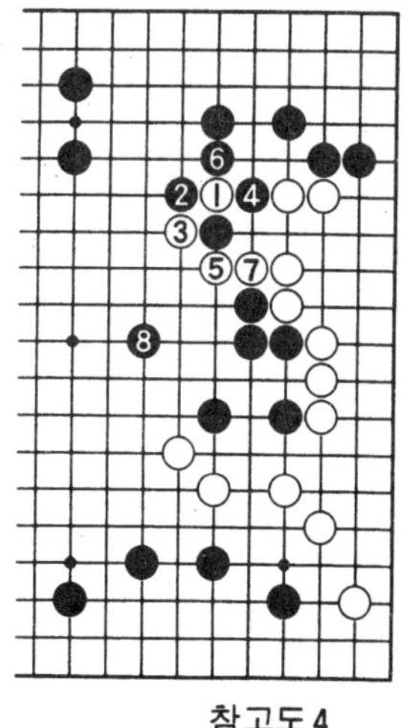
참고도 4

제 3 형

오른쪽인가 왼쪽인가?

○白번

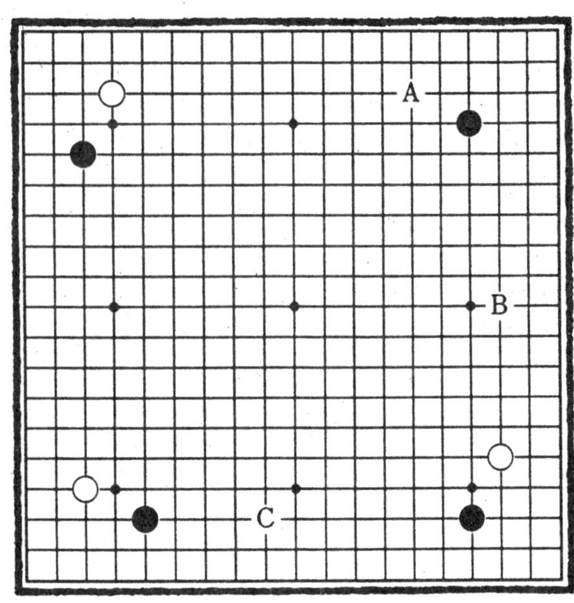

총결치기의 포진이 예상되는 국면인데 A, B, C 가운데 어느 점이 적절한가?

참고도(착점의 우선 순위)

앞 모양의 黑7 에서부터의 변화. 그리고 黑7 로 걸치면 대체로 「총걸치기」의 포진이 전개된다.

소목에 걸친 자세는 같지만 방향이 다르므로 거기서 착점의 우선 순위가 생겨난다.

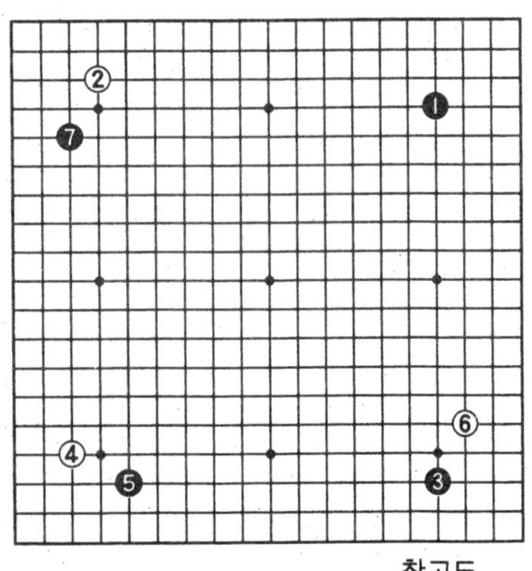

참고도

정해도(여유 있게 운용하는 작전)

하변의 대치를 중시한 白1의 3칸협공이 적절하다. 현대의 바둑에서는 黑을 쥐면 준엄하게, 白을 쥐면 여유 있는 국면으로 유도하는 것이 기본으로서 白1이 좋은 예이다.

黑2는 급소의 벌리기로서 두 가지 목적을 지니고 있다.

즉, 白a의 협공을 방지한다는 것과, 다음에——

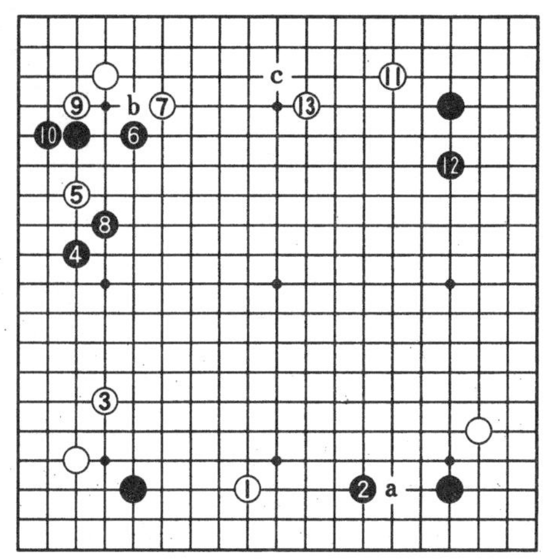

정해도

참고도1 白1, 3으로 공격의 정법을 따른다면 黑4의 씌우기로, ▲이 △의 벌리기를 저지시키고 있다는 것이다.

정해도의 黑4는 쟁점. 다른 자리에 두면 이 점에 白이 협공하는 수가 공격과 벌리기로 일석이조의 효과를 거둔다.

白5의 침투는 이를 활용하여 선수를 두고 白11, 13의 좋은 자세를 유지한다. 白5로써 b의 ロ자면 黑c의 큰 자리를 선점당하는 결과가 된다.

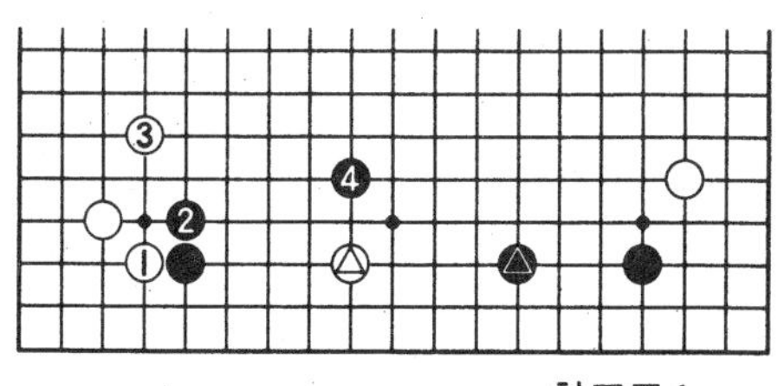

참고도1

그림1 白이 상변의 모양화에 성공한다면 黑은 우변의 세력권 1로 도는 것이 순서.

다음에 黑a로 좋은 모양을 만들게 되면 괴로우므로 白2로 침투하여 이를 방지하면서 1칸굳힘의 黑에 육박하는 구상이 성립한다.

또 黑1로 b의 3칸협공은 별로 유리하지 않으며 이 1칸의 차이가 국면 구성에 영향을 미치게 된다.

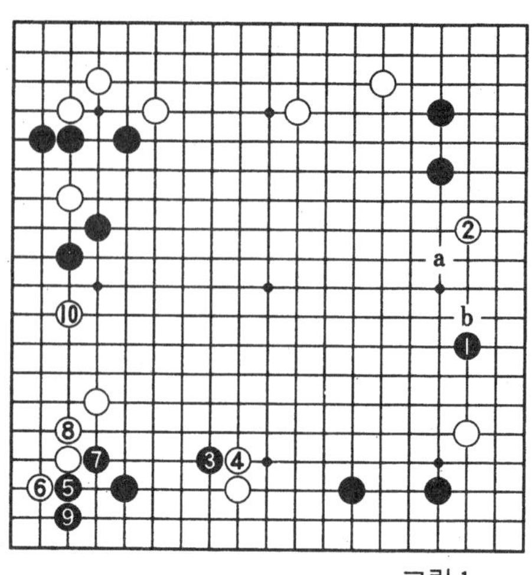

그림 1

참고도2 그림1의 黑3으로써 1 또는 a로 공격하면 Ⓐ를 가볍게 보고 白2로 변화시킬 수 있을 것 같다.

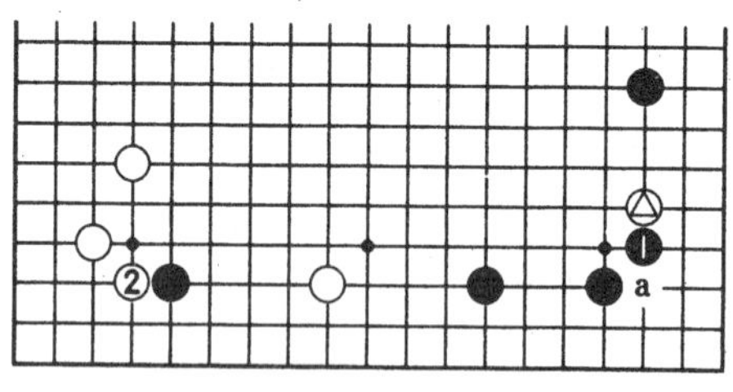

참고도 2

참고도3 그림1의 白8로써 1로 젖히는 것은 黑의 세력이 주위를 제압하는 갈림이 된다.

⑤연결 참고도 3

그림2 黑1은 모양의 급소. 白2, 4를 유인하고 △의 맛을 해소시키면서 상변의 침략을 포함하고 있는 수로서 이 변의 호흡을 몸에 익히면 성공인 것이다.

白4로써,

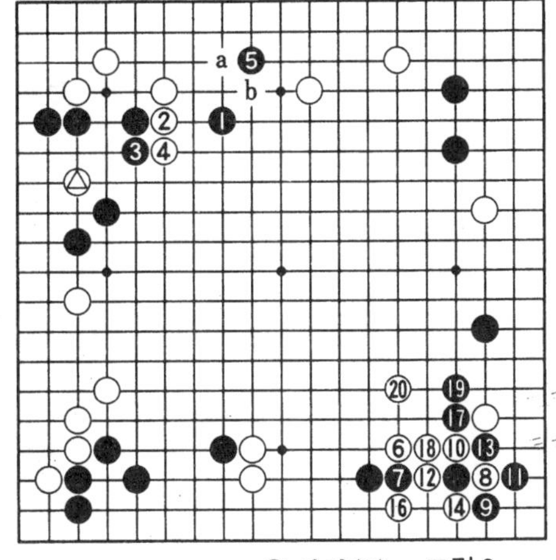

⑮ 연결(8) 그림2

참고도4 白1로 응수하고 黑2의 꼬부리기를 허용하면 안 된다.

그림2의 白4가 급소의 1수라면 黑5의 뛰기는 모양.

좌우의 미끄러지기를 보고 타개가 용이하다.

黑5로써 a로 뛰어드는 것은 白b의 들여다보기를 활용하여 무거운 모양이 되므로 주의하기 바란다.

白6에서부터 8, 10의 수순은 안정하는 경우의 상법.

즉시 黑11로 젖히고 실리 대 세력의 갈림이 되었다.

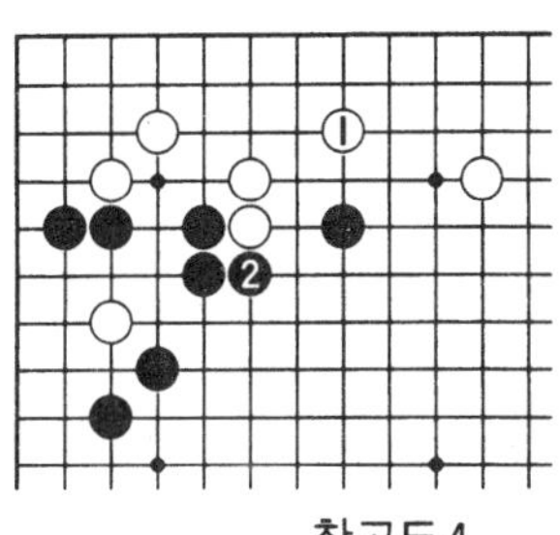

참고도4

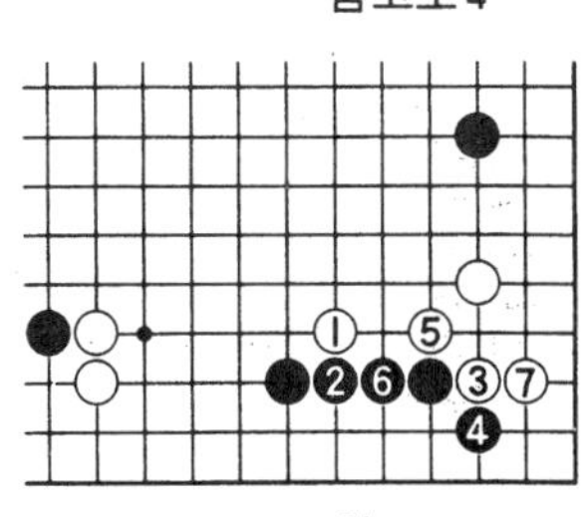

참고도5

참고도5 白1 이하에 대하여 黑이 평온한 이 그림을 채택하는 것은 국면 구성으로 보아 불만인 것이다.

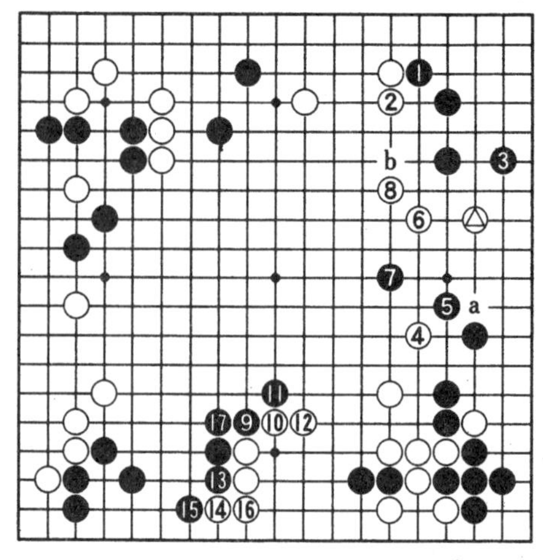

그림 3

그림3　3귀가 결정되고 남은 것은 우상귀이다.

黑1, 3은 일단 안정한 다음 ⓐ의 공격을 보고 있다.

白4는 a의 붙임수를 노리면서 6으로 뛰어나오려는 것이다. 이 수로 하변 17의 자리에 젖히는 것이 절호점으로 보이지만 黑이 6으로 씌워오면 괴로운 싸움이 된다.

黑7의 진출은 늦출 수 없는 작전. 아래쪽의 白 모양의 삭감과 ⓐ을 계속하여 공격한다.

그러므로 白8은 부득이하다. 생략하면 黑b로 아래 위 양쪽으로 얽히게 된다.

黑은 대망의 9, 11로 교묘하게 처리하였다.

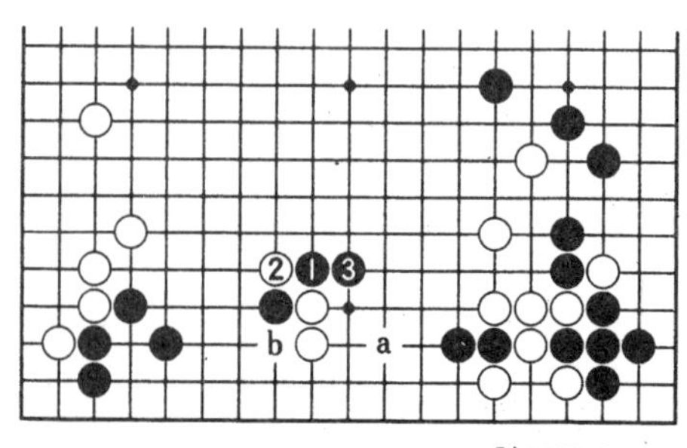

참고도6

참고도6　黑1에 대하여 白2로 맞끊으면 黑3으로 뻗어 白은 따분하다.

이 모양은 a, b의 급소가 맞보기이다.

제 4 형

밸런스 감각

●黑번

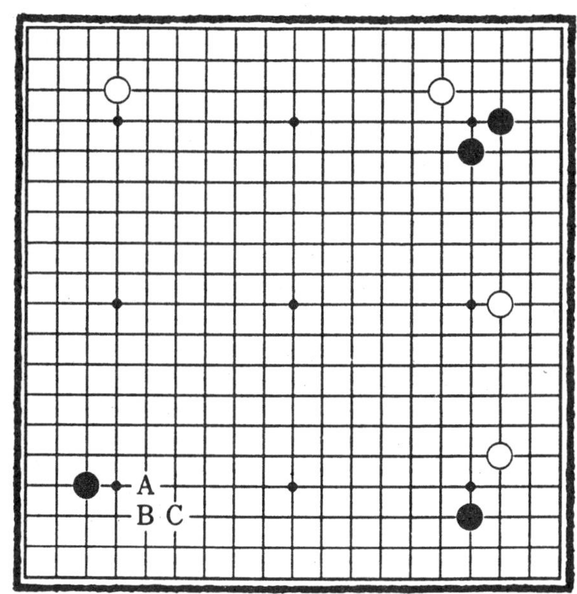

포석에서 중요한 것은 대국적인 밸런스 감각이다.

黑의 굳힘은 A, B, C 가운데 어느 쪽이 적절한가?

참고도(총걸치기의 포석 구성)

소목, 화점, 3三, 고목, 외목 등의 조합으로 여러 가지 포석이 구성된다.

黑1 이하 8까지의 모양을 총걸치기의 포석이라고 부르고 있으며, 귀의 굳힘을 하지 않는 것이 특장이다.

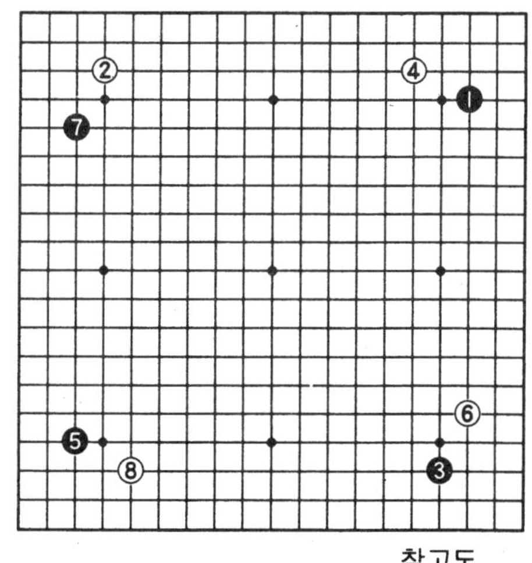

참고도

정해도(전국의 조화와 고저의 밸런스)

黑1의 1칸굳힘이, 귀에 위치하고 있는 낮은 ▲과의 고저를 유지하며 적절한 곳이다.

白도 2 또는 a, b로 빈 귀에 굳히고 전국의 밸런스를 도모하는 태도가 포석의 기본이다.

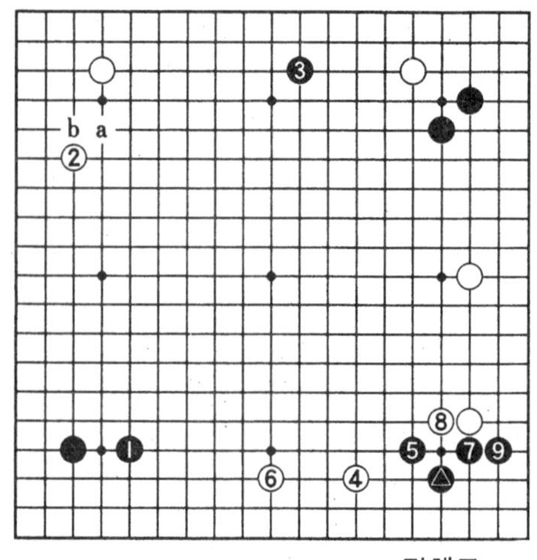

정해도

참고도1 정해도 黑3 白4는 쌍방의 쟁점.

그러나 白4로써는 당장에 1, 3을 기하는 것도 일책.

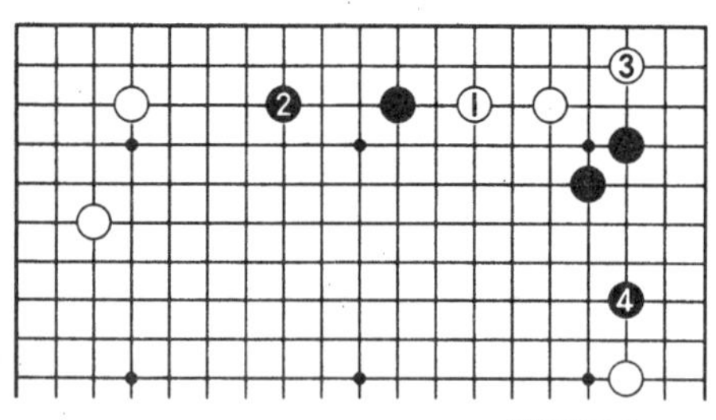

참고도 1

참고도2 정해도의 白4, 6은 포석의 기본형. 이것으로 1의 3칸협공은 의문으로서, 그러면 黑2 이하 12까지를 상정하였을 때 단조로운 포석이 된다.

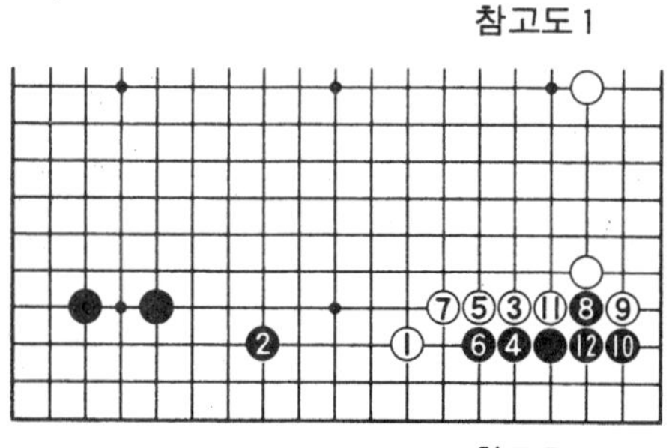

참고도 2

그림1 白1의 벌리기는 黑a의 침투를 완화시키면서 △으로 나오는 것을 노린 급소이다.

그러므로 黑2는 △의 활동을 제어하는 정착.

白3은 좌상귀의 굳힘과 호응하여 절호의 큰 자리.

黑4 白5까지의 구상은 포석의 견본이다.

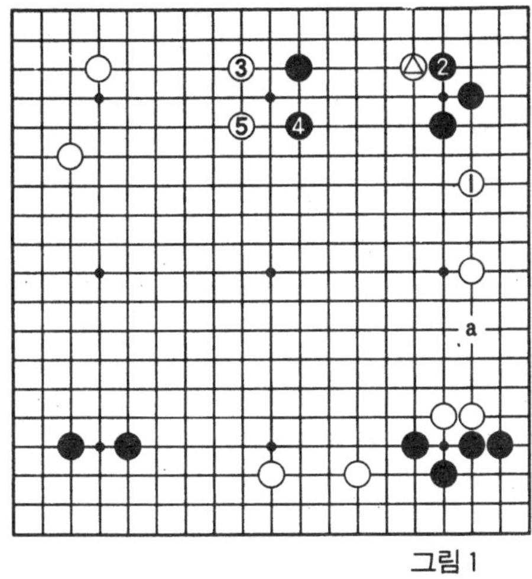

그림 1

참고도3 그림1의 黑2로써 1로 걸치는 것은 白2, 4에 의하여 활로가 남겨진다는 점에 불만이 있다.

그런 이유에서 △의 움직임을 제어하는 그림1의 판단이 옳은 것이다.

참고도4 그림1의 白3으로써 1의 전개도 좌변의 요충이며, 그러면 黑2로 白의 엷은 맛을 노려 육박하는 구도. 이것도 1국이다.

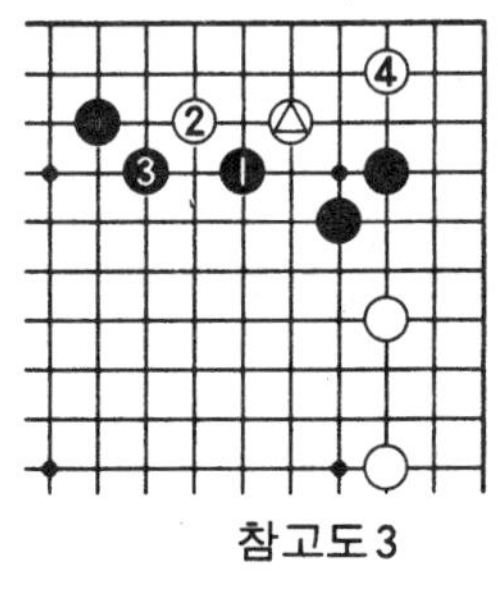
참고도 3

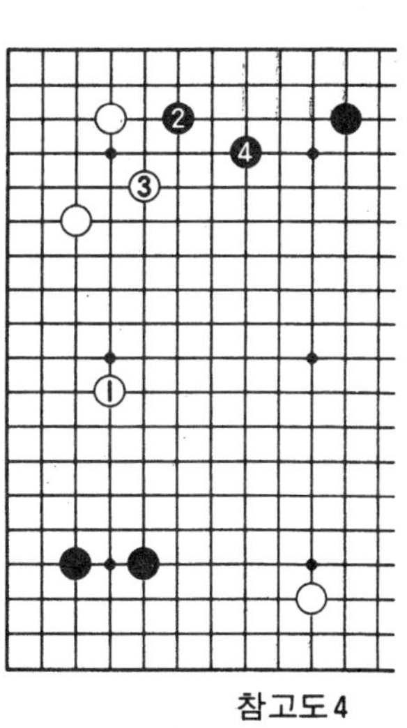
참고도 4

그림2 黑1은 국 중에 남은 최대의 요점.

다음에 큰 자리의 수를 막는 黑3의 좋은 자세가 복선이 되고 있다.

白2의 육박은 급소.

이를 놓치고 黑a의 육박을 허용하면 견딜 수 없다.

白4는 6으로 씌우기 전의 교묘한 활용이다.

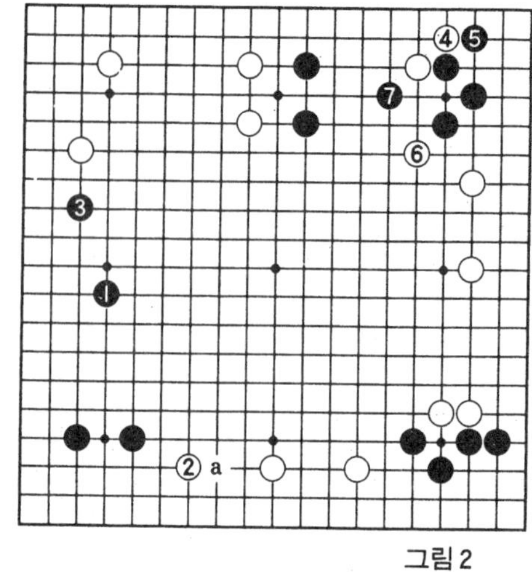

그림 2

그림3 白1의 누르기는 쟁점.

黑a의 방지, 白b의 모양 확대, 17에서부터 귀를 괴롭히는 수이다.

黑2 이하는 침략의 상투 수단.

白9의 실리는 크다.

黑10으로 삭감하고 黑12에서부터 16까지 좌변에 큰 모양을 구축한 작전은 ▲이 빛나고 있다.

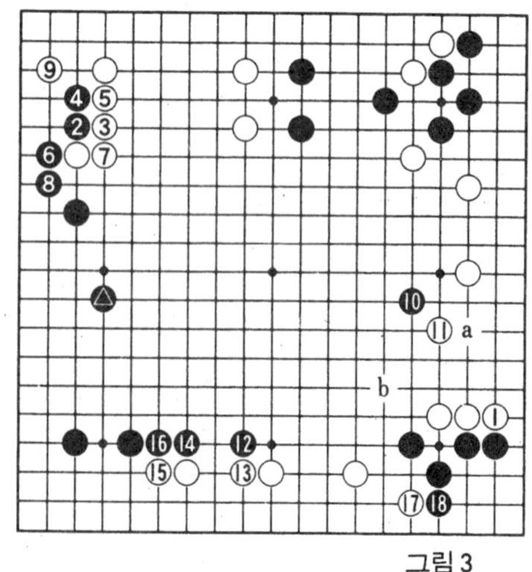

그림 3

제 5 형

포석 구상

●黑번

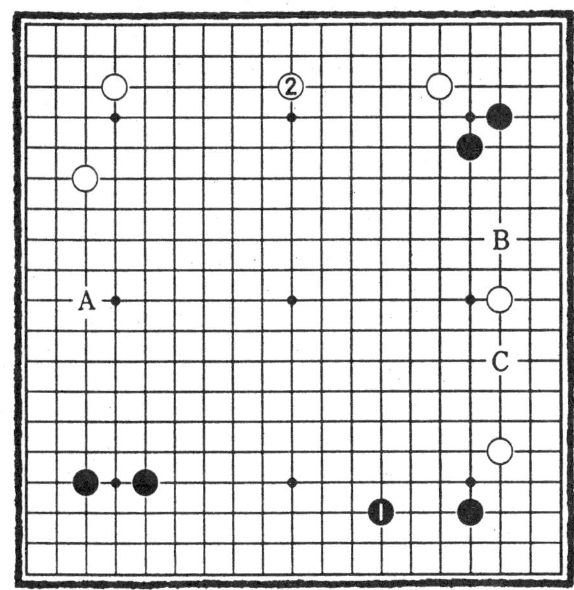

黑1은 공격과 방어를 겸비한 1수.

黑은 A, B, C의 3점에 주목하게 된다.

참고도(白 10까지는 앞 그림과 같은 모양)

앞 문제에서는 黑11로써 상변의 협공을 선택하고 白 11이라고 하는 진행이 되었다. 그러므로 11은 공격과 방어를 겸비한 1수이다.

a, b, c의 3점에서 포석의 급소를 포착하여 주기 바란다.

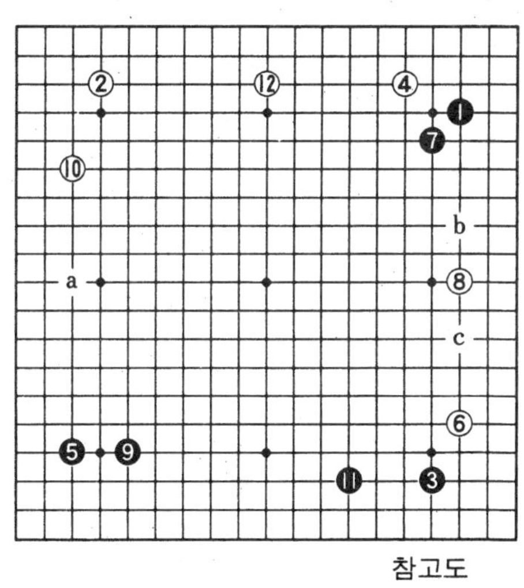

참고도

정해도(호점보다 요점을 서둔다)

黑은 ▲의 의사를 계승한 1의 침투가 급소.

黑1로써 a의 전개도 호점이지만, 그러면 白b로 공방의 요점을 차지하여 白에 주도권을 빼앗긴다.

白은 2를 활용하여 4로 타개하는 것이 상법이다.

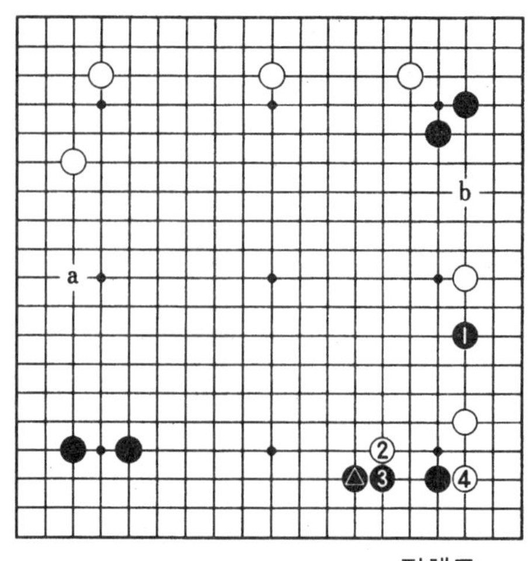

정해도

그림1 정해도에 이어 黑1, 3의 젖히기가 포인트로서 이하 黑11까지의 바꿔치기를 기하는 것이 ▲을 살리는 작전과 연결된다.

白12는 黑 2점을 제어하여 놓칠 수 없다.

黑13은 黑진의 확대와 黑 2점을 살릴 수 있는 수단을 보고 있으므로 白14는 이에 대한 대비.

黑15의 뛰기는 白a의 침투가 준엄하므로 부득이하지만 白16의 호점으로 돌아서 일단락.

▲으로 시작된 포석의 공방전은 이상과 같은 흐름에 따라 진행하는 것이 기본이 된다.

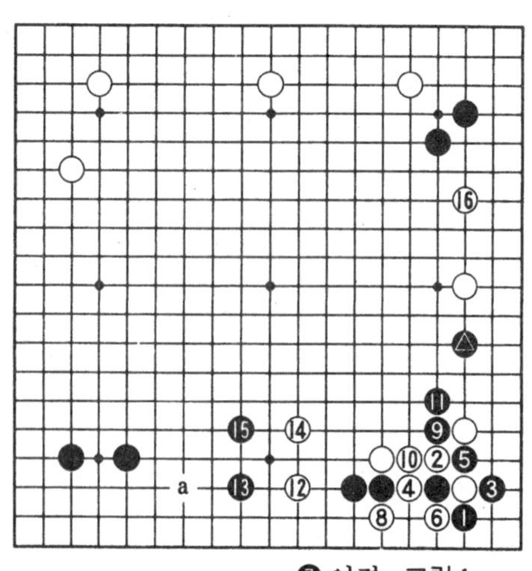

❼ 연결 그림1

참고도1　그림1의 黑3으로 그림과 같이 응수하는 것은 평온하지만 白4로 안정되어 黑은 불만이다.

즉, 黑은 모처럼 침투를 한 ▲의 위력이 반감되기 때문이며 돌도 살아 있는 것이 아니다.

그림1의 적극책이 돌에 생기를 불어넣는 중요한 일이 된다.

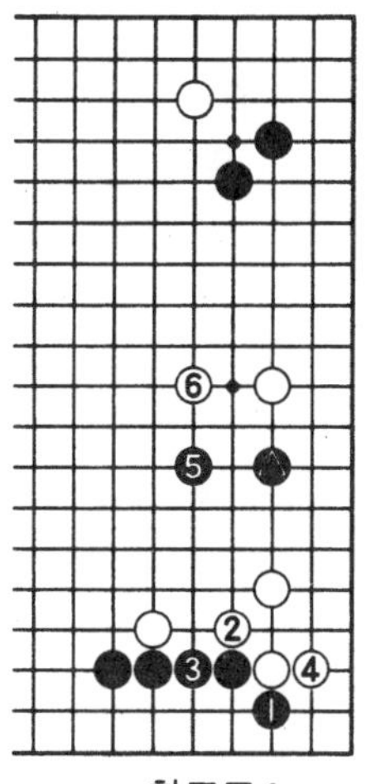
참고도1

참고도2　그림1의 白14를 생략하면 黑1의 부딪기에서부터 5까지로 교묘하게 탈출한다.

참고도3　그림1의 黑15를 생략하면 白1의 침투가 준엄하고, 黑2에는 白3의 붙임수 이하 선수로 살며, 黑8로써 a는 白9의 패가 된다.

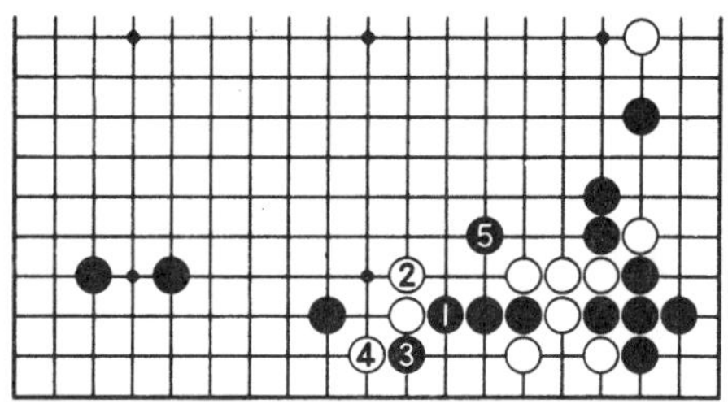
참고도2

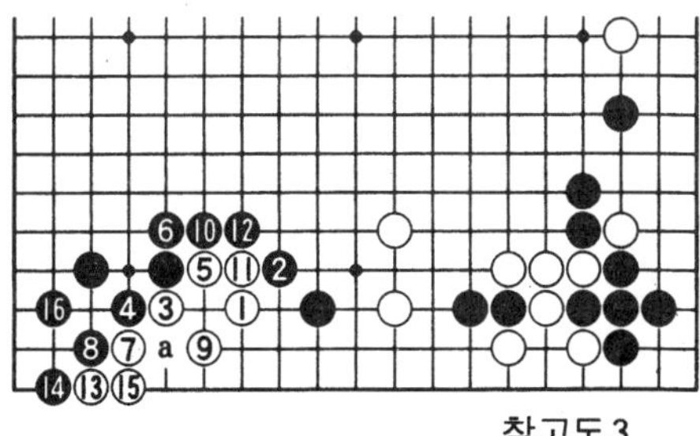
참고도3

참고도4(포석 구상의 변화)

문제도 黑1에 대하여 白2로 육박하고 黑a로 완화시키며 우상을 점거하려는 포석 구상이 성립한다.

黑3에서부터 7까지의 운용은 항상 볼 수 있는 응수. 白은 8을 활용하여 10의 큰 자리로 선행한다.

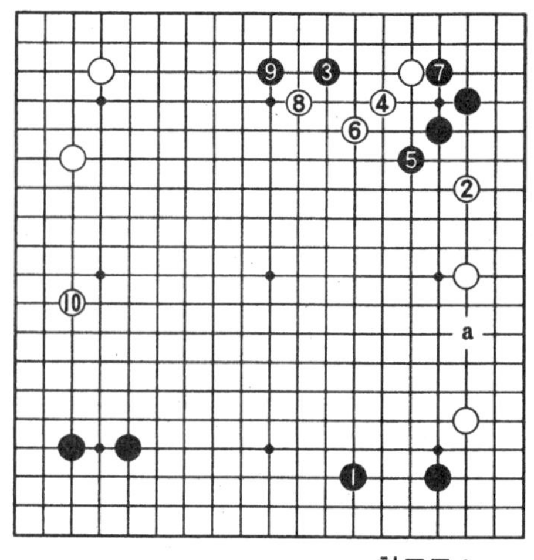

참고도4

참고도5 앞 그림 다음에 黑1의 침투가 급소로서, 그러면 白2 이하의 갈림이 예상된다.

白은 20, 22로 모양을 넓히고 밸런스를 유지하려고 하나 黑21, 23이 두터운 보조이다.

전국적으로 白의 엷음이 눈에 띄고 黑의 편안한 포석이다.

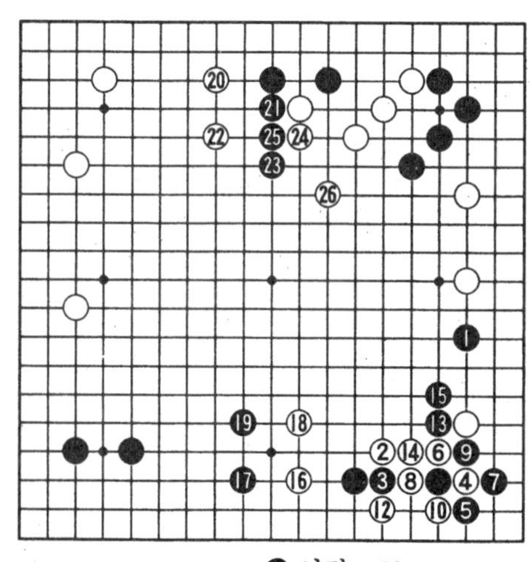

⓫ 연결 참고도5

제 6 형

한 칸의 차이

●黑번

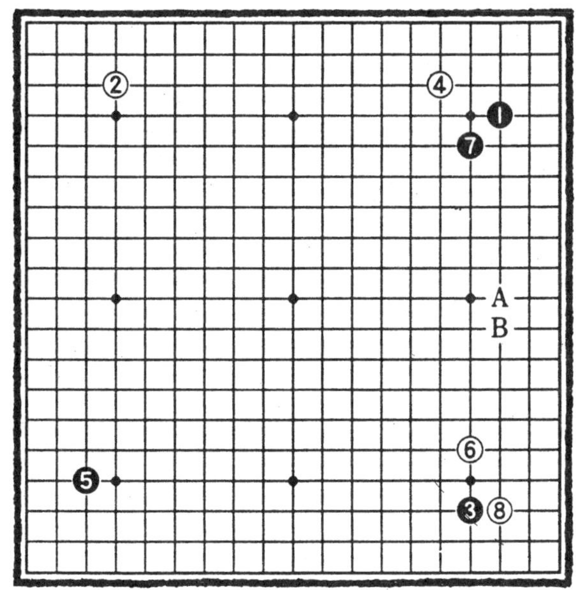

그림의 포석 구성도 잘 되어 있지만 白8일 때에 黑은 A, B 어느 쪽이 정착인가?

참고도(정석 운용의 요령)

白1, 3에 대하여 黑4, 6으로 정석을 채용하는 것도 있지만 白7의 벌리기가 절호이므로 黑은 만족할 수 없는 것이 포인트.

즉, 우변의 벌리기가 쌍방의 쟁점이 되고 있다.

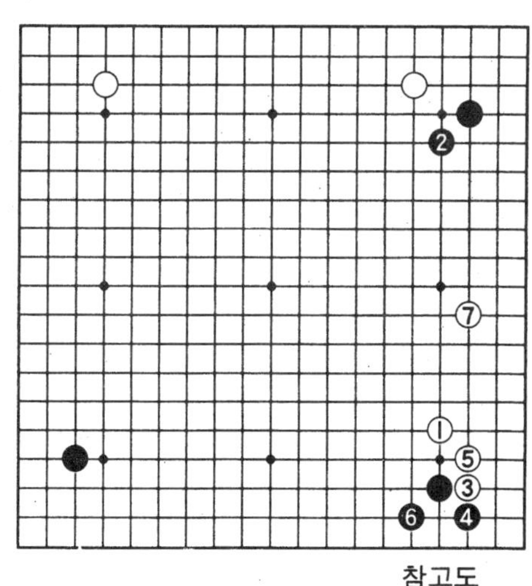

참고도

정해도(조화를 이룬 착점)

黑1의 벌리기가 밸런스가 유지된 정착이다.

白2와 黑3은 맞보기의 착점이 되고 있다.

白4는 근대 전법의 높은 협공이나, 이것으로는 이 밖에 a에서부터 d 등이 있으므로 각자의 기호에 따라 선택한다.

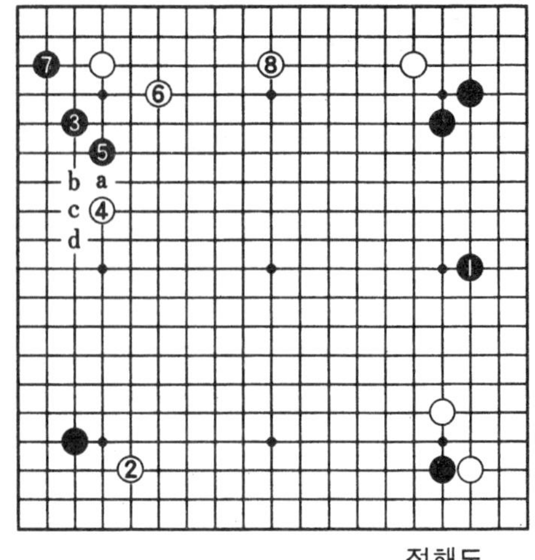

정해도

참고도1 黑1로 넓게 벌리는 것은 白2 이하의 정석 다음에 白6이 준엄하다.

정해도와의 한 칸의 차이가 큰 차이가 되고 있는 것이다.

참고도2 정해도 黑3에 앞서 우하귀를 黑1 이하로 교환하는 것도 하나의 방책이나 이것으로는 白a의 침투가 남으므로 일장일단이 있다고 할 수 있다.

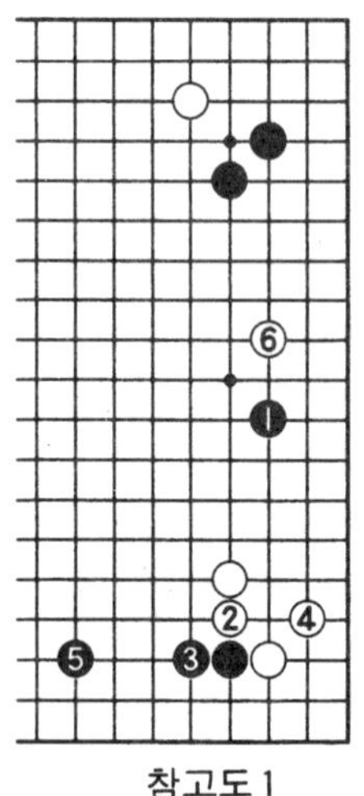
참고도1

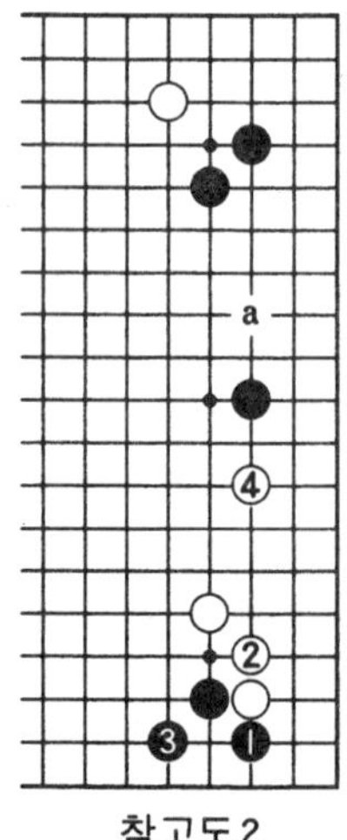

참고도2

그림1 黑1의 벌리기가 급소.

이것으로 참고도2의 교환도 가능하며 바둑의 양상이 일변한다.

白2로 이 귀에서 결정하는 찬스.

그리고 白6까지가 정형이다.

黑7은 白a의 급소를 방지하는 공방의 쟁점.

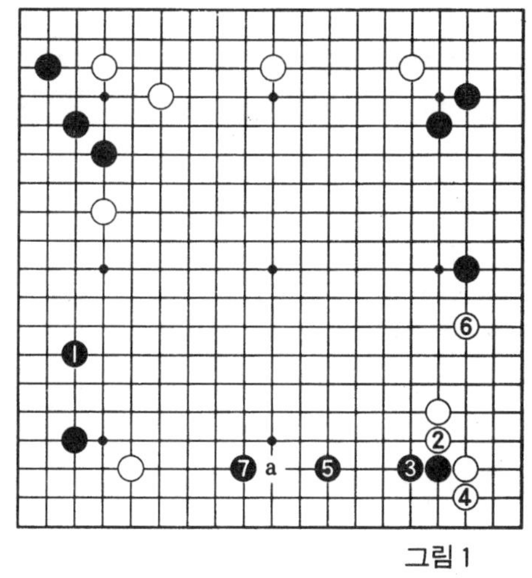

그림1

참고도3 그림1의 黑1을 두지 않으면 白1 또는 a의 육박이 △과 호응하여 요점이 된다.

참고도4 그림1의 白6도 놓칠 수 없는 급소이다.

이를 생략하면 黑1의 벌리기가 준엄하며 a의 미끄러지기도 절호가 된다.

만약에 白2로 받는다면 그 자체가 괴로운 것이다.

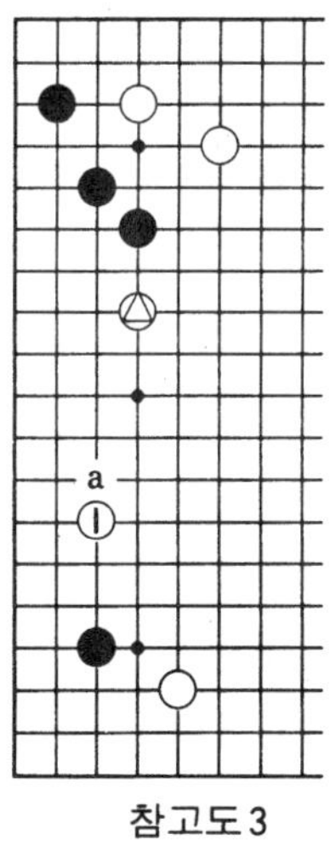

참고도3

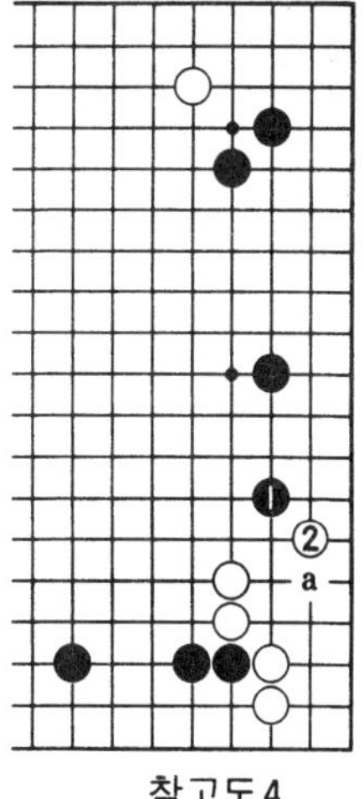

참고도4

그림2 黑이 ⓐ로 협공하였을 때 白1, 3은 빨리 안정되는 경우의 상용 수단.

그러면 기합의 갈림으로 白15까지 상정된다.

白15는 a보다 영향력이 있으며 다음에 白b의 좋은 곳을 남긴다.

黑16, 18이 관련된 구상으로서 黑이 우세한 국면.

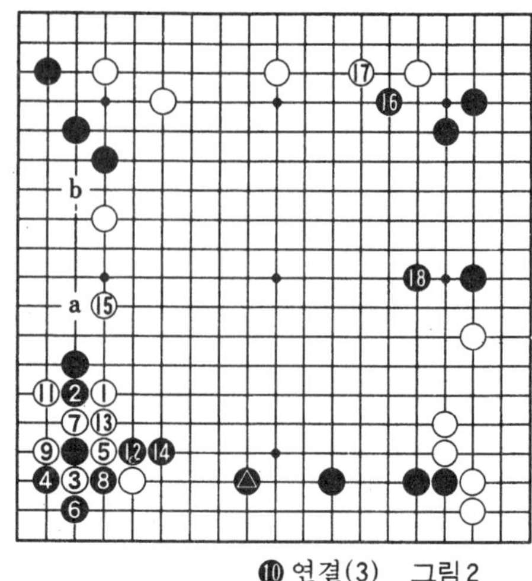

❿ 연결(3) 그림2

참고도5 좌하귀의 변화로, 白1 이하 5일 때에 黑6이라면 부드럽지만 白7로 내려가서 안정된다.

이것은 ⓐ로 공격한 목적이 충분하지 않았다는 것에 불만이 있으므로 그림2의 黑6은 필연이다.

참고도6 귀의 처리를 게을리하면 黑1, 3의 준엄한 공격으로 견딜 수 없다.

黑의 좋은 모양에 주목하기 바란다.

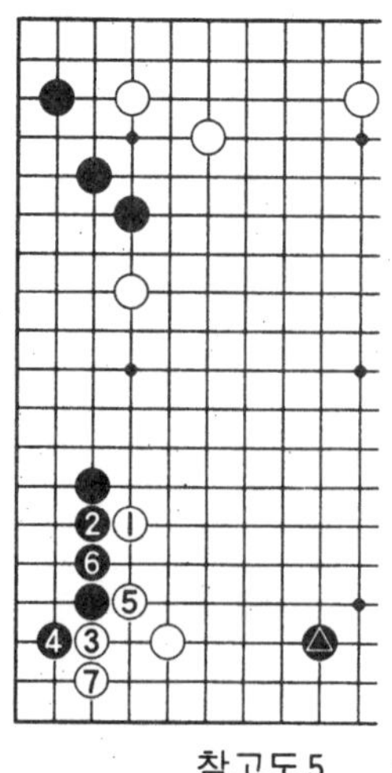

참고도5

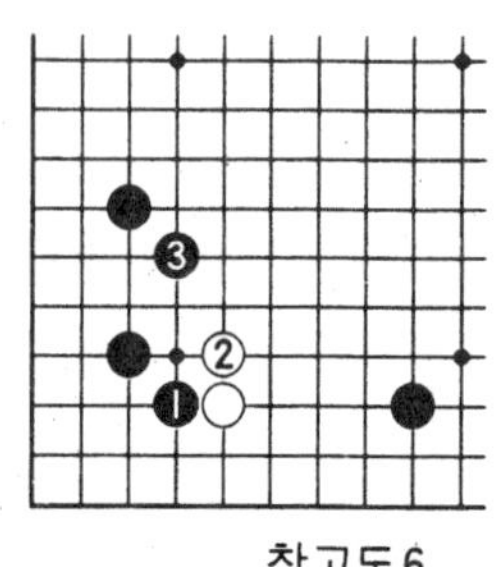

참고도6

제 7 형

방향 감각

○白번

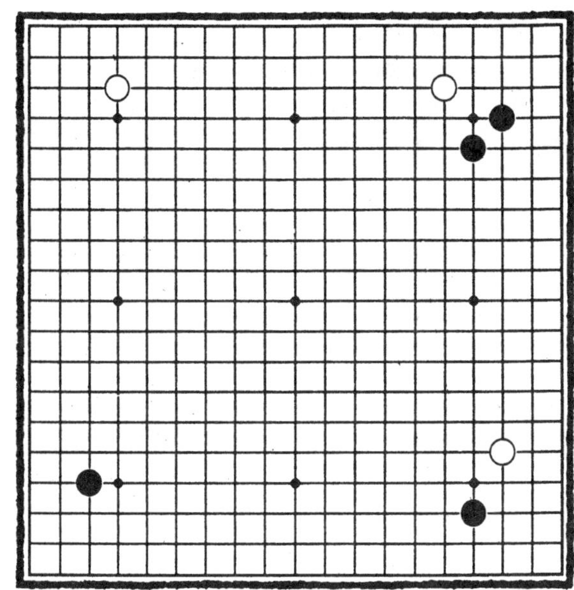

포석의 모범인 秀策류의 모양이다.

이 국면의 쟁점은 어느 방향일까?

참고도(秀策류의 사고 방식)

秀策류1·3·5의 포석 구성인데 이 골격은 정통파의 포석법으로서 오늘날에 이르기까지 맥이 이어지고 있다.

黑7에 대하여「바둑의 기법이 아무리 바뀐다고 하더라도 이 口자는 불변이다」고 하는 秀策의 말이 있다.

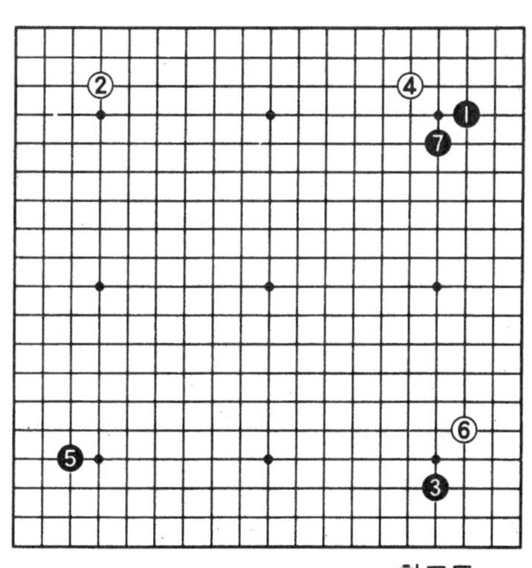

참고도

정해도(정공법의 포석)

白의 착상은 ▲의 ㅁ자에 대응하여 우변으로 향한다. 黑의 협공이 준엄하므로 白1, 또는 a, b가 올바른 방향 감각이다.

그리고 黑2에서부터 6까지의 구도를 그리면 합격.

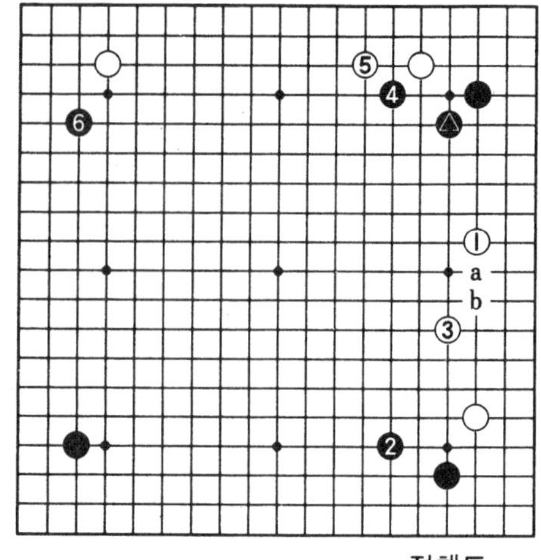

정해도

참고도1 ▲에 대하여 白1로 보통으로 받는 것은 黑2의 협공이 일석이조가 된다.

黑2를 허용하면 괴로우므로 白a가 급한 자리이다.

참고도2 白은 우변에 대한 벌리기에 중점을 두고 있지만 이에는 여러 가지 방법이 있으며 白1, 3으로 하변을 결정하고 나서 5로 전개하는 구상도 성립한다.

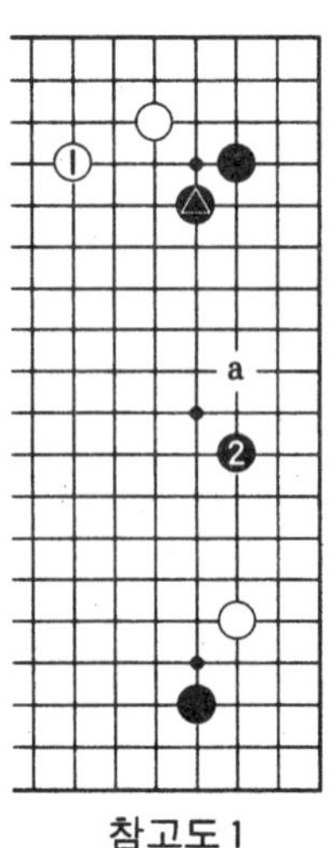

참고도1

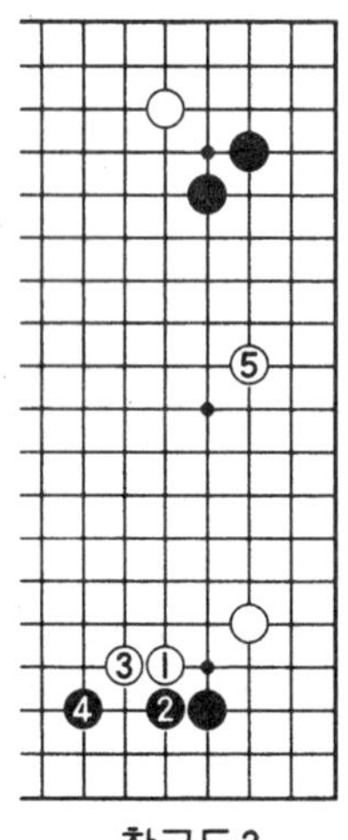

참고도2

참고도3 白은 1 이하의 坂田 정석을 채용하는 것도 가능하다.

즉, 白7의 벌리기가 ▲의 위력을 삭감하고 우변에 적응하고 있다는 것을 알아주기 바란다.

白은 a, 黑은 b가 호점이 된다.

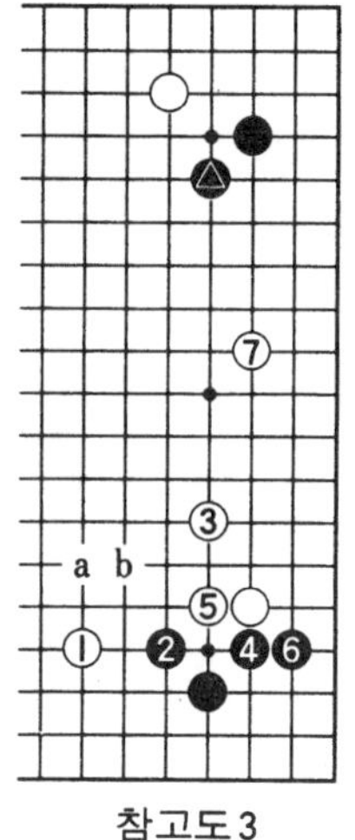

참고도 3

참고도4 白1의 벌리기에 黑2로 ㅁ자를 하면 白3으로 日자로 받는 것이 모양이 된다.

黑2로써 a의 침투는 속전이 된다.

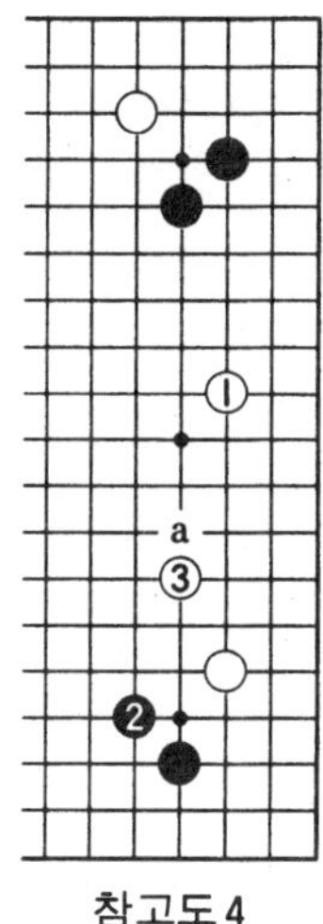

참고도 4

참고도5 정해도는 포석법의 기본을 소개한 것이지만 白이 그림과 같이 자유로운 구도를 그리는 것도 포석의 재미이다.

白3으로 a도 유력. 黑4 이하 8까지는 모양.

白은 b, 黑은 c가 급소이다.

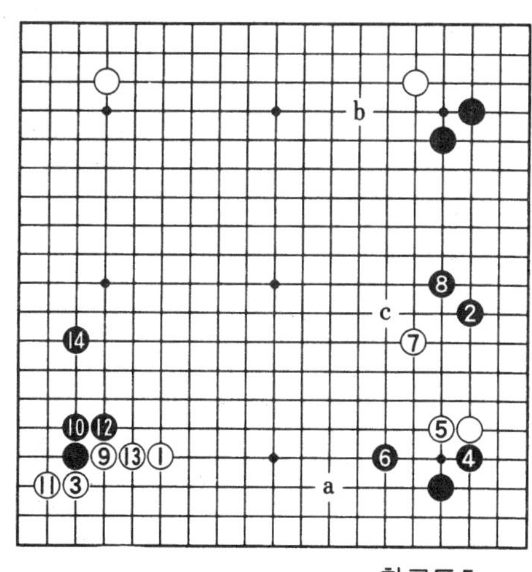

참고도 5

그림1 白1의 협공에 黑2, 4의 씌우기는 ▲과 관련된 작전이다.

즉, 白을 좌우에서 낮은 자리로 압박하고 이곳의 세력을 활용하여 黑6으로 육박하는 호흡에 주목하기 바란다.

白7을 기다린 黑8 이하는 유력한 발상이다.

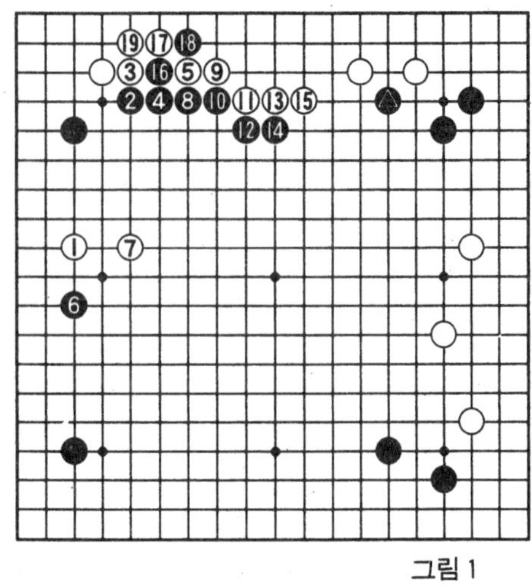

그림 1

그림2 黑1 白2는 필연이지만 이어서 黑3 이하 7까지로 봉쇄하려는 구상이다.

우상귀에는 黑a 이하 부호순으로 黑e까지의 큰 이득이 약속되고 있다.

만약에 黑a에 白c면 무리이고, 黑가 白나 黑다 白라 黑b 白마 黑바가 성립.

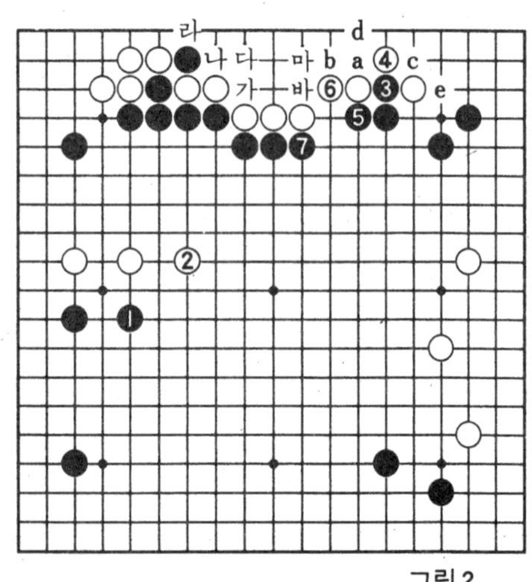

그림 2

제 8 형

고저의 조화

○白번

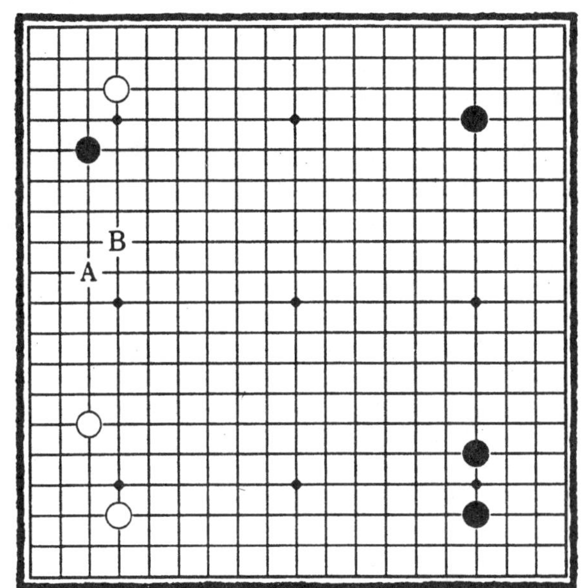

포석은 고저의 밸런스를 유지하는 것이 중요한데 A, B 가운데 어느 쪽이 적절한가?

참고도(포석 구성의 연구)

黑1의 화점과 3의 소목을 차지하는 구축은 신구(新舊) 포석의 소산으로서 근래의 연구 과제가 되었다.

黑7은 좌하귀 白6의 굳힘에 대항하여 a의 쟁점을 먼저 제압할 수 있다는 연구가 포인트가 되고 있다.

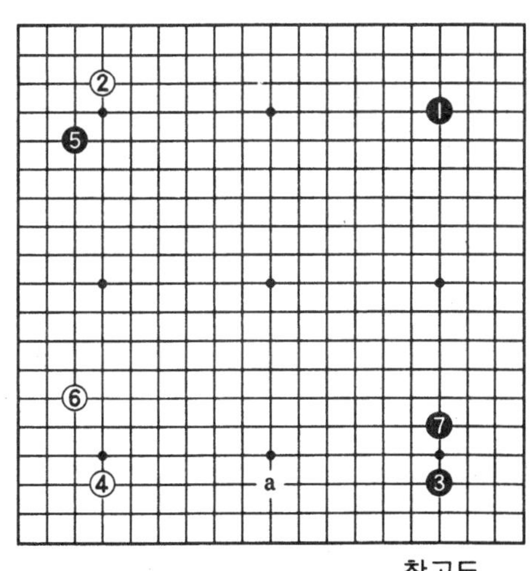

참고도

정해도(포석의 기본 구상)

白1의 높은 협공을 기본적으로 익혀야 한다.

즉, 좌하 △의 굳힘이 낮으므로 고저의 밸런스를 유지하여 좌상을 높게 협공한다.

만약에 △가 a의 높은 굳힘이라면 좌상은 白b로 낮게 협공하는 것이 국면 구성의 조화로서 기리와 합치되는 것이다.

黑은 2(또는 c, d)로 응수하여 白3을 응수시키고 黑4의 쟁점으로 도는 것이 자연의 흐름.

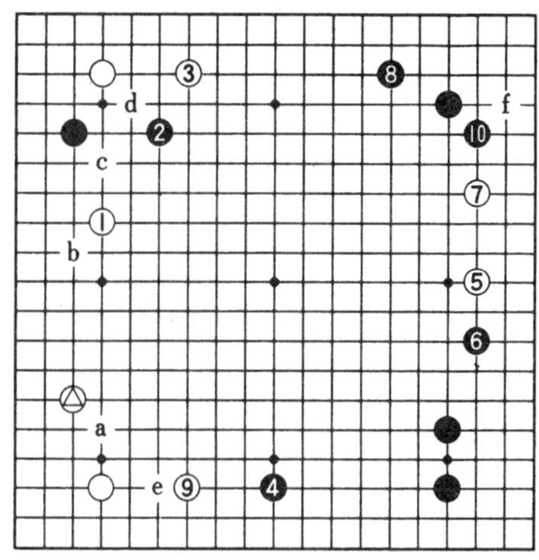

정해도

白5는 4의 점과 맞보기인 큰 자리이므로 놓칠 수 없다.

黑6으로 육박하고 白7을 유인하여 黑8로 굳히는 것이 돌의 리듬이다.

白9가 黑e를 방지하면서 귀의 보강을 도모하는 정형이라면, 黑10은 白f를 방지하면서 白 2점의 공격을 보는 일석이조의 수이다.

참고도1 정해도 黑6으로써 1도 호점.

그러나 白2가 이보다 우세한 요점이므로 정해도의 운용이 최선이다.

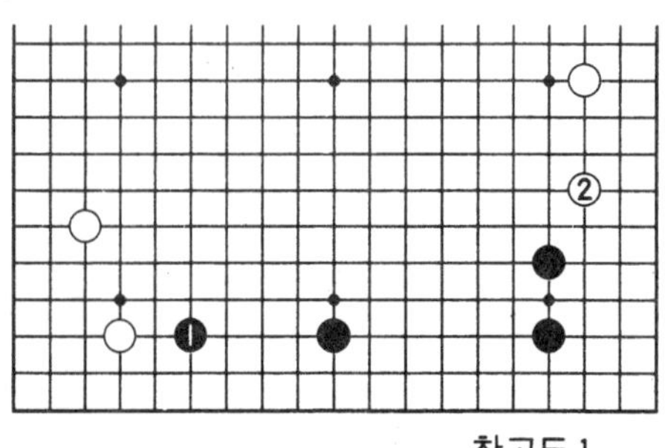

참고도1

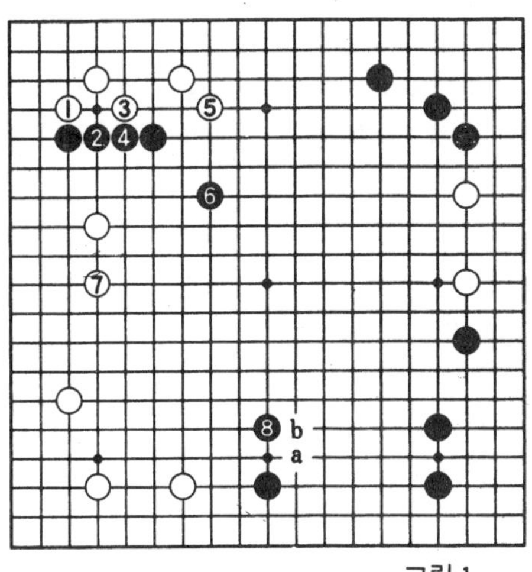

그림 1

그림1 좌상 白1 이하의 공격은 필연이다. 그러면 黑6까지가 하나의 모양이 된다.

그러므로 黑이 白1에서부터의 공격을 꺼린다면 ▲의 ㅁ자로 참고도2 또는 3을 기하여 일단 여기서 안정할 수 있는 작전을 생각할 수 있다.

白7은 이번에 침투하면 큰일이다.

좌변이 일단락하면 黑8의 뛰기가 쟁점.

모양의 확대와 좌상의 일단에 성원을 보내고 있다.

黑8을 게을리하면 白으로부터 a, b 등의 삭감이 유력하게 되는 국면에 유의하기 바란다.

참고도4 그림1 黑6으로는 1의 붙이기로부터 9까지로 모양을 결정하는 것도 하나의 방책이다.

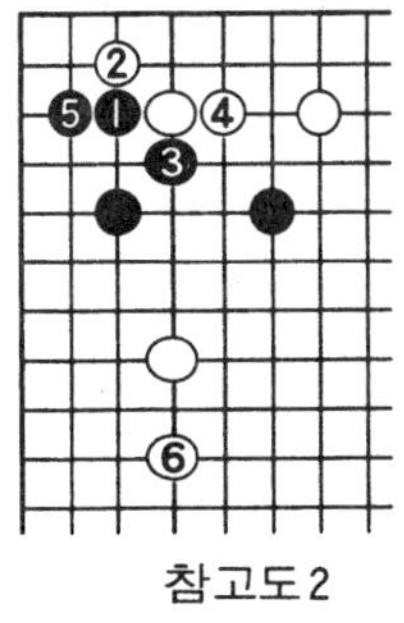

참고도2

⑧연결(1) 참고도3

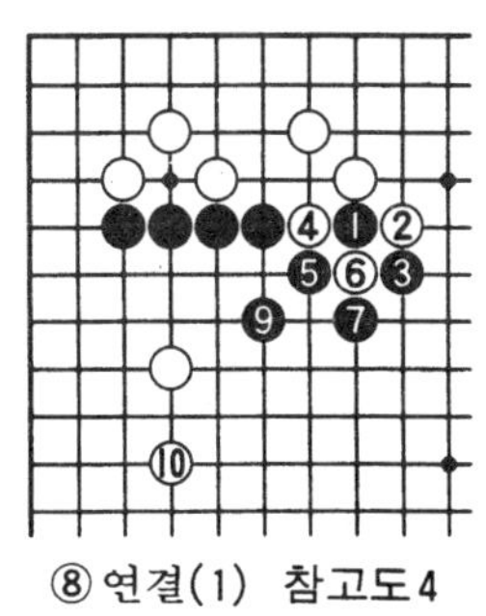

⑧연결(1) 참고도4

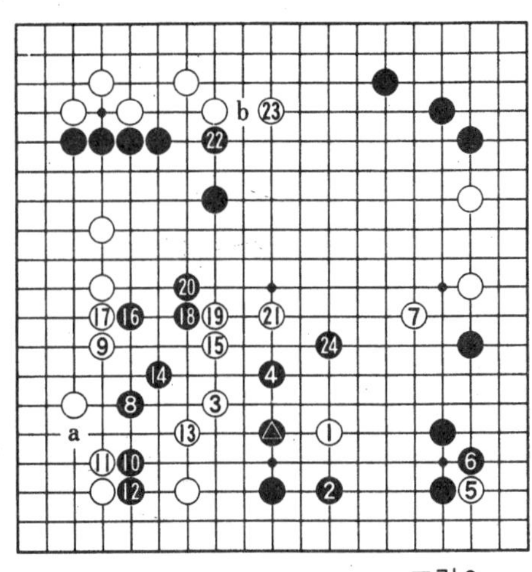

그림 2

그림2 바둑은 수순이 좋으냐 나쁘냐 하는 것이 국면에 영향을 미치게 되는데 ▲이 온 순간에 白1을 활용한다.

白5로 맛을 남기고 7로 삭감한 것은 모두가 수순의 묘이며 쟁점.

黑8로 깊이 돌입한 것은 지금이 찬스.

귀의 엷은 맛을 노리는 삭감의 급소이다.

白은 9로 받는 정도이나 黑은 10, 12로 뿌리를 내린다.

白11로써 12는 黑a가 묘수. 쌍방이 모두 일진일퇴로 중앙에 진출한다.

黑22로 b의 젖힘을 노리고 있으므로 白23은 이에 대한 대비이다.

黑24로 포위하며 돌고 黑은 우세한 국면이라고 할 수 있다.

참고도5 그림2의 白9로써 1 쪽으로 받는 것은 黑2 이하의 수로 좌변이 파괴된다.

참고도6 그림2의 白13으로써 1의 봉쇄는 黑2, 4가 타개수.

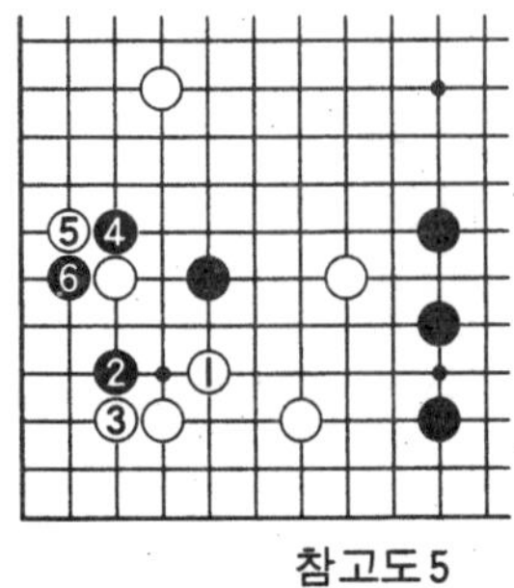
참고도5

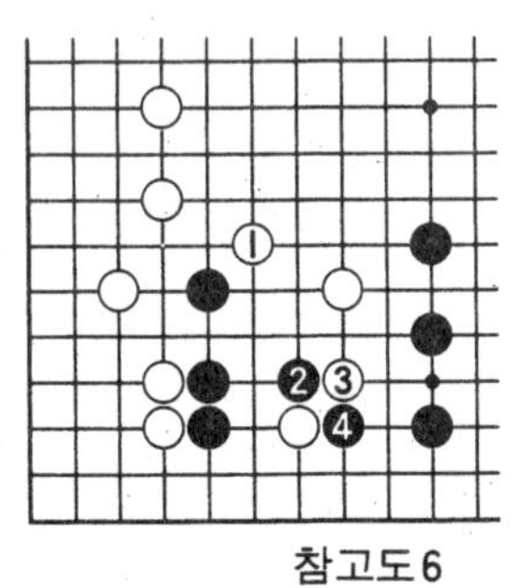
참고도6

제 9 형

맞보기의 큰 자리

●黑번

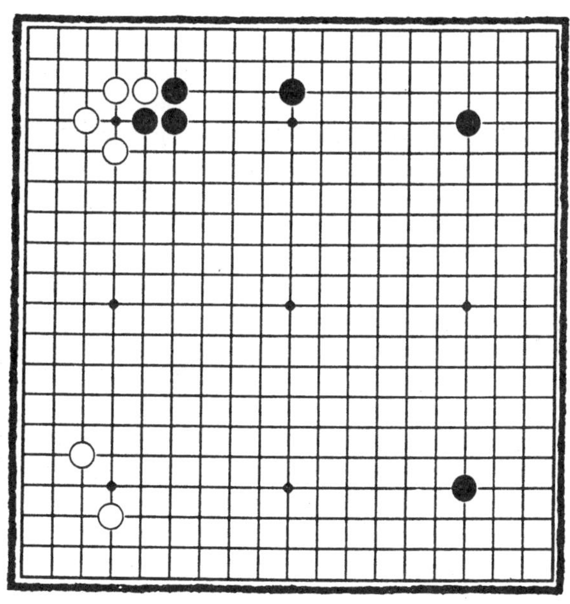

얼핏 보면 알 수 있을 것이다. 맞보기의 쟁점을 포착하여 주기 바란다.

참고도(포석에도 유행이 있다)

黑1, 3의 2연성에 대하여 白2, 4의 소목도 흔히 두고 있는 포석으로서 대부분은 유행에 좌우되고 있다.

黑5에 대한 白6 이하는 대표적인 정형.

黑11의 벌리기는 요점이지만 a도 있다.

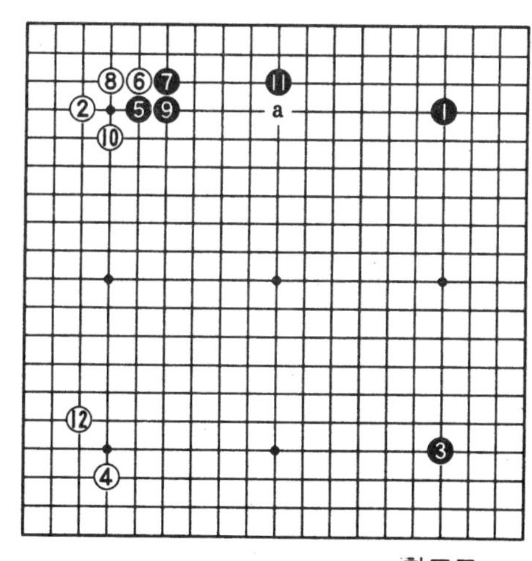

참고도

정해도(쌍방에 불만이 없는 포석)

하변의 쟁점을 선정하여 黑1 내지 a, b. 또는 우변 黑c의 3연성 등이 호점이다.

白2에서부터 이하 黑9까지의 정석은 가장 보편적인 것.

白10 이하 黑15의 운용은 이치에 합당한 구도.

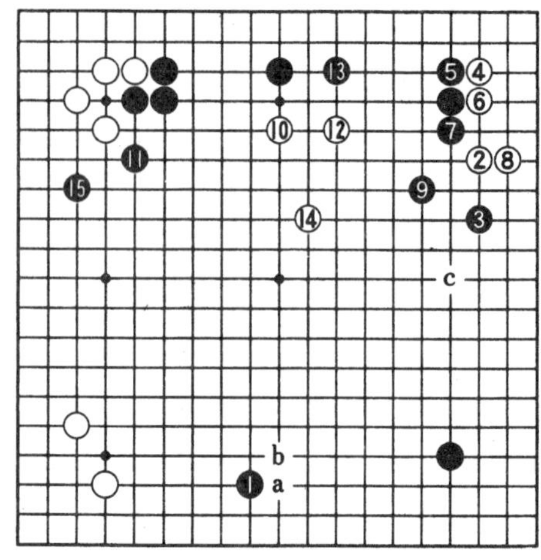

정해도

참고도1 정해도 黑3의 협공이 근대 전법.

이 그림의 여유 있는 구도를 꺼리고 있다.

참고도2 白1로 내려가는 것은 새로운 형으로서 黑은 2, 4로 정비한다.

白a에는 黑b나 c를 선택.

참고도3 정해도 白12는 밸런스를 유지하는 것으로서, 좌변에 받는 것은 黑2의 압력이 있다.

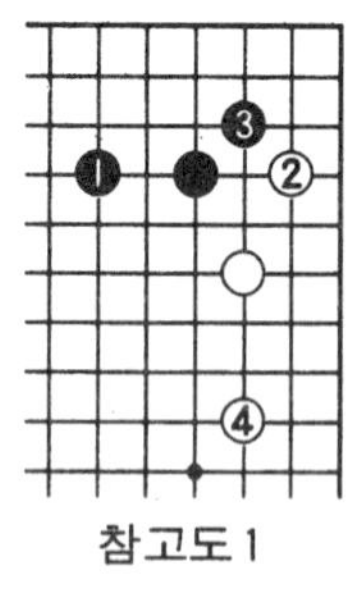

참고도1

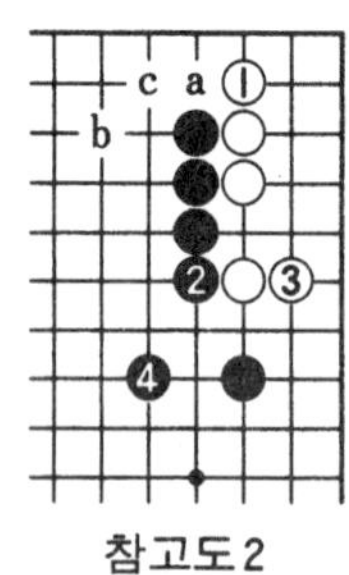

참고도2

참고도3

그림1 白1의 걸치기는 지금이 찬스.

이를 게을리하면 黑3의 1칸굳히기가 좋은 자세가 된다.

黑2 이하 6까지의 구도는 예정된 코스.

白7이 공방의 요점이라면 黑8 이하 12까지는 두터운 응수로서 공수를 겸비하고 있다.

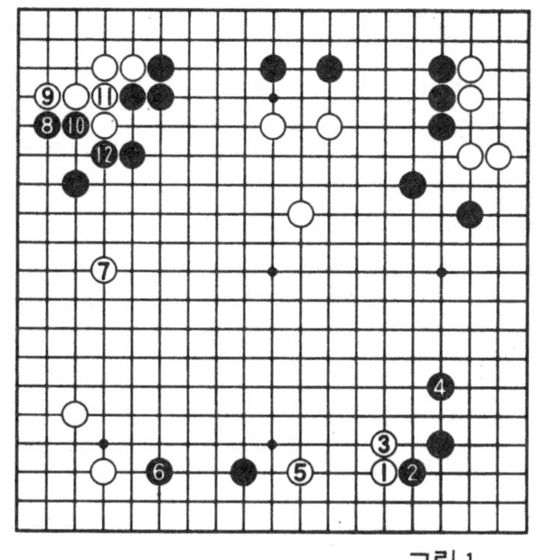

그림 1

참고도4 △을 공방의 요점이라고 한 것은, 다음에 白1, 3의 절단과 白a로 나오는 것을 노리는 것에 있다.

참고도5 그림1의 黑8은 白으로부터 참고도4의 수단을 봉쇄하면서, 다음에 黑1, 3의 젖힘에 의한 괴롭힘을 노리고 있다.

白4로 귀에 손질을 하면 괴롭다.

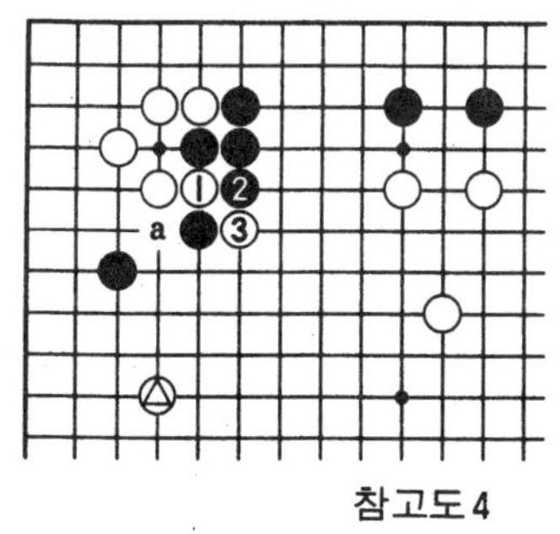

참고도4

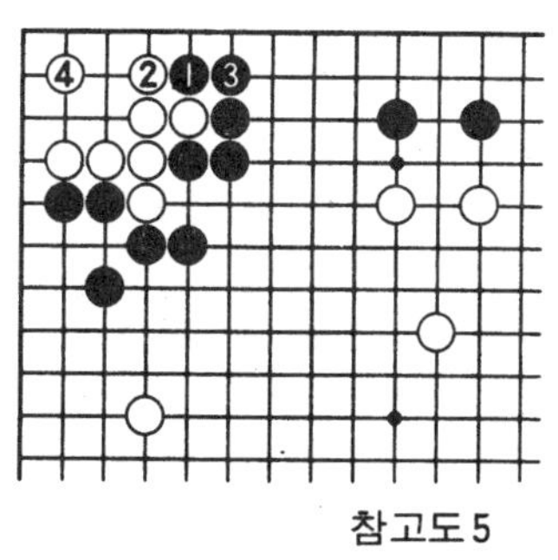

참고도5

그림2 白1, 3으로 젖혀 잇는 것은 참고도5를 봉쇄하면서 a, b를 노리는 점에 주목한다.

黑4의 씌우기는 白의 日자에 대비하는 급한 곳이다.

黑6의 씌우기도 공격의 급소.

白 3점의 움직임을 보면서 그 마음은 우변을 정리하는 구상인 것이다.

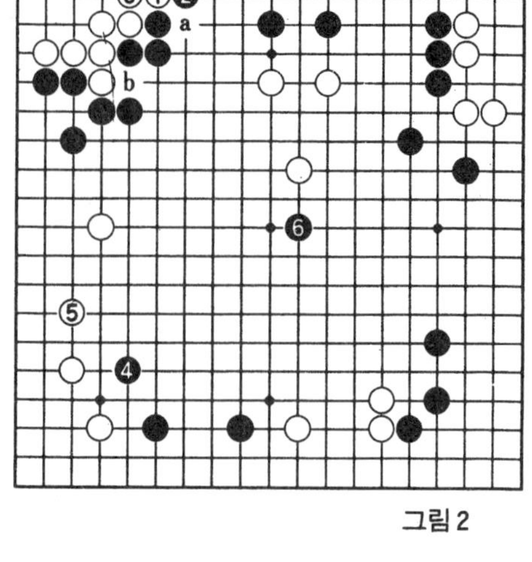

그림2

참고도6 그림2의 黑4를 생략하면 반대로 白1(또는 a)이 모양을 부풀게 하면서 白b를 엿보는 일석이조가 된다.

참고도7 그림2의 黑6으로써 1의 구축은 白2의 의도가 뚜렷하고, 그렇다고 하여 黑1로써 a는 白b로 침투하는 것이 불만.

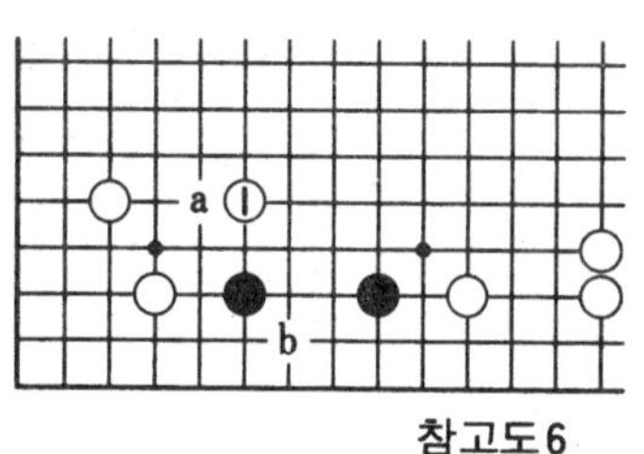

참고도6

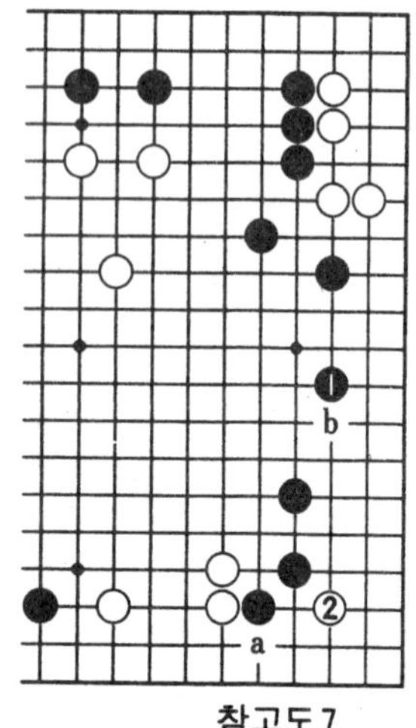

참고도7

제10형

구도를 그린다

○白번

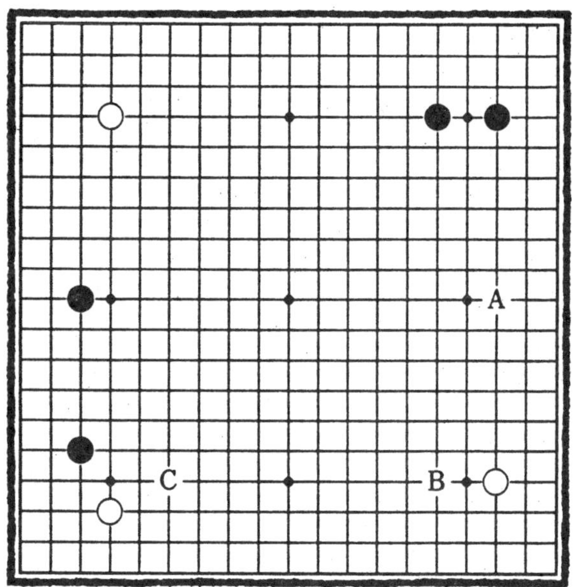

다음의 1수를 A, B, C 가운데에서 선택하는 것인데 어떤 구도를 상정할 수 있을까?

참고도(포석의 기초 지식)

만약에 白1의 큰 자리를 차지하거나 하면 黑2로 걸쳐 白은 곤란하다.

즉, 白3으로 협공할 수 없기 때문인데 그 이유를 하변의 배석을 보고 지적하여 주기 바란다.

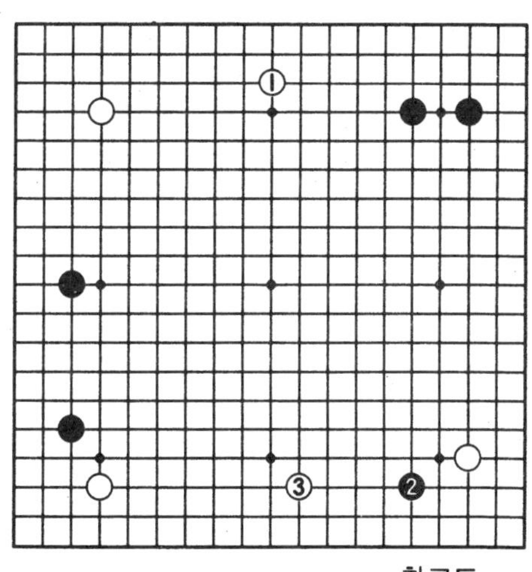

참고도

정해도(결승점으로 도는 구도)

白1의 1칸굳힘이 급소로서 가장 크다.

우상의 黑과 우하의 白이 같은 1칸 구축으로서 대항하고 있을 때에는 黑2의 화점 아래쪽이 쌍방의 쟁점이다.

白3, 5는 상도로서 7의 결승점으로 돌았다.

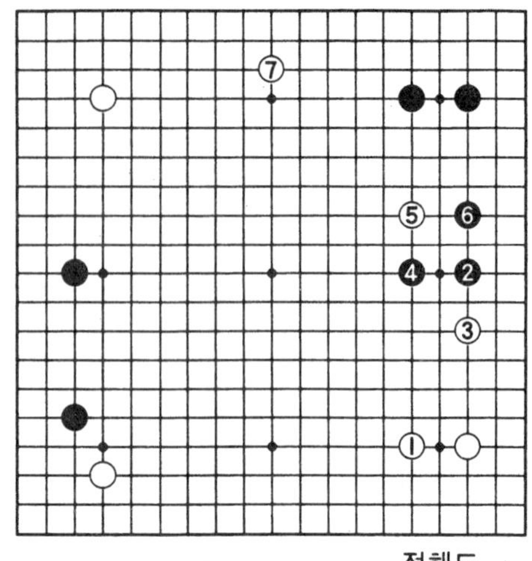

정해도

참고도1 앞 페이지 참고도의 해답.

黑1의 걸치기에 대하여 白2의 협공은 즉시 黑3 이하가 성립하고 白은 낮은 자리에 중복되어 좋지 않다.

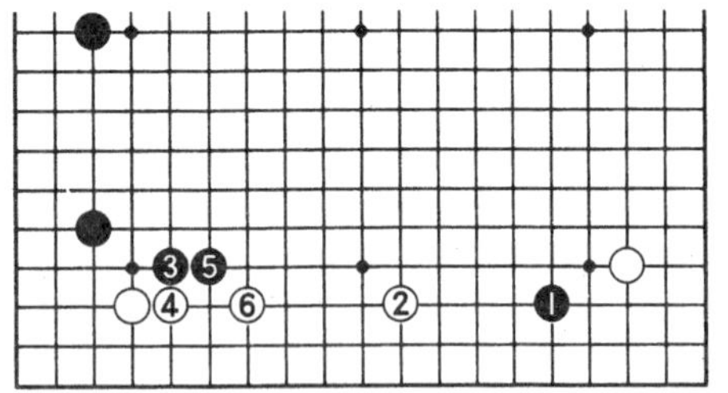

참고도 1

참고도2 白1의 구축에서부터 3의 협공은 이상적인 모양이다.

그러므로 정해도 白1은 이렇게 둘 수도 있었다.

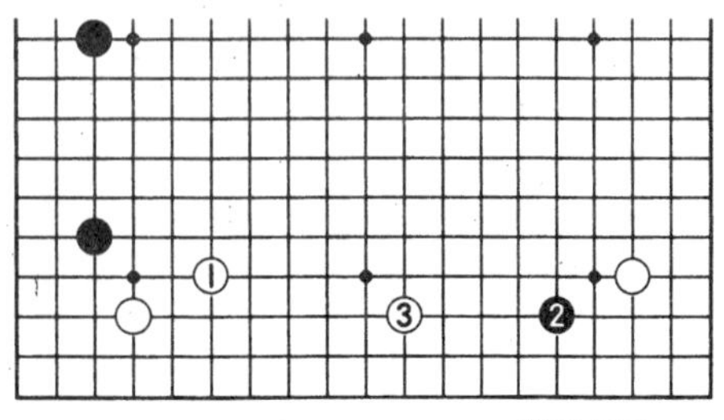

참고도 2

그림1 黑1은 놓칠 수 없는 급소의 구축이다.

白2는 좌상의 모양화와 다음에 白a의 씌우기로 黑이 두터워지는 것을 제약하며 △에 성원을 보내고 있다.

黑3은 다음에 4의 봉쇄와, 5로 벌리고 하변을 개척할 목적을 지니고 있는 수이다.

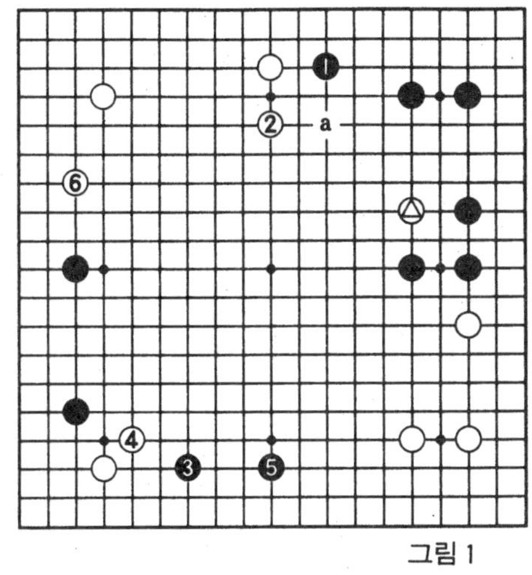

그림 1

참고도3 그림1의 黑1로써 좌상에 1로 걸치는 것은 白2가 절호가 되며, 1의 활동이 부자유스럽다.

참고도4 그림1의 白4로써 1로 붙이는 것은 黑2로 서서 불리하다.

이하 白11까지의 정형을 그렸을 때 黑12로 좋은 모양이 된다.

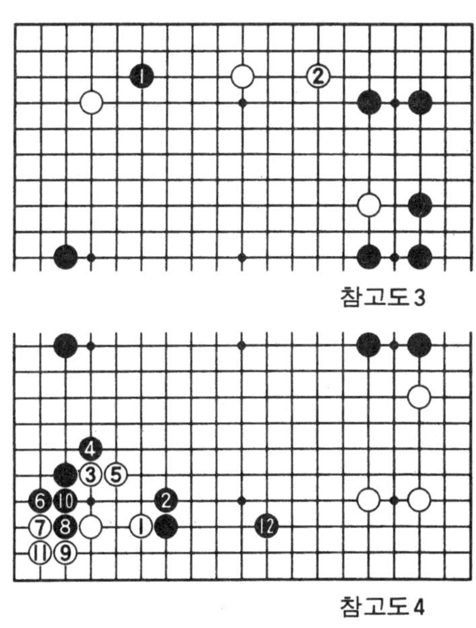

참고도3

참고도4

그림2 △은 a의 침투를 노린 수이므로 黑1은 이를 방지하면서 b로 달린다.

白2는 완전히 귀에서 사는 수로서 요점이다.

黑3은 오른쪽의 □을 노려보면서 침투, 또는 7이라고 하는 웅대한 구상의 복선을 이루고 있다.

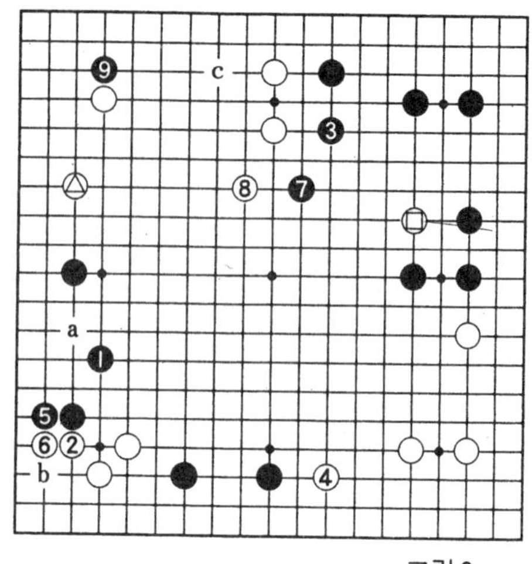

그림 2

참고도5 그림2의 黑3으로는 먼저 하변의 1, 3을 결정하고 나서 상변으로 도는 것도 유력한 구상이다.

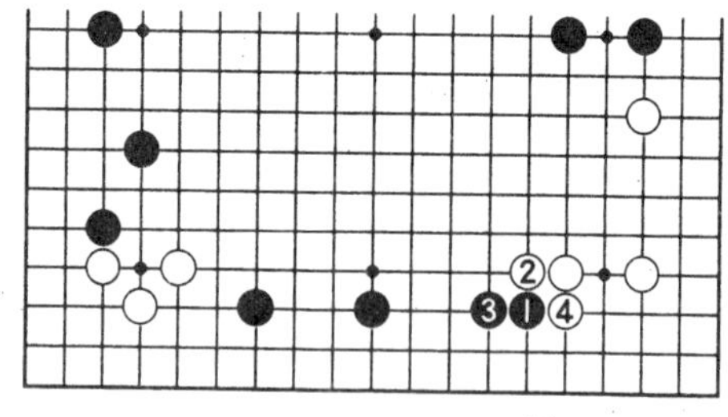

참고도 5

참고도6 그림2의 白8로써 귀를 중시하고 1로 ㅁ자 굳힘을 하는 것은 黑2의 씌우기가 준엄하다.

白3, 5의 절단에는 黑6으로 뻗으며 중반전에 돌입한다.

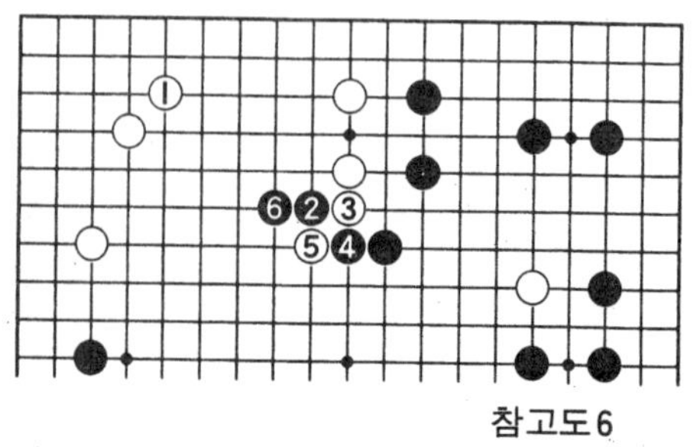

참고도 6

제11형

요점보다는 급한 자리

●黑번

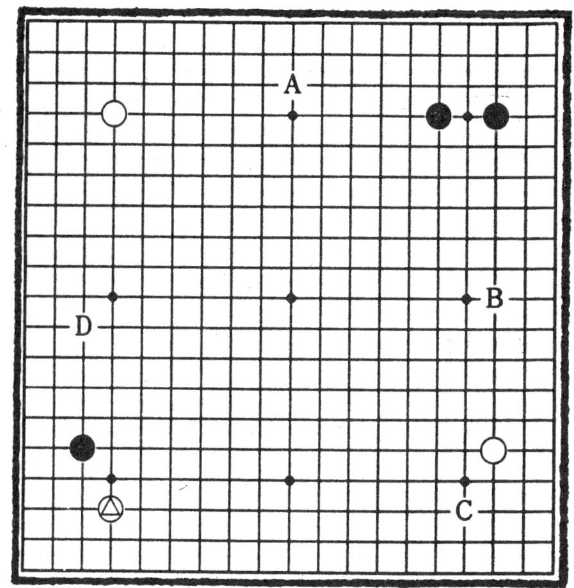

△로 걸치고 있다. 黑에서부터 A~D 등 호점이 눈에 띄고 있지만 최대의 급한 자리는?

참고도(정석 구상의 변천)

문제도의 △으로 白1로 굳히면 黑도 2로 굳히고 국면이 간명화한다.

그런 뜻에서 옛날에는 黑에 양쪽굳힘을 허용하는 것은 불리하다고 하였으며 현대 바둑에서는 黑도 양쪽굳힘을 중요시하지 않는다.

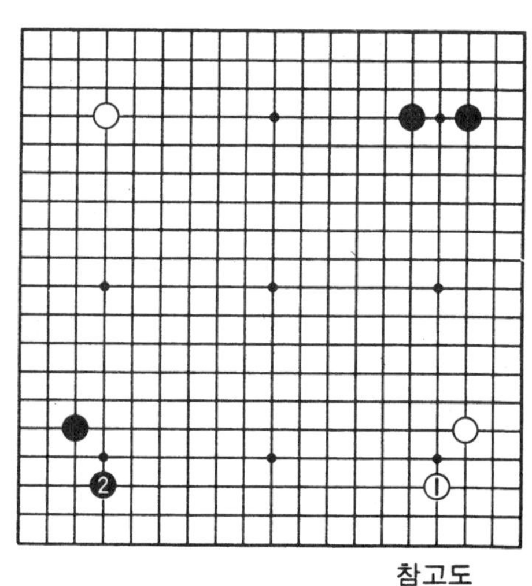

참고도

정해도(포석)

이 국면에서는 黑1의 걸치기가 가장 급하다.

그러므로 白2 또는 a, b로 우변에 전개하는 것이 黑으로부터 a의 협공을 피하는 자연스런 착상이다.

黑3에서부터 5까지가 된 국면 구성은 대체로 같은 모양으로서 우상의 1칸굳힘이 선착의 효과를 유지하고 있다.

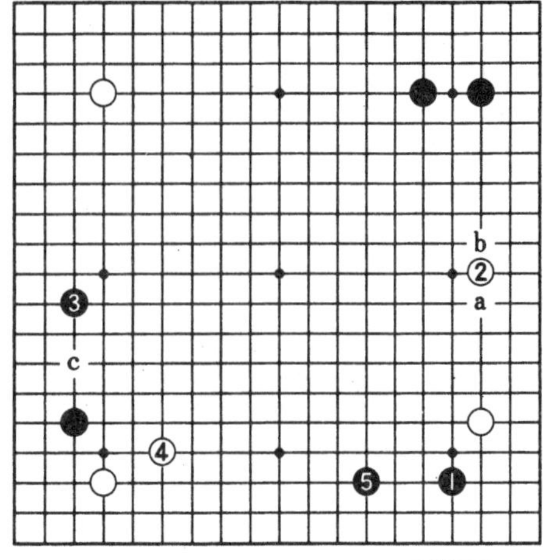

정해도

참고도1 처음에 黑1 또는 a 등은 白2의 굳힘이 △과 어울려 바람직한 포진이 된다.

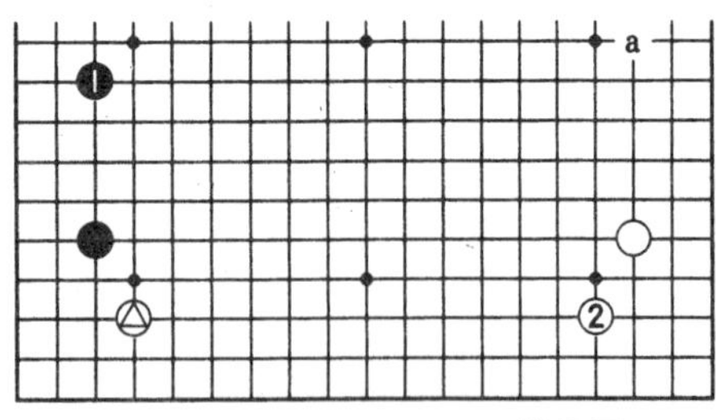

참고도1

참고도2 △은 다음에 1 또는 a의 협공을 노리고 있으므로 黑은 손을 뺄 수 없다.

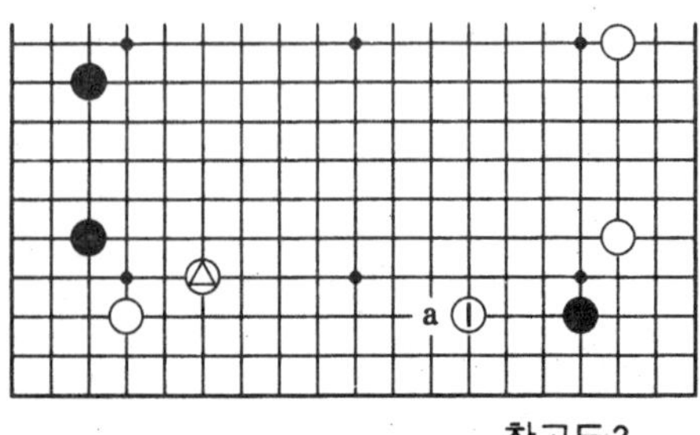

참고도2

참고도3 정해도의 白4는 c의 침투를 보류하면서 하변으로 발전하는 수인데 단순히 白1로 벌리면 순식간에 黑2 이하로 중복형이 된다.

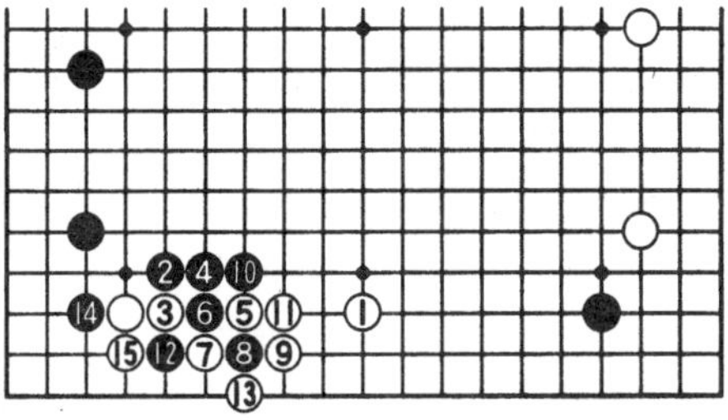

참고도3

참고도4 똑같은 이유로, 정해도의 5로 黑1까지 벌리는 것은 白2로 씌워 1이 중복형이 된다.

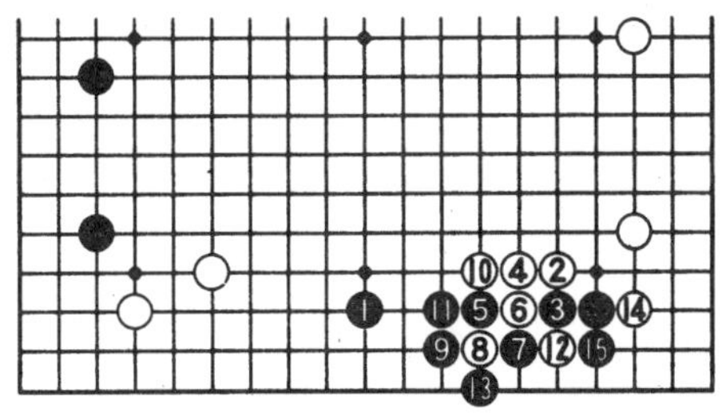

참고도4

참고도5 왼쪽과 똑같은 기분으로 △에 대항하고 黑1을 두는 것은 白2로 쟁점을 차지하여 실패.

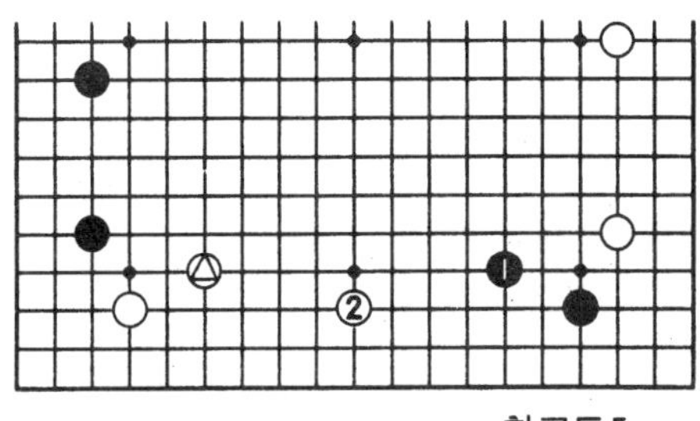

참고도5

참고도6 白의 공격에 대비하여 ▲이 정착이 되고 있는 원인이다.

그러나 이번에는 白1의 육박이 좋은 모양이지만 黑에 영향력을 행사할 수 없으므로 서둘지 않는다.

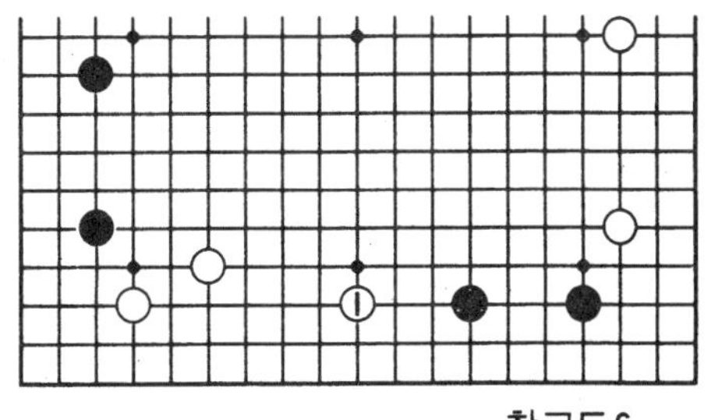

참고도6

그림1 白1은 좌상의 자세를 정리하면서 a의 침투를 노리고 있으므로 黑2 이하는 이에 대한 응답이다. 그러나 黑2로써는 b의 전개, 또는 8로 우변으로 육박하고 c의 침투를 노리는 것도 유력하다.

白7은 큰 자리이지만 d의 2칸도 절호.

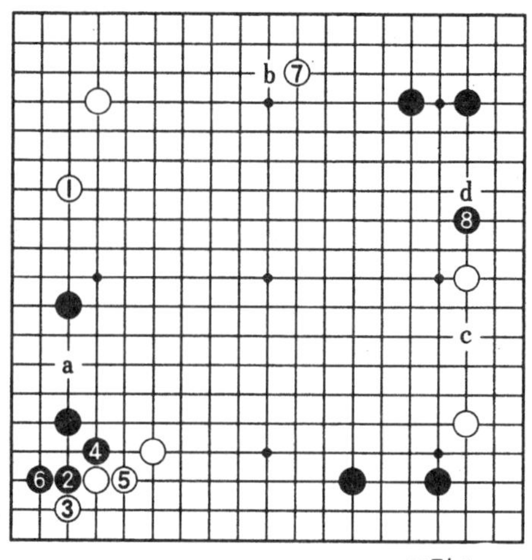

그림 1

그림2 白1 이하 7까지는 黑a로 대비할 때의 적극적인 수법으로서, 이런 케이스의 정석이다.

黑8은 白b의 절호의 모양을 방해하면서 다음에 黑c로 육박할 의도가 있는 수로서, 이 진행은 공격과 방어가 치열하다.

상변의 黑d도 강렬하다.

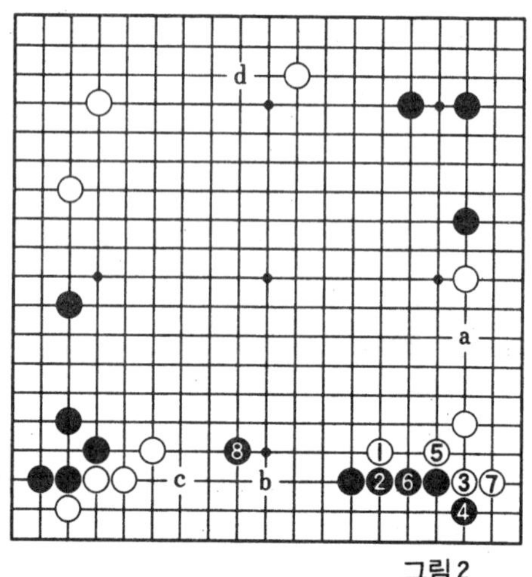

그림 2

제12형

대국적인 발상

○白번

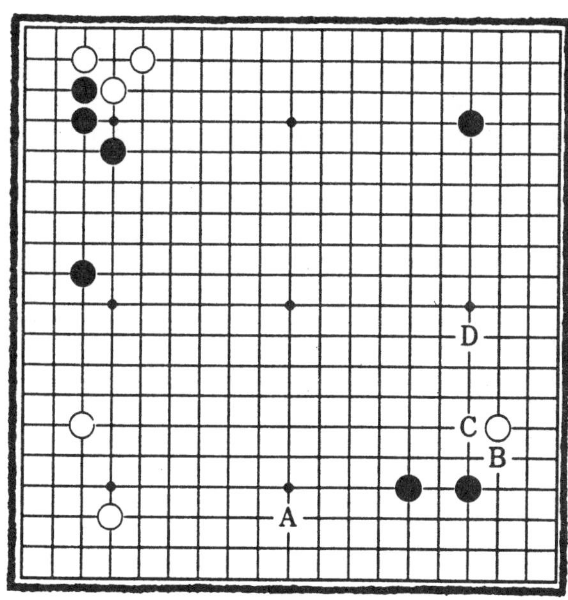

하변의 A가 쌍방의 쟁점이 되고 있는데 단순한 白A에는 黑B 白C 黑D가 준엄하다.

참고도(포석의 여러 가지 방법)

黑5의 1칸높은 걸치기에 응수하지 않고 白b 또는 a로 귀를 굳히는 것도 유력한 구상이다.

白12는 좌변 黑11의 벌리기에 응수하여 白b로 대비하는 수.

c쪽에서 걸치는 수도 있다.

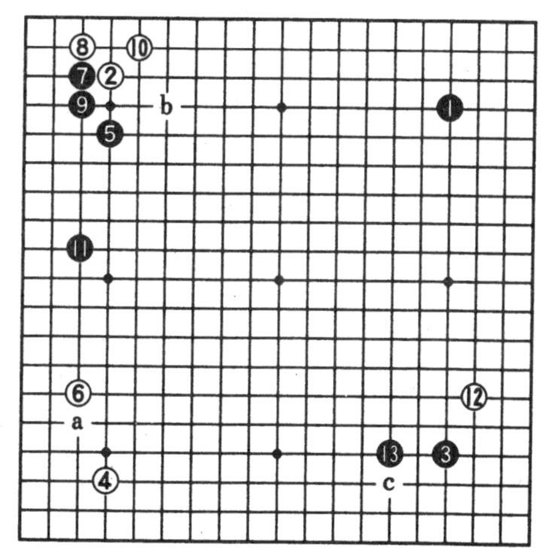

참고도

정해도(거창한 발상의 전개)

白1로 화점에 구축하는 것이, △의 여유와 다음에 a의 걸치기를 포함하여 재미있는 착상이라고 생각된다.

黑2는 白a를 방해하는 기합의 육박이지만 白2의 쟁점을 차지하는 구도이기도 하다.

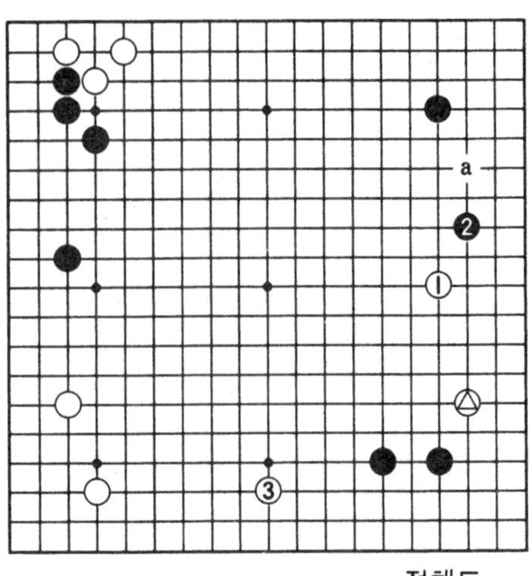

정해도

참고도1 정석 그대로 白1, 3으로 운용하는 것은 결국 黑4로 쟁점을 차지하게 된다.

白5는 黑a의 육박을 방해하는 상형이지만 黑6으로 돈다.

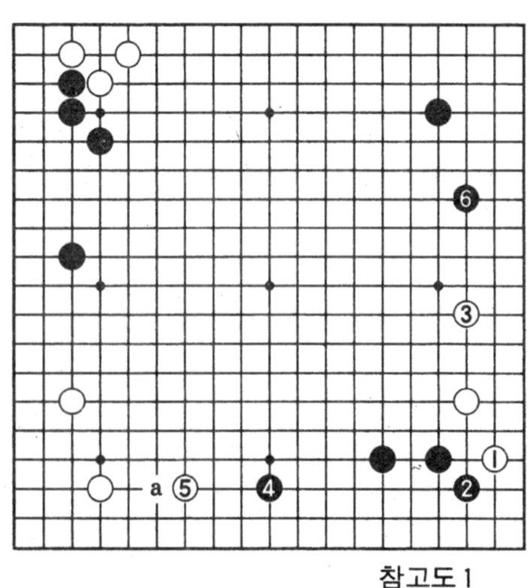

참고도 1

그림1　黑1이 공격의 급소.

白의 일단을 크게 공격하면서 상변에서 세력을 확장하려는 구상이다.

白2 이하 11까지는 정석이나 수순 중 白6으로 코붙임을 한 묘수에 주목하기 바란다.

黑의 모양화 작전을 갈파하고 白12, 14로 갈라친 것이 절호의 타이밍이었다.

돌의 역할은 이와 같이 상대의 집 모양이 완성되기 일보 직전에 처리하는 것이 최고이다.

그림 1

참고도2　白1이 묘수라고 볼 수 있는 것은 黑2로 반발하여도 白3, 黑4일 때에 白5가 제2탄으로서 11까지 교묘하게 진출하는 것에 있다.

참고도3　그림 1의 黑13으로써 1로 협공하는 것은 白2 또는 a로 침투하여 전도다난의 국세가 되므로 실패.

상변은 그림 1의 a점이 뒷문 열린 빈 곳이 되고 있다.

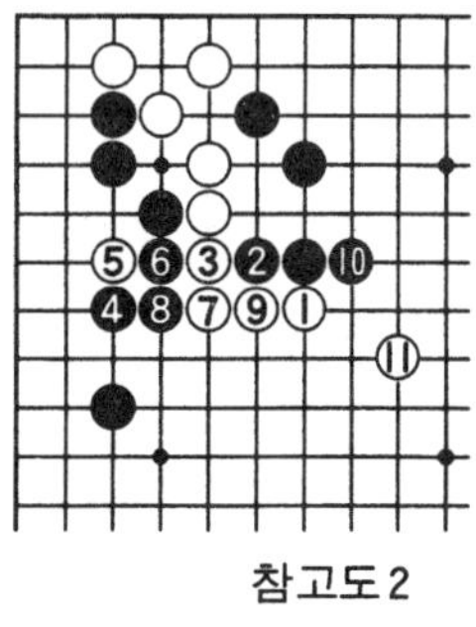

참고도 2

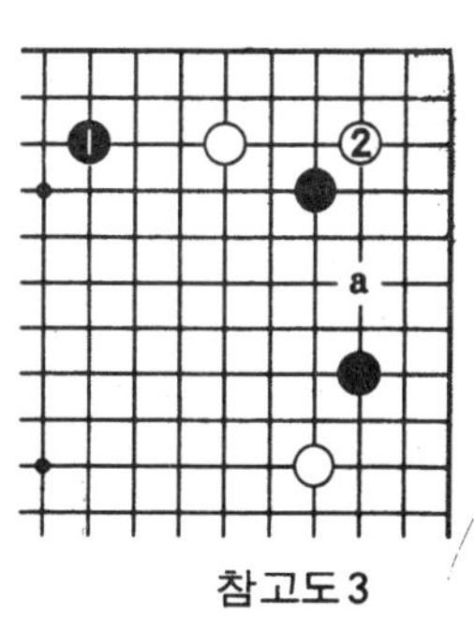

참고도 3

그림2 黑1의 뛰기는 전국적으로 엷은 白의 구축을 노린 요충에 해당한다.

그리고 白2를 유인한 黑3을 이해하기 바란다.

黑3이 쟁점.

귀에 대한 침투와 白a로 육박하는 급소를 막으며 만전을 기한다.

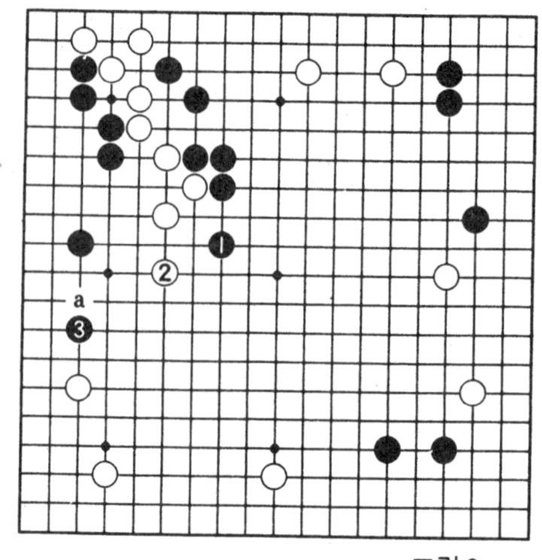

그림 2

참고도4 黑1에 대하여 白2, 4로 활로를 찾는 것도 있다.

그리고 다음은 白a의 육박에서부터 b의 침투를 노리는 요령.

그렇다고 해서,

참고도5 黑1에 白2의 급공은 黑3 이하의 역습으로 무리라는 것이 전제이다.

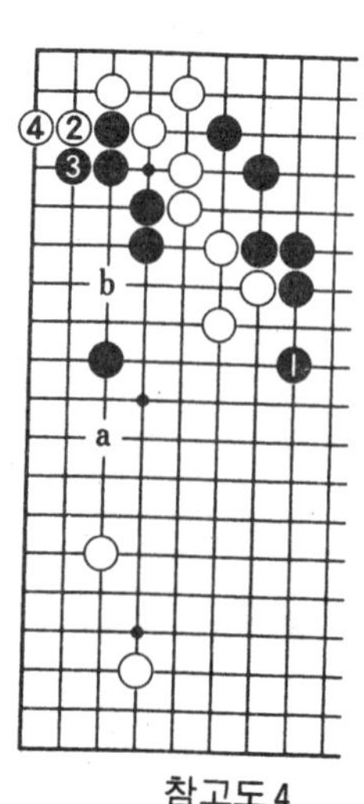

참고도 4

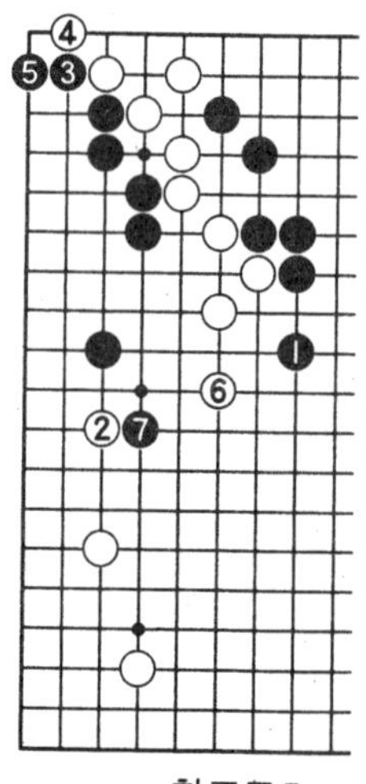
참고도 5

그림3 좌변이 일단락하면 우변의 白1의 씌우기가 「이 1수」의 쟁점이다.

이것을 게을리하고——

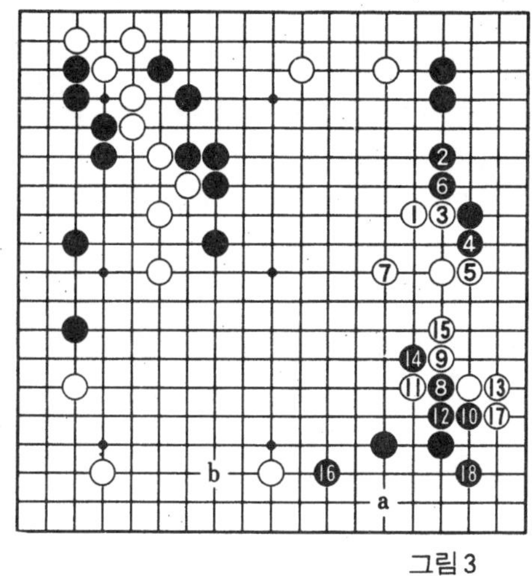

그림3

참고도6 黑에게 반대로 1의 요점을 허용한다면 아래 위의 白 2점이 엷어지고 손해이다.

그림3의 黑2와 교환하고 白3의 부딪기가 모양.

白7까지로 모양을 갖추고 있으면 여유가 생긴다.

黑8 이하 18까지는 붙임수의 기본 정석으로서 돌의 흐름은 매우 자연스럽다.

수순 중 白13으로,

참고도7 白1로 연결하는 것은 黑의 계략인 중복형이 되므로 주의를 요한다.

黑16은 白a의 큰 미끄러지기를 방지하면서 b의 침투를 노리고 있는 공방의 급소가 된다.

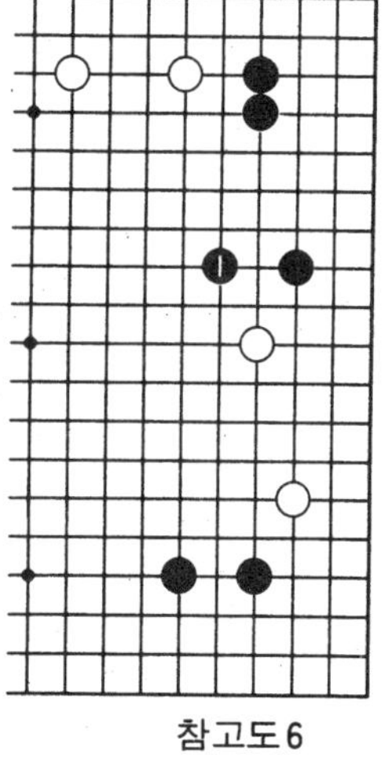
참고도6

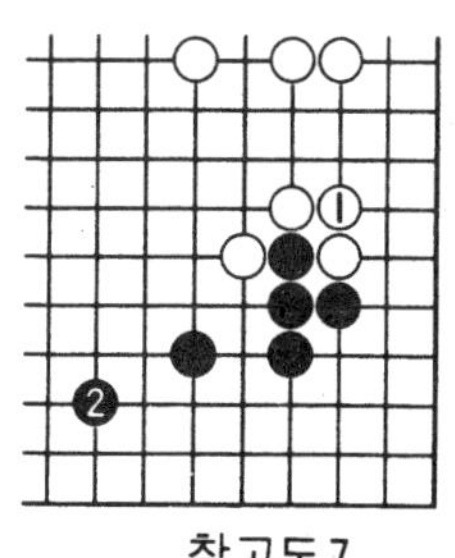
참고도7

그림4 국면의 우하귀는 결정되었고, 白1의 포위가 초점이 되고 있다.

黑2 이하의 침략은 이 케이스에서의 기본형.

黑10이 좌우의 白에 영향력을 행사하고 있는 급소. 白11에서부터 15로 대비하고 포석 구상은 일단락이다.

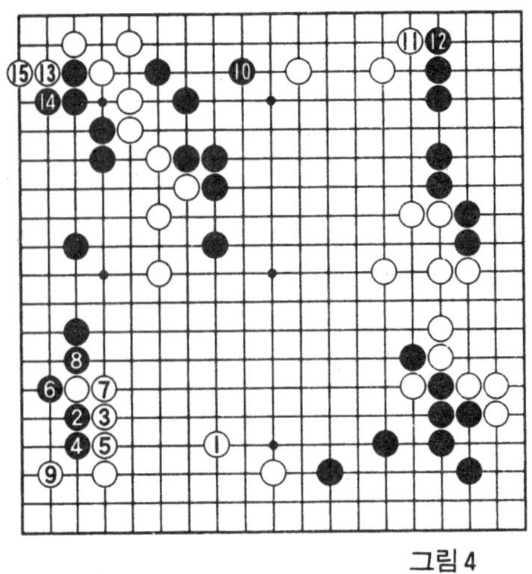

그림 4

참고도8 하변은 모양에 구애되어 白1로 뛰면 안 된다.

▲로 호응한 黑2의 침투가 통렬하여 白은 수습이 곤란하다.

그림4의 黑10은 작은 것 같지만 쌍방의 근거에 관계되고 있는 요점.

게을리하면 白a로 黑의 근거가 흔들린다.

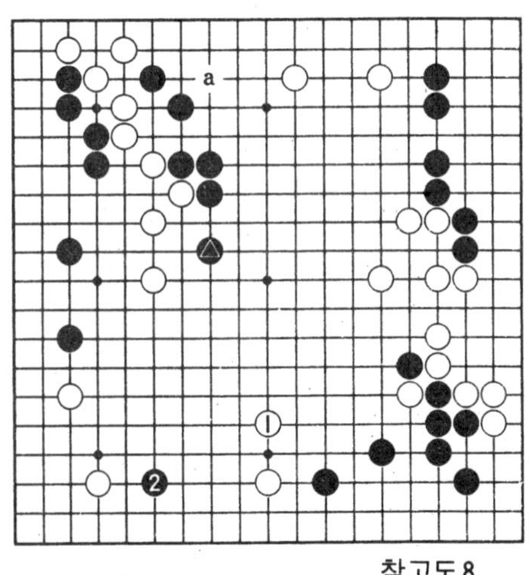

참고도8

제13형

포석의 요점

●黑번

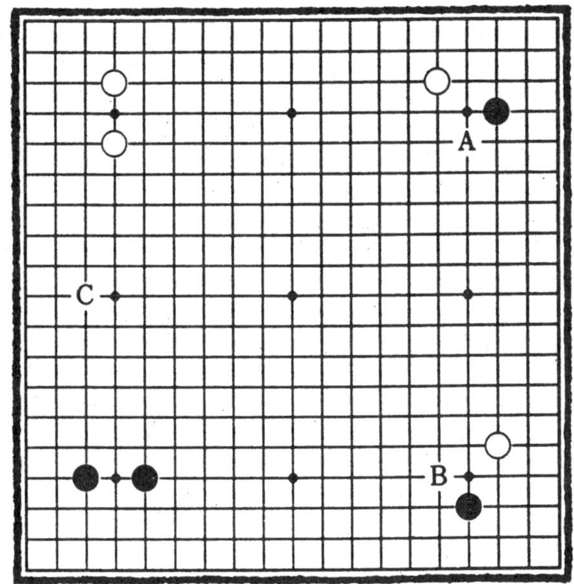

秀策류의 포석인데 호점이 많이 있다. A, B, C에서 선택하기 바란다.

참고도(적극적인 전법을 생각한다)

포석 작전은 각자의 기풍과 기호에 따라서 여러 가지 구상이 성립된다고 하는 것에 묘미가 있다.

그러므로 黑1로 3칸협공을 하고 여기서부터 국세를 장악한다고 하는 것도 유력한 사고 방식으로서 다른 한 판이 된다.

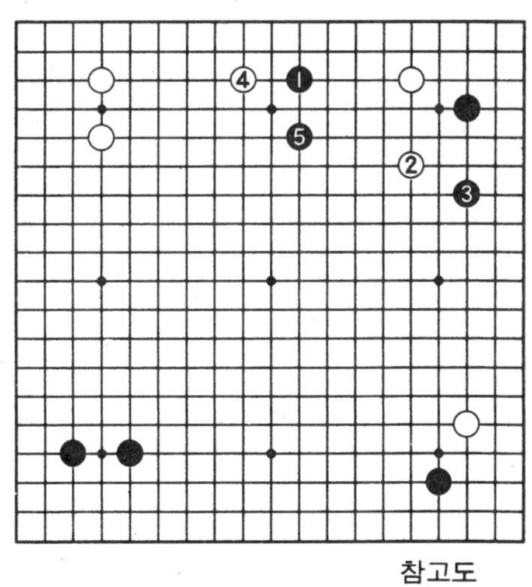

참고도

정해도(호점의 우선 순위)

이 포석은 黑1의 벌리기가 쟁점이다.

1의 점은 좌하 ◭부터 벌린다거나 좌상 △부터 벌린다고 하더라도 모두 호점이 되고 있기 때문이다.

白2는 좌상을 지키면서 a의 침투를 본다.

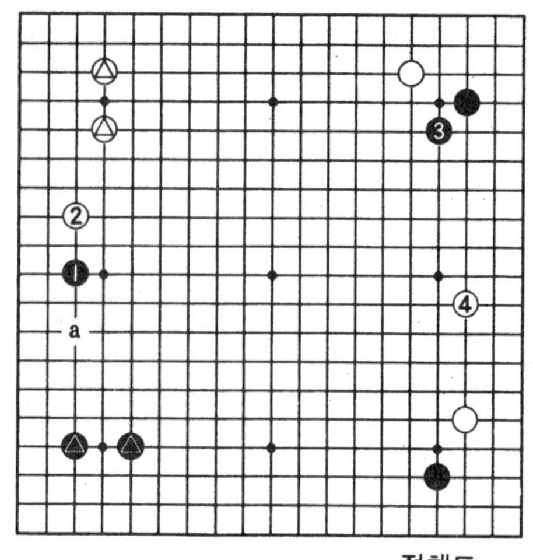

정해도

참고도1 우변에 관하여는 白으로부터 1 또는 a의 협공이나 白b의 대사씌우기의 수단 등 작전 범위가 매우 넓은 배석이 되고 있다. 그러므로 정해도 黑3의 ㅁ자가 좋은 수이다.

참고도2 ◭은 △의 움직임을 제약하면서 다음에 黑1로 협공하려고 한다.

그러므로 정해도 白4로 벌린 것은 요점이다.

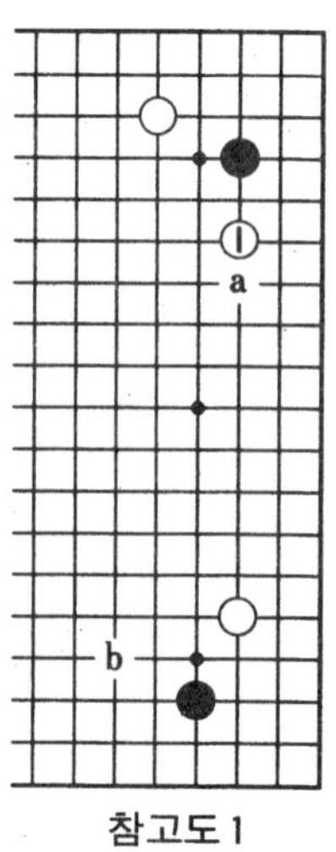

참고도1

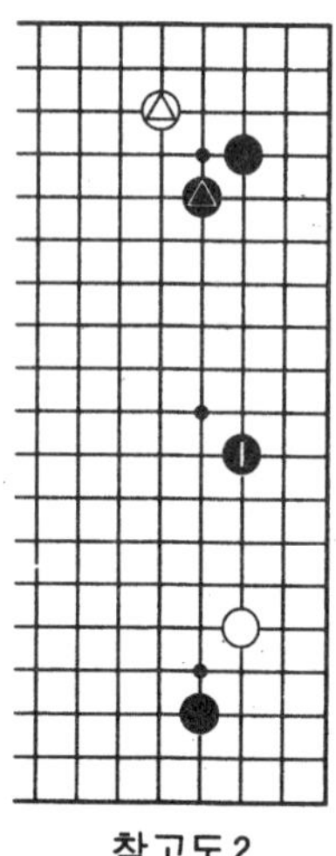
참고도2

그림1 黑1의 씌우기는 白이 보통 a로 응수한다면 黑b 또는 c로 두려는 수이지만 白은 계략을 벗어나 2로 변화.

일거에 黑3 白4는 바둑의 미묘한 곳이다.

黑1, 3과 白2, 4는 일관된 작전.

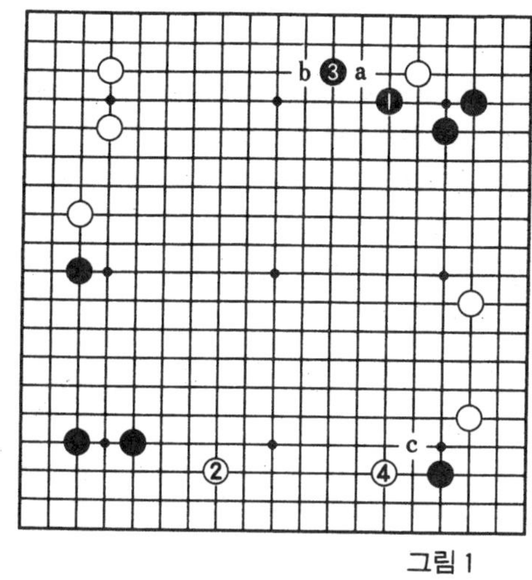

그림 1

참고도3 黑1에 대하여 白2는 미묘한 곳.

만약에 黑3으로 대비한다면 白4로 상변으로 돈다.

또한 黑3으로 a의 굳힘이라면 白b에서부터 c의 좋은 자세를 취하려고 하는 의도가 있다.

이 허허실실의 여러 가지 수를 이해하여 주기 바란다.

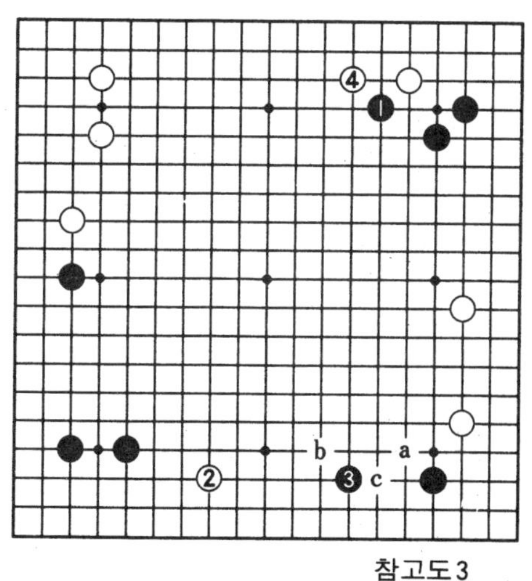

참고도3

그림2(임기응변의 처리 방법)

黑1, 3으로 붙여 뻗어나가는 것은 白의 3칸벌리기를 중복형으로 하면서의 중앙 진출과, 하변의 침투를 노리면서 귀에서 안정되려는 의미이다.

白6 黑7은 모두가 방어하는 모양이다.

黑13의 씌우기는 일석이조의 호점으로서 白2의 받기를 기대하고 黑b로 둘러싸는 것이 계략이다.

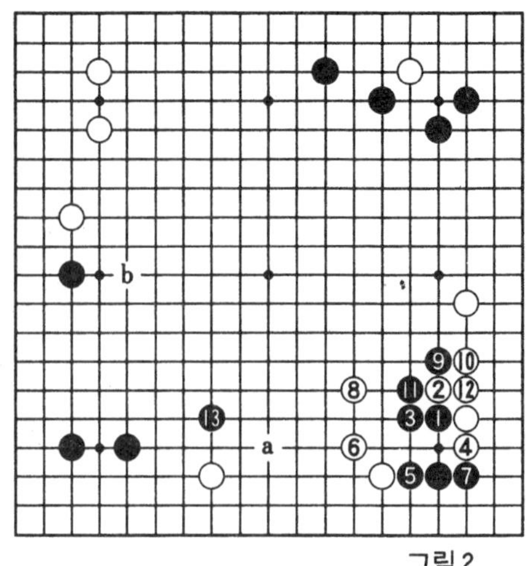

그림 2

참고도4 그림2의 黑1로써는 1로 ㅁ자를 하는 것이 보통이나 白2로 둘러싸거나 3으로 밀어올리는 것도 있다.

그러므로 黑3이라면 白4를 두고 일단락이다.

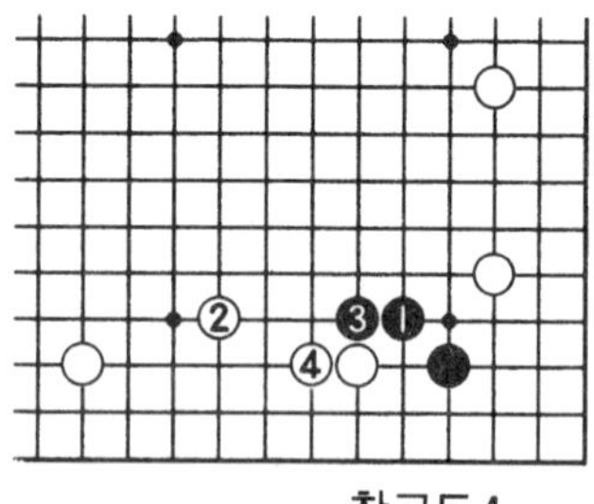
참고도4

참고도5 그림2의 변화에서 黑1이 상용의 맥.

白2의 저항에는 黑3의 절단 이하 11까지로 처리한다.

수순 중 白4로써 5는 黑4 白6 黑7 白8일 때에 黑a로 응수를 묻는 요령이다.

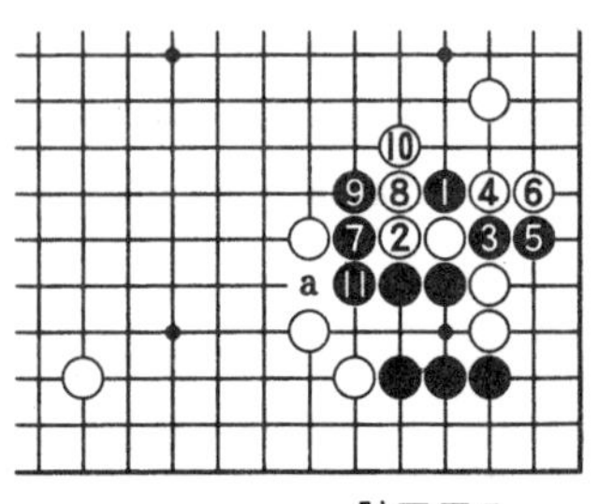

참고도5

제14형

국면의 초점

●黑번

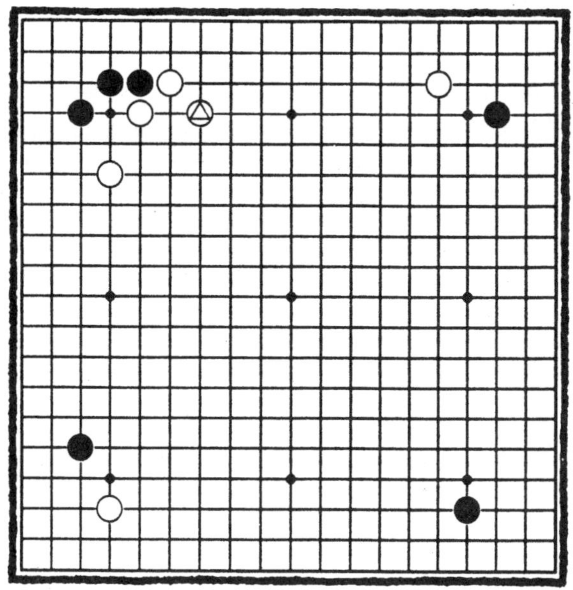

국면은 白이 △로 호구를 친 곳이다.

黑의 1수가 초점이 되지만 그러면?

참고도(포석의 설계)

좌상의 고목 정석에서는 白1이하 黑4까지가 되었을 때에 白5로 내려가는 포석 구상도 생각할 수 있다.

黑6을 기다려 白7, 9로 상변의 모양화를 도모하는 웅대한 설계도도 유력하다.

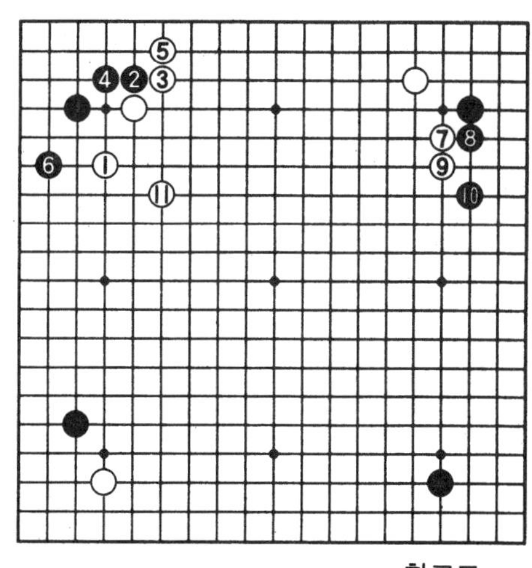

참고도

정해도(모양을 둘러싼 쟁점)

黑1의 口자가 대세의 요점이 된다.

중앙에 대한 자리를 지키면서 白 모양의 확대를 견제하고 있는 점을 감각적으로 포착하여 주기 바란다.

白2를 활용하고 나서 4로 걸치는 것이 수순이다.

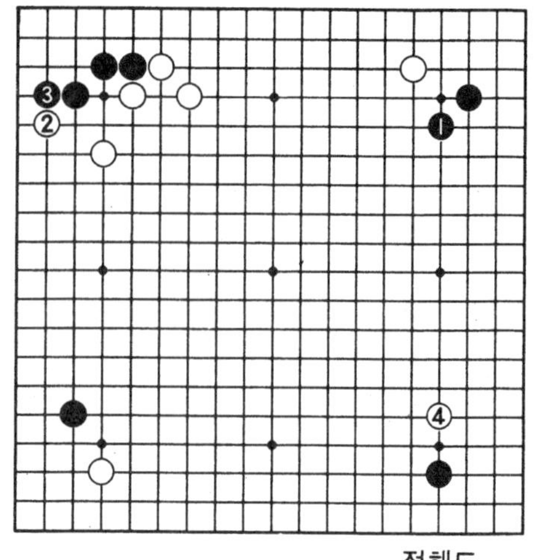

정해도

참고도1 포석 작전의 즐거움은 반상에 자신의 아이디어를 구체적으로 실현하는 것에 있다.

거기서 떠오르는 것이 상변의 모양화의 구상으로서 黑1일 때에 白2, 4로 둘러싸고 부풀게 하려는 것이다.

黑5의 호점으로 돌게 되지만 이것도 하나의 방책이다.

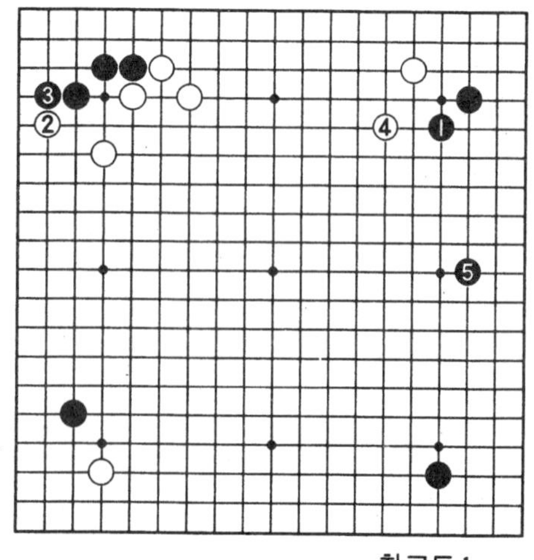

참고도1

그림1 정해의 계속.

◬의 걸치기에 대하여는 黑은 白a의 좋은 모양을 방지하고 1을 활용하여 黑3으로 협공하는 호흡을 몸에 익혀주기 바란다.

黑3은 위쪽의 두터운 맛을 살리는 구도가 전제하고 있는 것이다.

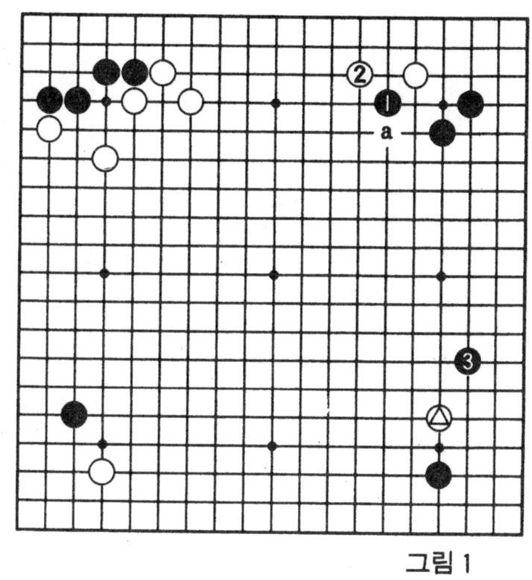

그림 1

참고도2 黑1의 협공에 白2의 정석을 선택하면 이하 黑15까지의 정석이 나타나지만 이것은 위쪽과의 간격이 이상적으로서 黑의 성공은 명백하다.

참고도3 黑1의 붙임수 정석을 선택하는 것은 실패이다.

白6까지의 결과를 보면 우변에 약속된 黑의 영토는 白의 영역화가 되어 이의 차이는 크다.

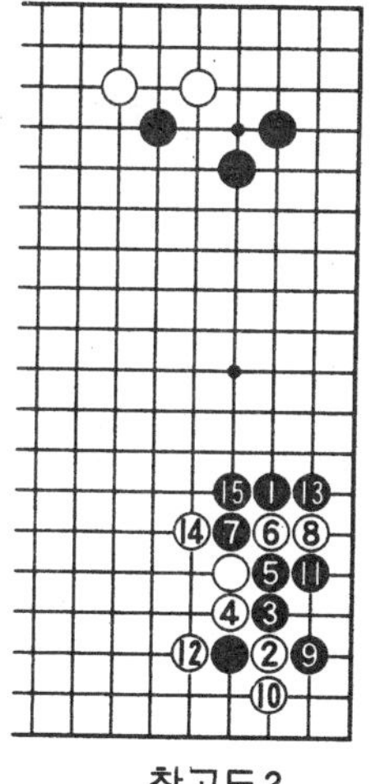

참고도2

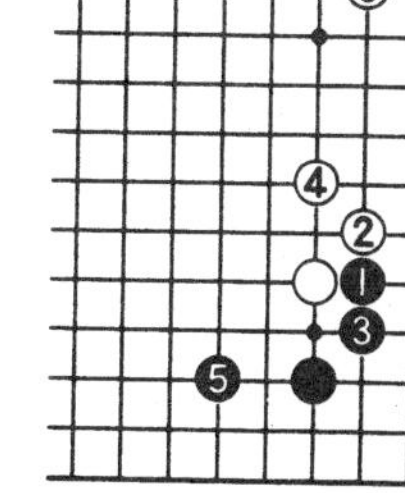

참고도3

그림2 白2의 ㅁ자는 모양.

다음에 a와 b를 맞보고 아래 위쪽의 黑에 대하여 똑같이 압력을 가한다.

黑3으로 부드럽게 응수하면 白4의 씌우기에서부터 黑7까지는 정석.

이 부분만을 말한다면 黑의 실리가 크지만 白은 b를 보고 밸런스를 유지한다.

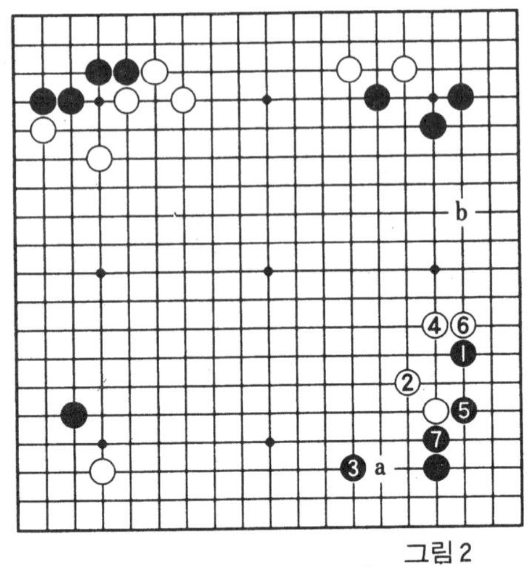

그림 2

그림3(포석과 정석의 운용)

이 국면에서 눈에 띄는 호점은 黑의 벌리기를 방해하는 白1 또는 a의 협공, 白b의 3칸벌리기, 그리고 白5의 밀기 등 3곳이지만 이를 이해하고 정석의 운용과 포석을 구성하는 것이다.

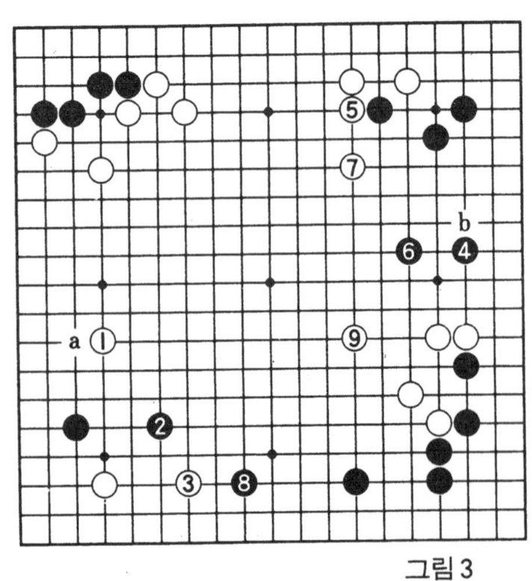

그림 3

제15형

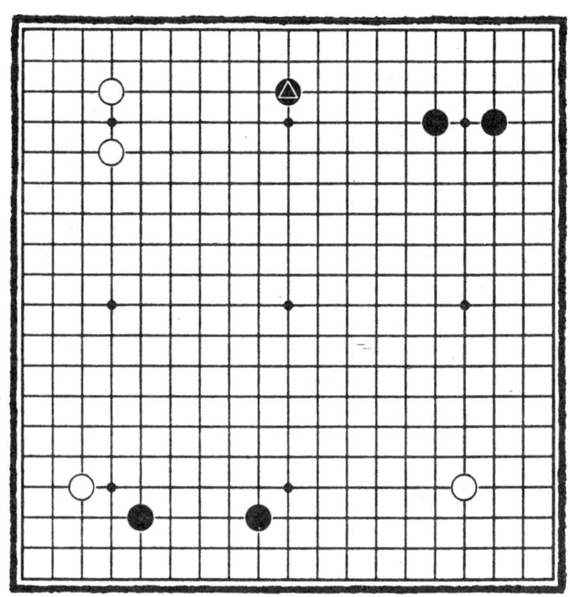

대국을 제압한다

○白번

▲의 벌리기가 포석의 요충인데 대국을 제압하는 白의 다음의 1수는?

참고도(포석법의 기본)

문제도는 포석의 전형이지만 黑7의 3칸벌리기가 밸런스를 유지하는 수로서 이를 두지 않으면 白a 또는 7의 협공이 유력해진다.

黑9는 쌍방의 세력의 중심점을 차지하고 있다.

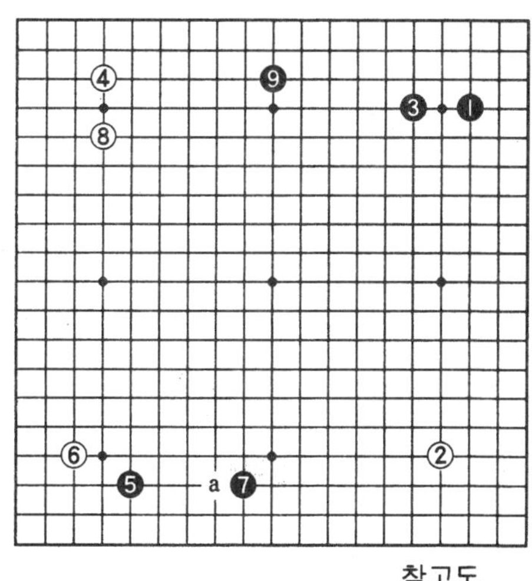

참고도

정해도(물이 흐르는 듯한 진행)

白1의 벌리기가 대국을 제압하는 쟁점이다.

黑2로 우상의 지역을 넓히면서 a를 노리면 白3도 2와 같은 의미의 수로서 b를 노린다.

黑4 白5는 모두가 침투에 대비한 정착.

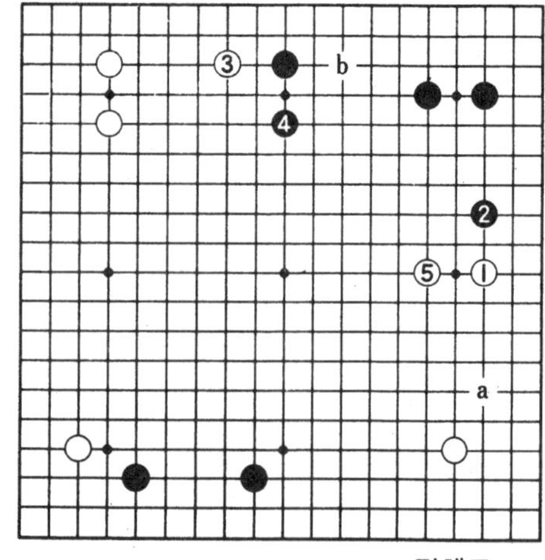

정해도

참고도1 귀에서 변으로라고 하는 것이 원칙적인 포석의 순서이나, 일반적으로 4귀의 점유가 끝나면 변의 중심점이 쟁점의 요점이 된다.

포석의 원칙에서 白1로 굳히는 것도 호점이지만 이 바둑에서는 黑2로 큰 자리의 쟁점을 차지하여 대세에 뒤진다.

우상의 1칸굳힘을 기점으로 하여 ▲로 2의 양날개를 펴는 구축은 포석의 이상형이 되고 있으며, 또한 黑2에서부터 a로 뛰는 모습은 1칸굳힘과 호응하여 「상자 모양」의 최고의 가치를 지니고 있는 것이다.

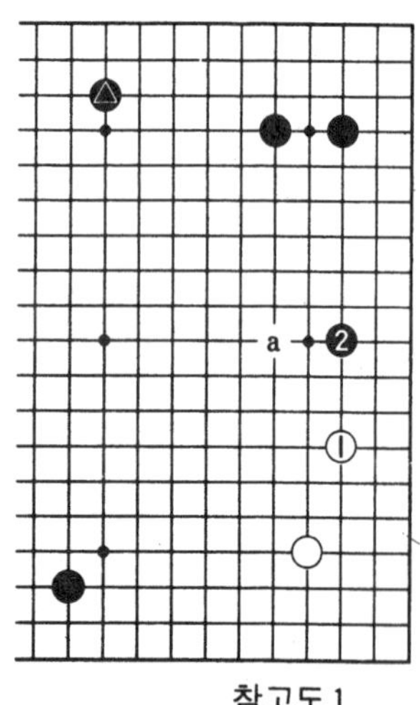

참고도1

그림1 정해의 계속.

△은 黑a의 침투를 방지하면서 白b로 꼬부려 黑 모양을 삭감하려는 호점.

△이 온 이상 黑a로 침투하여도 白c로 공격하여 불리하게 되므로 黑1은 정착이다.

黑3 白4가 포석 구상의 중요한 갈림길이다.

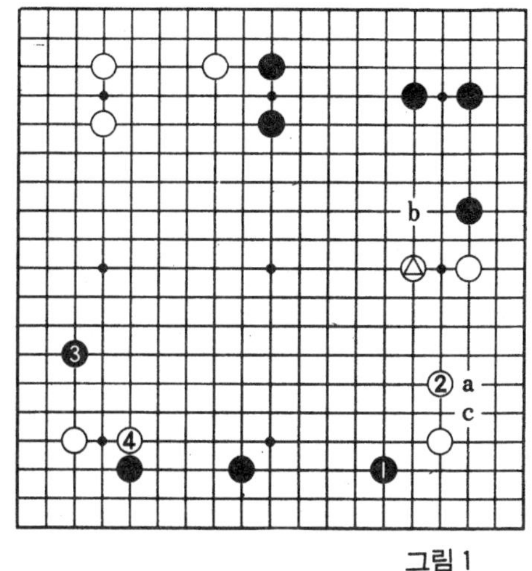

그림1

참고도2 黑1의 협공에 白2의 ㅁ자는 일반적인 착상이지만 黑3의 벌리기가 절호점.

즉, 白4에는 黑5로 급소를 차지하며, 白4로써 5면 黑a 또는 b를 차지한다.

더구나 좌하귀는 黑c의 공격이 남아 있다.

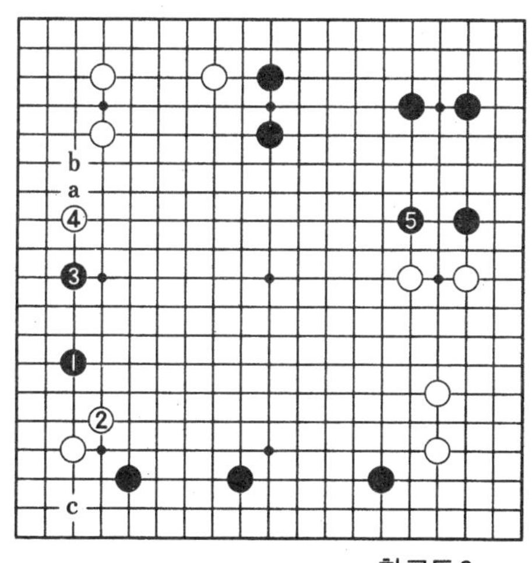

참고도2

그림2 白a의 정법은 바람직하지 않으므로 1, 3으로 붙이고 막아 선수로 귀에서 안정될 작전을 선택하는 것이 적절하다.

黑8까지는 상형.

白9로 좌변의 호점을 차지하고 목적 달성이다.

黑10 白11이 되어 좌하귀는 일단락되었다.

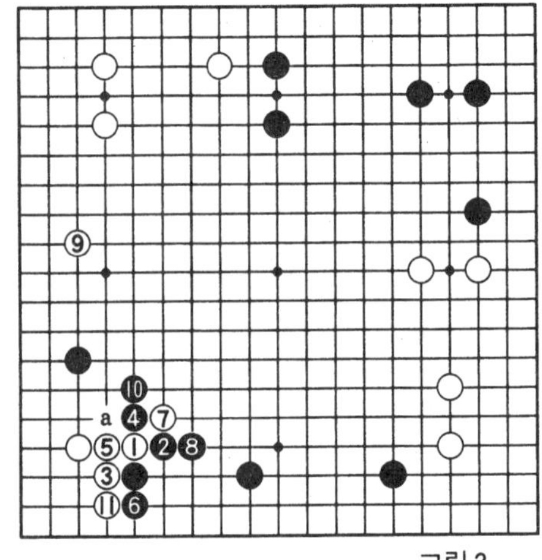

그림 2

그림3(쟁점을 둘러싼 포석의 공방)

좌변을 白이 차지하면 우변의 요점을 黑1로 두는 것은 자연적인 흐름이 된다.

黑5는 다음에 a를, 白6은 다음에 b를 노리고, 따라서 黑9까지의 당당한 포석 구성이 완성된다.

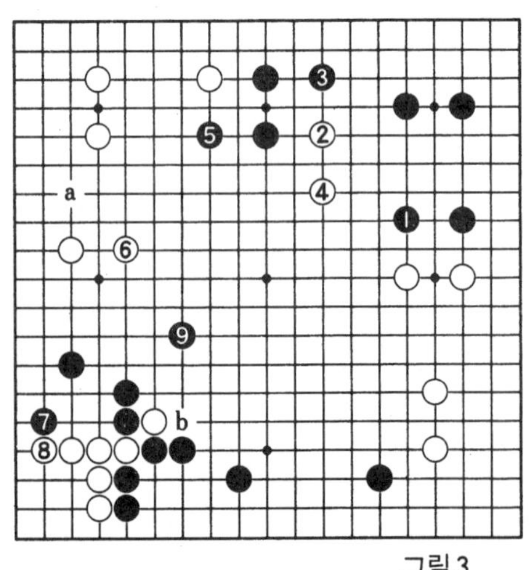

그림 3

제16형

중용의 착상

●黑번

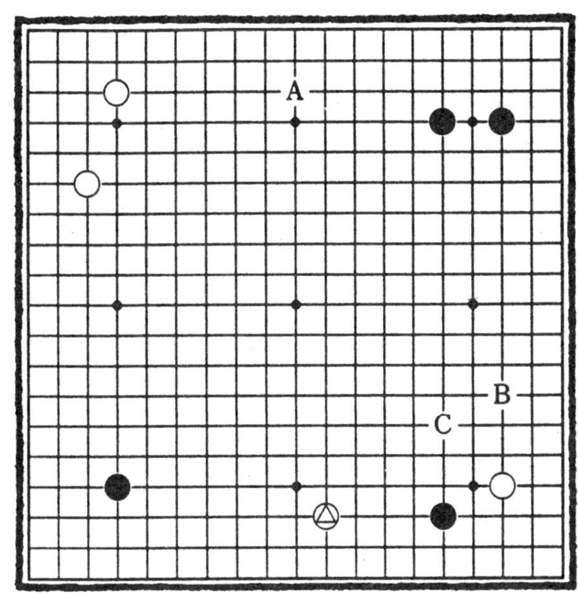

◬로 협공하였는데 A, B, C 가운데에서 적절하다고 생각되는 착점은 어디인가?

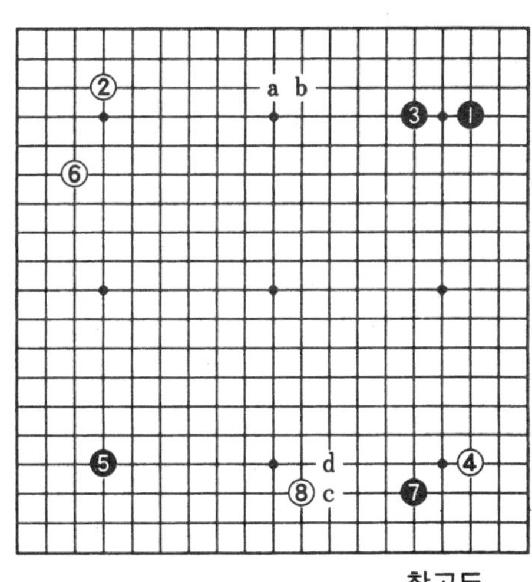

참고도

참고도(여러 가지 취향)

黑1에서 5까지 되었을 때에 白6으로 좌상귀를 굳히는 수법도 물론 성립한다.

黑7일 때에 白8로써는 상변의 쟁점 a, b, 또는 하변 c, d의 협공 등 여러 가지가 있다.

정해도(전국의 조화를 도모한다)

이 포석 구성에서는 黑1의 협공이 중용을 이룬 착상. 즉, 黑1, 3의 작전이 우상의 ▲의 굳힘과 호응하여 우변에 이상적인 모양을 만들고 있기 때문이다.

白4를 기다려 黑5로 양날개를 펴는 구상이다.

黑5가 다음에 a의 육박을 노리고 있으므로 白6은 이를 방지하면서 目자굳힘의 보강을 겸한 정형이다.

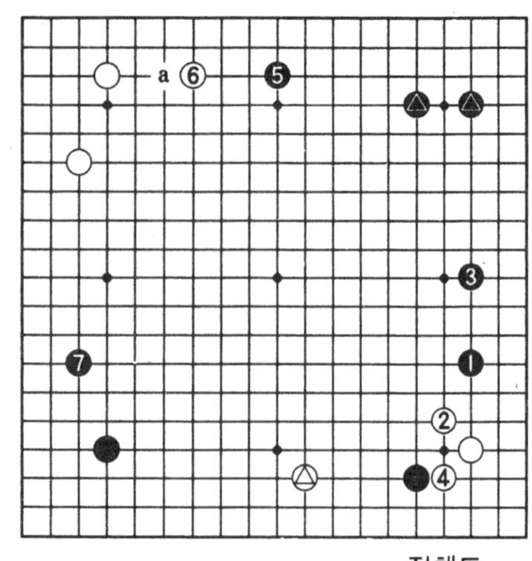

정해도

참고도1 정해도의 △이 白1의 2칸협공인 경우에는 白5의 씌우기가 되어 黑이 약간 불리하다는 것이 정설.

黑a는 시기를 보고 두지 않으면 白이 두텁게 되어 불리하다.

참고도2 그렇지만 白1의 3칸이라면 白5의 걸치기에 黑6으로 뛰는 여지가 있는 것이 앞 그림과의 차이이다.

黑8을 봉쇄한 것이 정해도 白4이다.

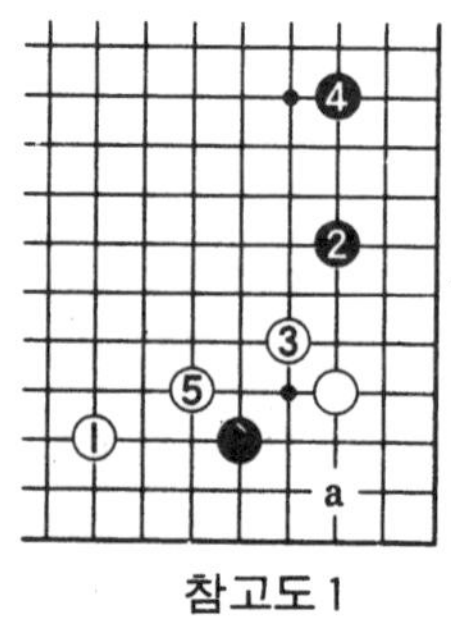

참고도1

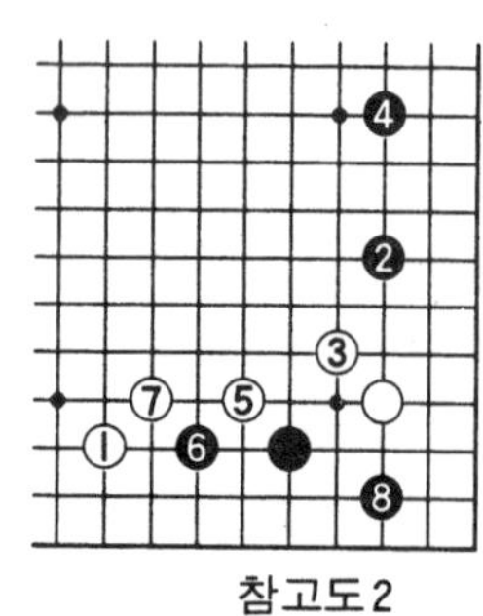
참고도2

그림1 국면은 우변에서부터 상변에 걸쳐서 구축된 黑 모양에 임하는 차례이나 白1에서부터 고도의 포석 작전이 전개된다.

우선 白1은 급소의 들여다보기.

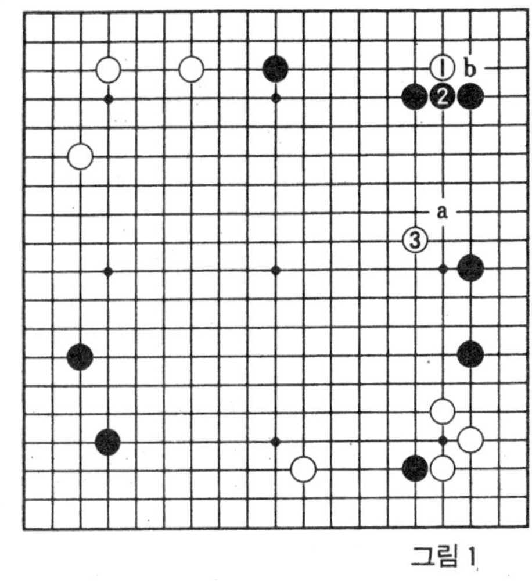

그림 1

참고도1이 보통의 착상이지만 吳9단이 귀에 들여다보기를 시도하고 나서 부터 많이 사용되고 있는 수법이다.

그림1의 黑2의 연결은 견실한 응수.

이것으로,

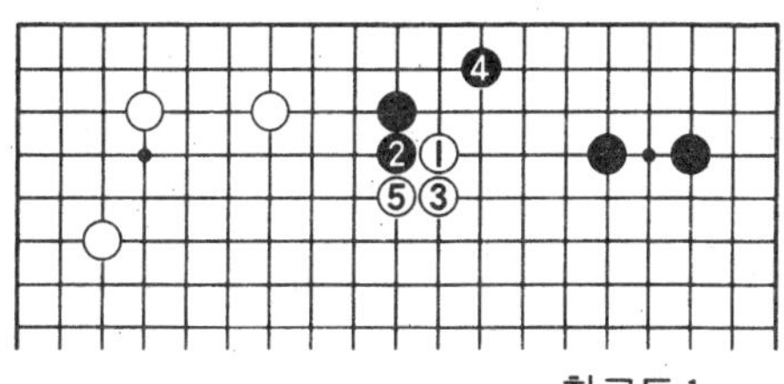

참고도 1

참고도2 黑1로 누르는 것은 白2의 침투에서부터 6의 수단이 있으므로 좋지 않다.

그림1 白3의 얕은 삭감이 근대 감각.

黑a로 둘러싸도 白b의 살기가 보류되고 있는 것이 전제.

참고도 2

그림2 △이 근대 수법이라고 불리고 있는 것은, 종래에는 참고도3의 1로 깊이 육박하고 黑4까지가 상법으로 되어 있었지만 이 모습은 얼핏 보면 白이 무겁다. 즉, △과 □은 눈에 보이지 않지만 서로 연관되어 있다.

그런데 黑1로 붙이면 白8까지는 이런 정도.

黑9와 白10은 맞보기의 호점이 되어 있다.

黑11은, 이 점에 白이 씌우면 白이 두터워지므로 이를 방지하면서 다음에 12의 급소로 뻗고 白의 일단을 크게 공격하려고 하는 것이다.

黑13 白14는 모두가 놓칠 수 없는 큰 자리로서 일단락.

그림 2

참고도4 그림2 黑1로써 1로 둘러싸는 것은 분명히 이용당하고 있다는 것, 白2, 4의 봉쇄가 준엄하다는 것, 그리고 白a의 살기가 남아 있다는 이유에서 黑이 불만이라고 판단할 수 있다.

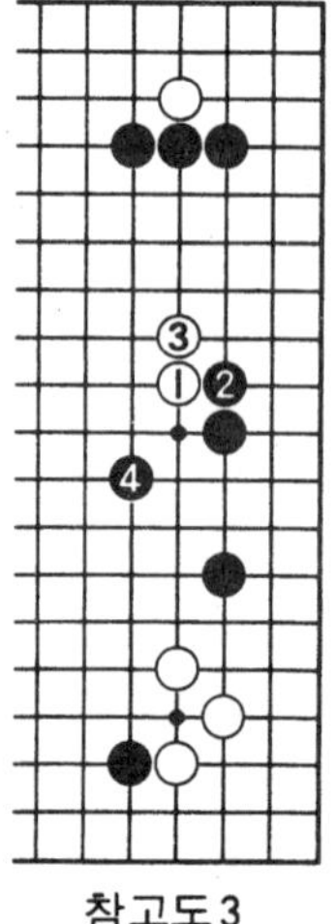

참고도3

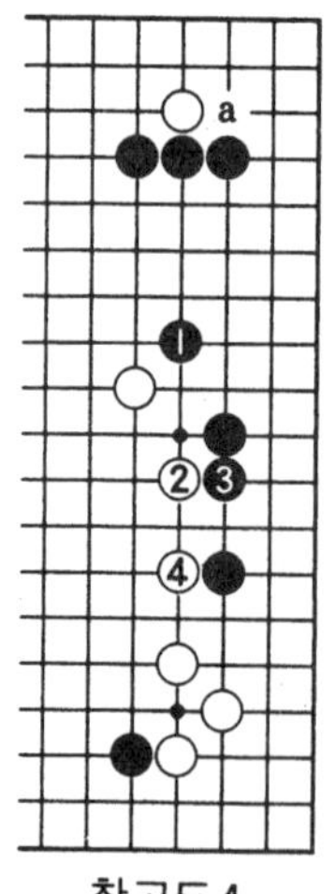

참고도4

참고도5 「붙이면 젖혀라」고 하여 ▲에 대하여 白1이면 黑2의 맞끊기가 준엄하다.

白3, 5가 타개의 정석이지만 黑6일 때에 白a로 단수를 거는 축이 불리하기 때문에 성립되지 않는다.

참고도6 앞 그림의 변화.

白1의 젖혀끼움수는 이러한 케이스에서 타개의 맥이지만 ▲이 있는 경우 黑2, 4로 응수하여 곤란하다.

그러한 주위의 상황 판단에 주의하여 주기 바란다.

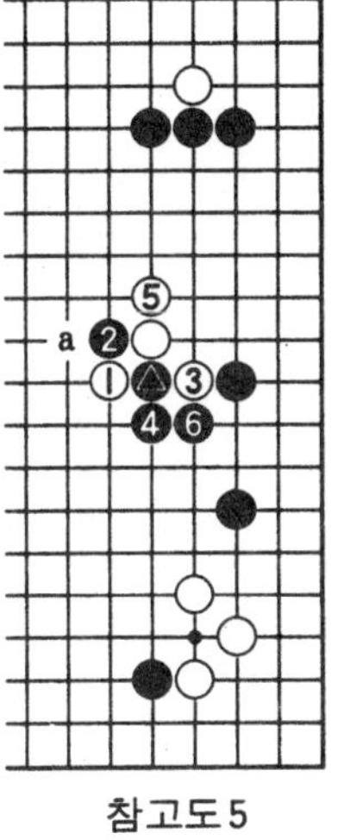

참고도5

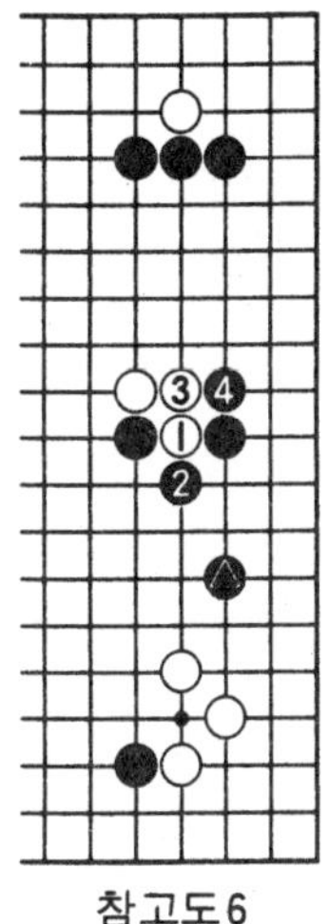
참고도6

참고도7 그림2의 白8은 요점으로서 가령 그림의 1로 대비하는 것은 黑2의 높은 압력으로 숨이 막힌다.

참고도8 그림2의 黑9로써 1로 우하귀의 1점을 움직이는 것과는 우열을 겨루기 어려우나, 그러면 白6으로 우상귀로 두게 된다.

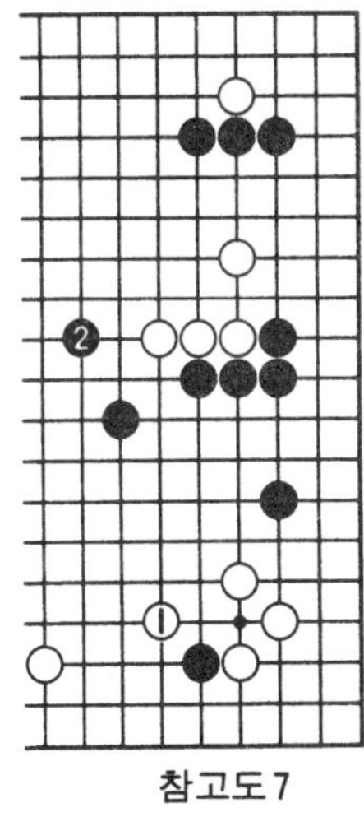
참고도7

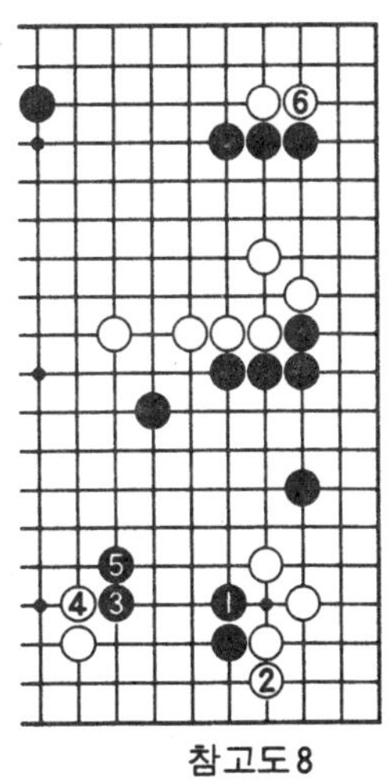
참고도8

그림3 포석 구상은 수순이 흐르는 듯이 진행되고 있지만 초점은 다시 좌상귀로 옮긴다.

黑1의 어깨짚기는 상용 수단.

白2라면 黑3의 붙임수에서부터 이 귀에 수단을 구하는 요령이다.

黑7일 때에 白8로 누른 것은 상용 수단으로서 이것은 이하 白14까지의 갈림이 필연이다.

白8로써,

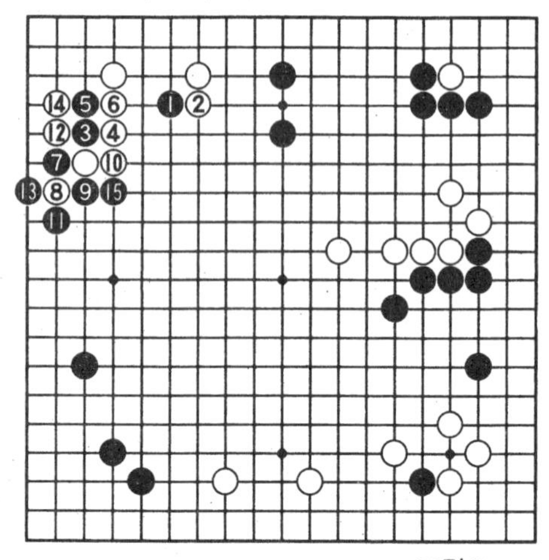

그림 3

참고도9 白1로 뻗는 수도 있는데, 그러면 黑4까지 白의 외세 대 黑의 실리라고 하는 대항이 되지만 그 어느 것을 운용할 것인가 하는 것은 대국자의 기호에 달려 있다.

참고도10 黑1에 대하여 白2로 받으면 黑3으로 들어가는 것이 정석. 白4 이하의 변화는 하나의 예이지만 黑11까지로 살 수 있다.

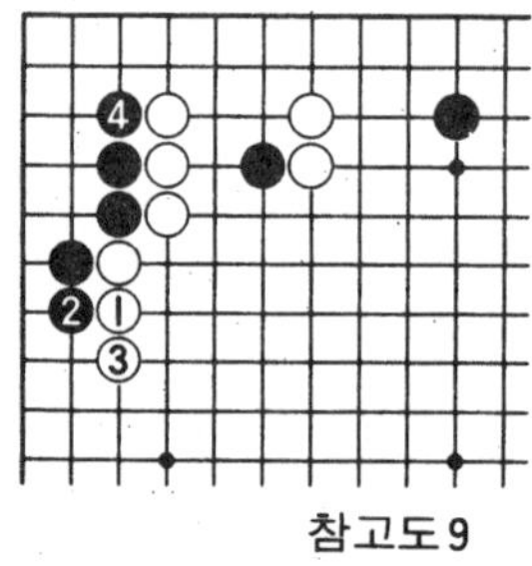

참고도9

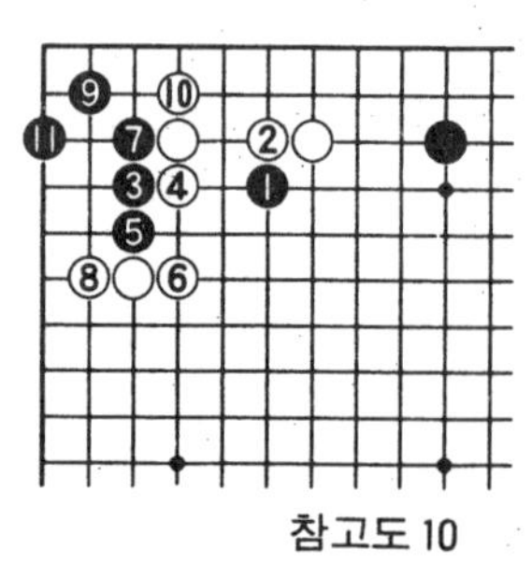

참고도10

제 17형

호점의 우선순위

●黑번

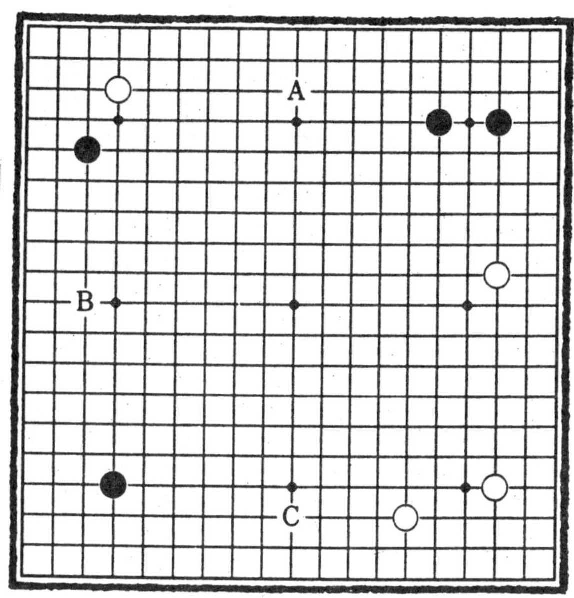

호점이 많아서 약간 망설이게 되는 서반의 풍경이다.

A, B, C 가운데 어느 점이 우선인가?

참고도(맞보기의 호점을 남기는 수)

黑1, 3의 1칸굳힘에 대하여 白4로 우하귀의 소목을 차지하는 포석을 즐겨 두고 있다.

黑5는 1수로 귀를 차지하고 a와 7을 맞본다.

白8로써 b의 전개는 黑c가 유력하여 일장일단.

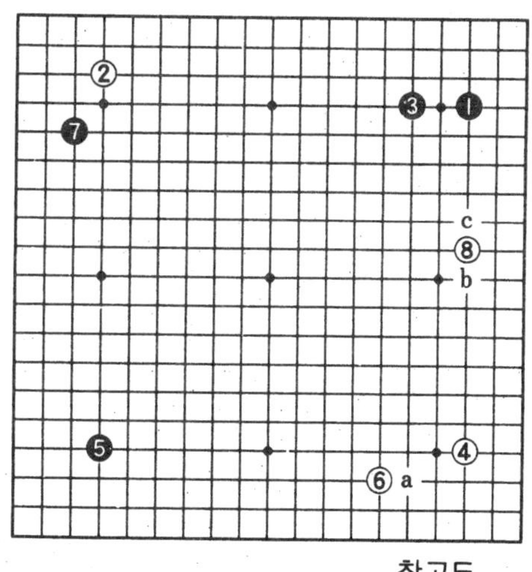

참고도

정해도(포석의 기본 설계)

黑1로 좌변의 큰 자리를 차지하는 것이 상식적이다.

이어서 白2, 4의 구축이 기본형이지만 2로써는 6의 口자, 또는 5의 2칸벌리기도 유력한 구상.

黑5의 협공에서부터 白10은 반드시 명심하여야 할 정형.

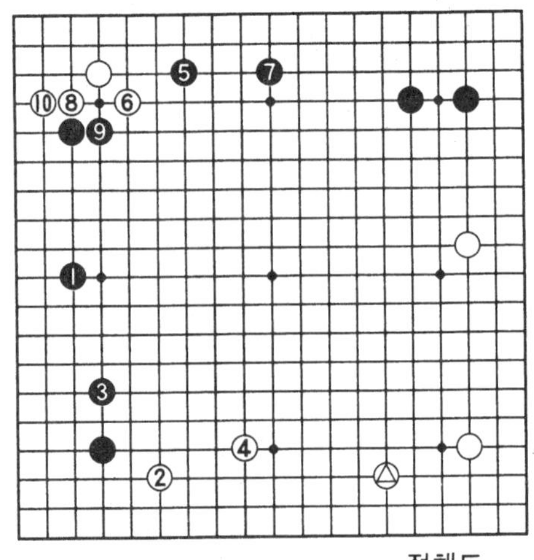

정해도

참고도1 정해도 白4는 우하귀의 ⚠이 낮은 굳힘이므로 고저의 밸런스를 유지한 것. 평범한 정석을 선택하는 것은 국면 구성이 평면화되어 적당치 않다.

참고도2 정해도 黑5로써 1이하로 黑 모양을 넓히는 작전은 보기에도 웅대하지만 이 구도는 소위 일방적인 바둑이 될 우려가 있으므로 정해도가 상도이다.

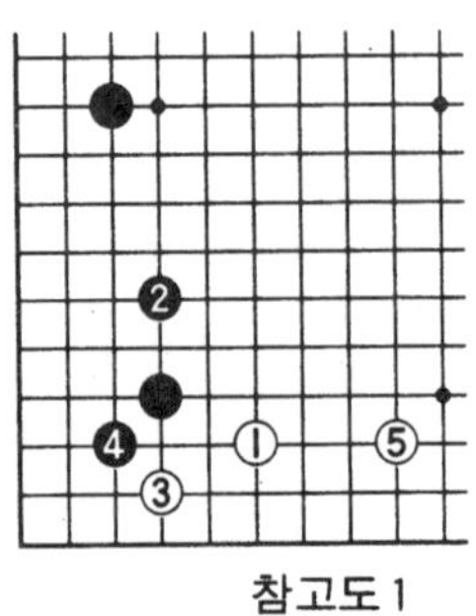

참고도1

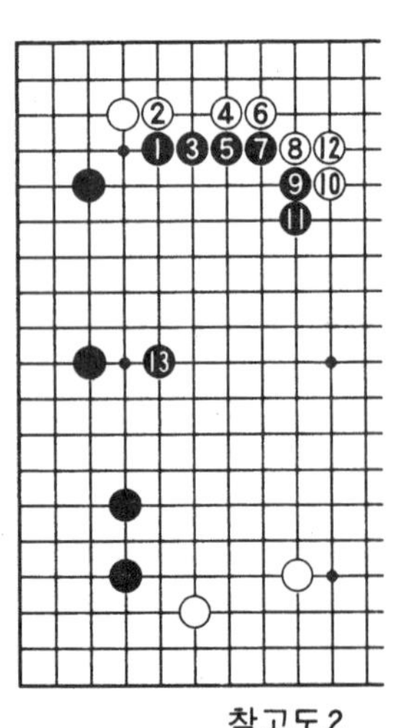

참고도2

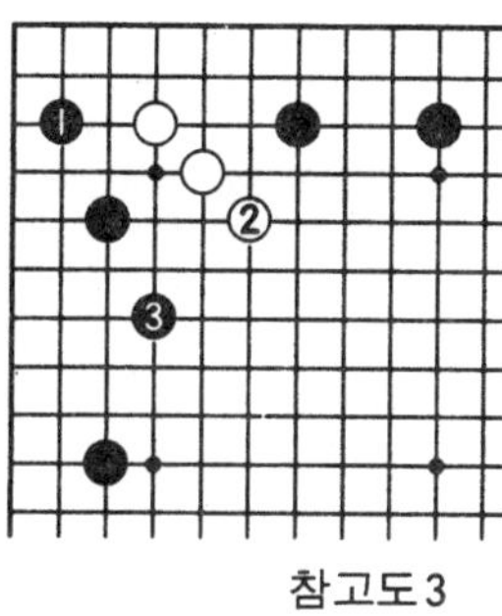

참고도 3

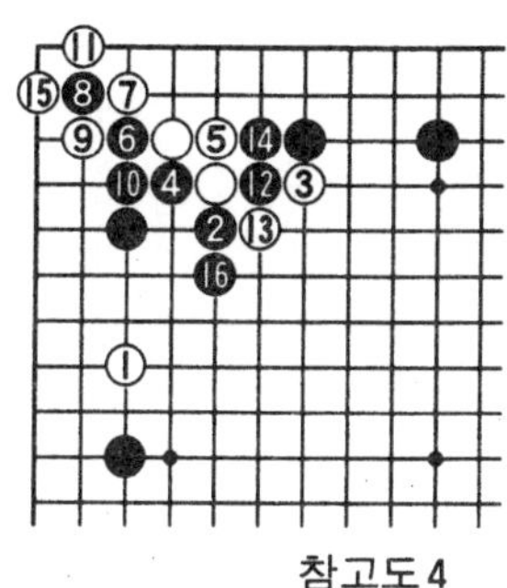

참고도 4

참고도3 정해도 白8, 10이 급소의 대비로서 참고 견딜 수밖에 없다. 이것으로 다른 자리에 옮기면 즉시 黑1로 달려 근거를 상실하는 것이 괴롭고 黑은 공수를 겸한 좋은 모양을 얻는다. 또한 白8로써,

참고도4 白1로 침투하는 것은 黑2의 반격이 준엄하다. 白3의 맥에 의한 견디기도 黑4 이하의 응수로 무리라는 것이 증명되고 있다.

黑6, 8의 2단젖히기가 최강의 공격이다.

참고도5 앞 그림의 변화. 白은 괴로운 교환이지만 7을 두고 黑8로 될 수밖에 없을 것 같다.

白9 이하는 필연의 운용으로서 黑18까지의 바꿔치기가 상정되고 있지만 黑의 성공은 명백하다.

참고도6 黑2의 붙임수에 대하여 白3의 젖히기는 黑4로 뻗어 연결이 곤란하다. 가령 白5면 黑6을 활용하여 8의 ㅁ자씌움까지로 白의 무거운 모습은 절호의 공격 목표가 된다.

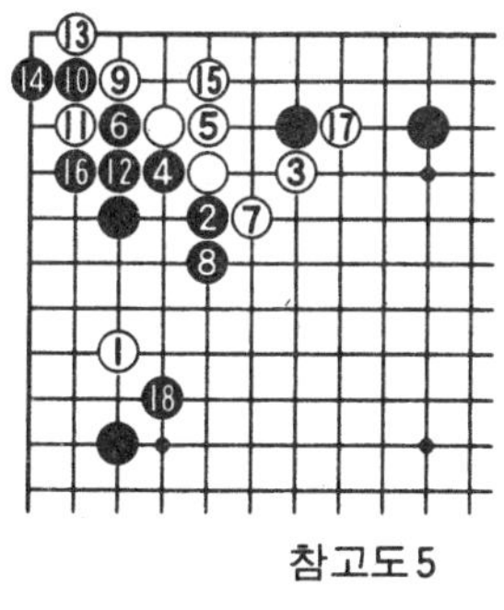

참고도 5

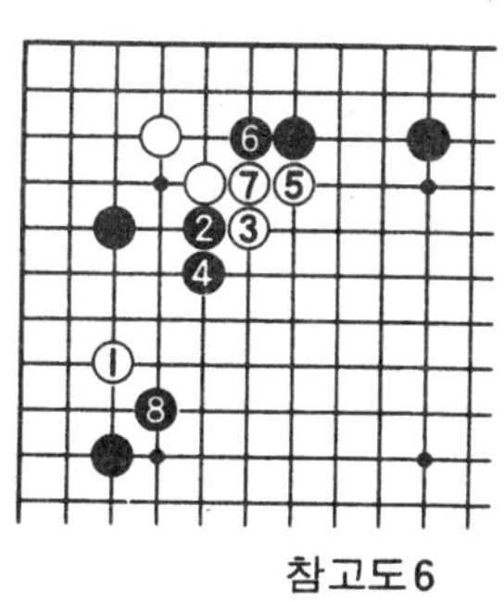

참고도 6

그림1 黑1이 때와 장소를 제대로 포착한 절호의 침투로서 白의 目자굳힘으로 육박하는 급소이다.

白2는 당연한 육박이지만 黑3, 5가 상용의 타개로서 명심하고 있어야 할 맥.

그리고 이하 黑13까지의 가벼운 모습은 공격과 타개의 원형이라고 할 수 있다.

白14의 2칸벌리기도 경시할 수 없는 공방의 요점. 생략하면 반대로 黑a로 육박하여 白 3점이 곤란하다.

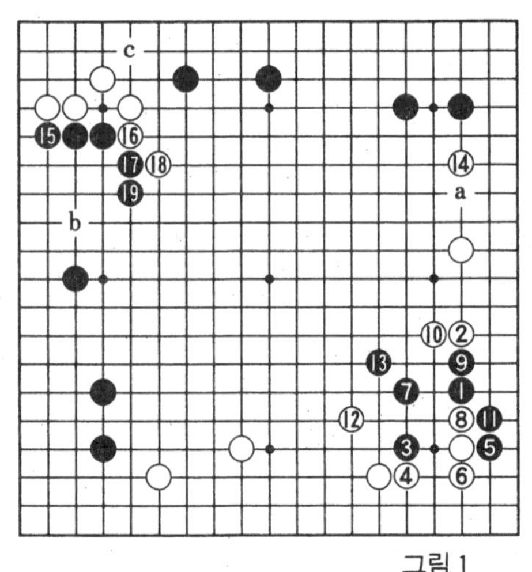

그림 1

黑15로 누른 것은 白b의 침투를 미연에 방지하고 다음에 c의 괴로움을 노리고 있다.

이에 대한 白16, 18도 중요한 수순으로서 일단락이다.

참고도7 그림1의 黑1로써 한 칸을 벗어난 침투는 어정쩡한 수로서, 白2로 육박하면 黑은 처리에 괴롭다.

참고도8 그림1의 白2로 공격하는 것은 공격의 상도로서, 이것을 1에 두어 귀를 두텁게 대비하는 것은 黑2, 4로 가볍게 처리된다.

즉, 白의 세력권내에서 편안하게 하면 안 된다.

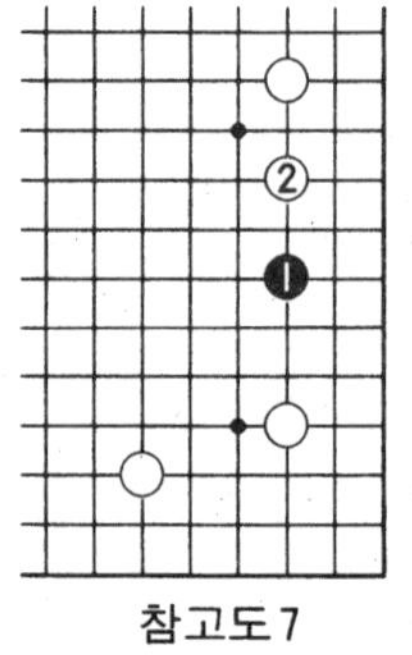
참고도7

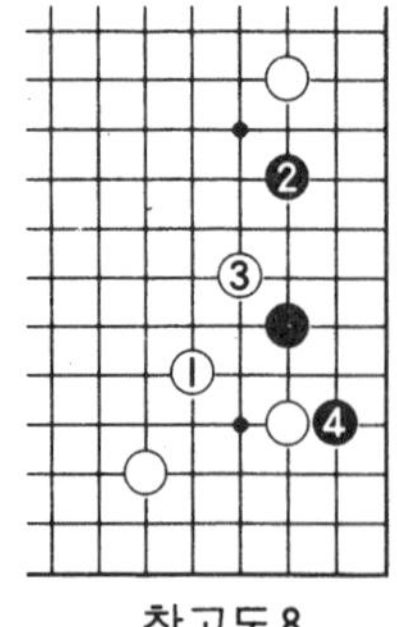
참고도8

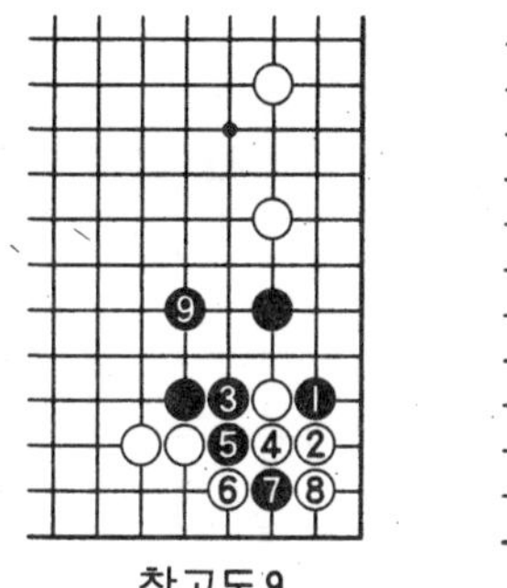
참고도9

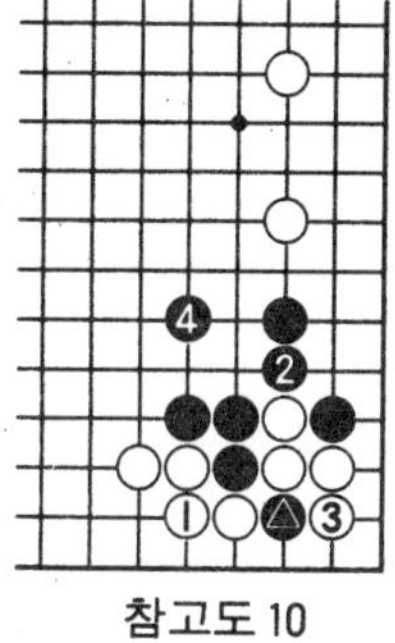
참고도10

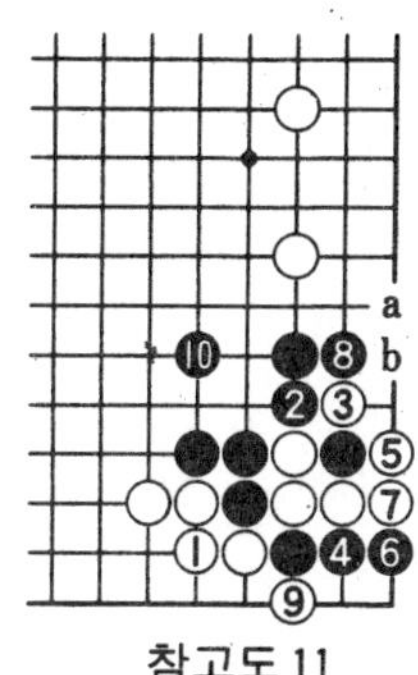

참고도11

참고도9 우하귀의 黑1의 붙임수에 대하여 白2로 누르는 것은 黑3에서부터 9까지로 모양을 갖추는 요령이다. 수순 중 黑7로 절단하는 수에 주목하기 바란다.

참고도10 ▲에 대하여 白1로 응수하는 것은 黑2, 4로 충실한 모양을 얻는다.

참고도11 白1 黑2일 때에 白3은 黑4 이하의 사석으로 나중에 黑a, b를 활용할 수 있다는 것이 자랑이다.

참고도12 우하귀의 白1은 黑 모양을 파괴하는 공격의 요점. 黑이 이곳에 부딪치면 참고도10과 같이 공격 목표를 잃는다. 그러므로 白1에 대한 黑2가 모양으로서 다음에 a의 젖힘과 b의 연결을 맞보고 있으므로 1수도 늦추지 않는 공방전이다.

참고도13 그림1의 白16, 18을 게을리하면 黑1, 3이 호조. 그리고 黑a 白b 黑c를 상정한다.

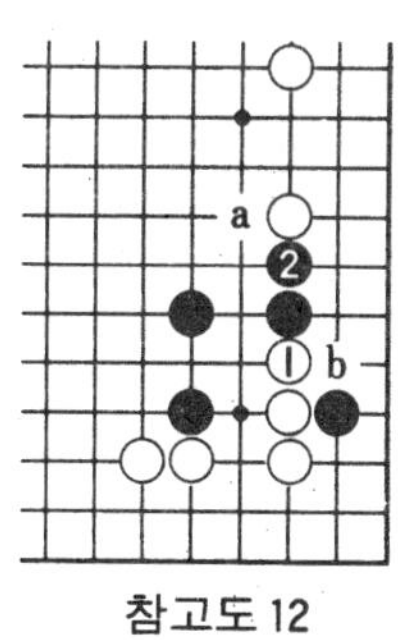

참고도12

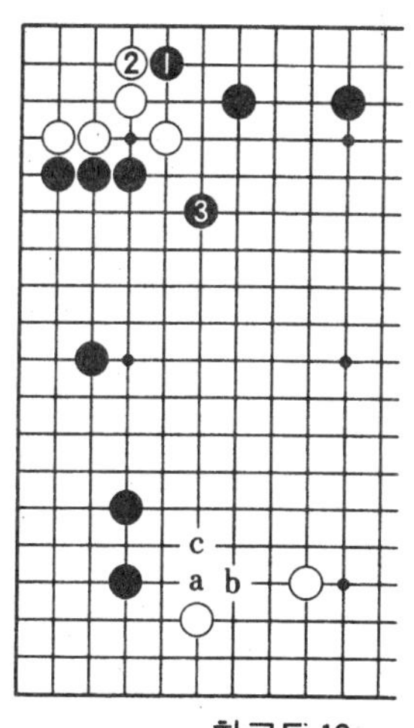

참고도13

그림2 △로 결정한 것은 진작부터 노리고 있었던 白1의 침투를 결행하는 복선이기도 하다.

黑은 적절한 공격이 없으므로 2로 방어하는 정도이지만 白3, 5로 진출한다.

黑6을 활용하고 黑8로 큰 자리로 돌면 黑이 우세하지만 黑8로써 a 白b 黑c로 중앙의 모양을 깊게 하는 작전도 있다.

黑8에는 白d로 붙이고 중반전에 돌입한다.

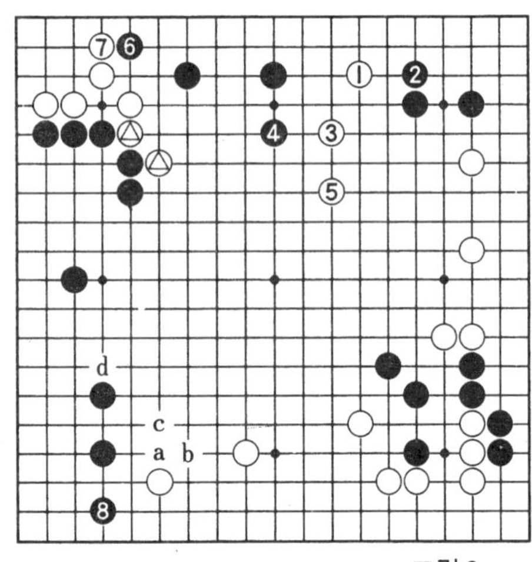

그림2

참고도14 白1의 침투에 대하여 黑2로 압박하는 것은 白3 이하 귀와 바꿔치는 것이 적절하다.

이 국면에서는 세력 활용의 여지가 없는 黑이 불리하다.

참고도15 그림2의 黑8을 게을리하면 白1의 3三이 큰 수가 된다. 黑2 이하는 정형이지만 그림2와의 차이는 명백하다.

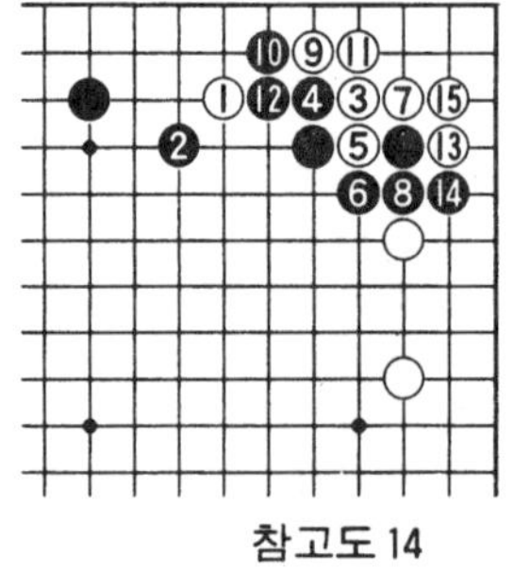

참고도14

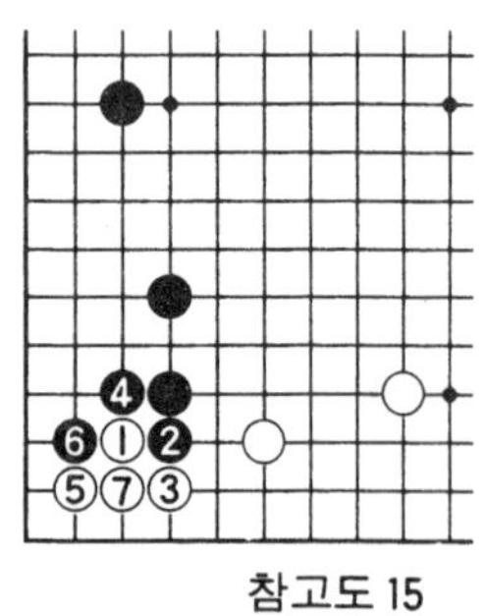

참고도15

제 18형

적극성인가 견실성인가?

○白번

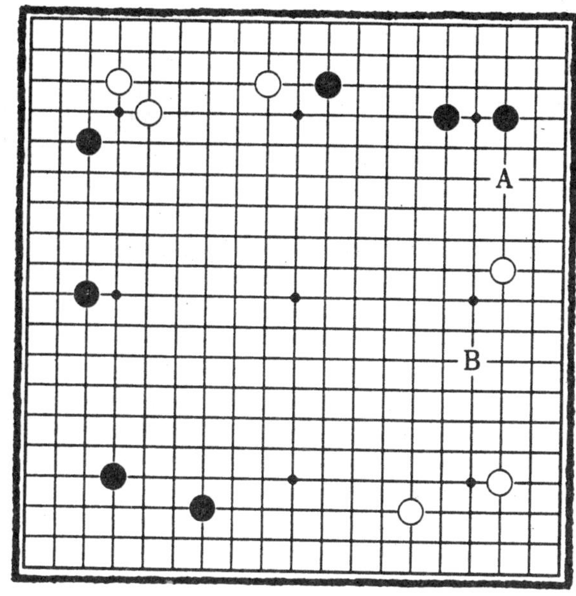

국면의 초점은 우변의 白 모양에 있지만 A의 육박이나 B의 포위 중에서 어느 쪽이 정착인가?

참고도(黑9까지의 구도는 앞 문제와 같은 모양)

白10은 黑으로부터의 a, b, c 등 취향의 여지를 제약한 「ㅁ자에 악수없다」고 하는 격언의 견본인 것이다.

黑11은 쌍방의 쟁점으로서 다음에 b의 좋은 자세를 보고 있으므로 白12는 필연. 黑13은 능률적인 포석이다.

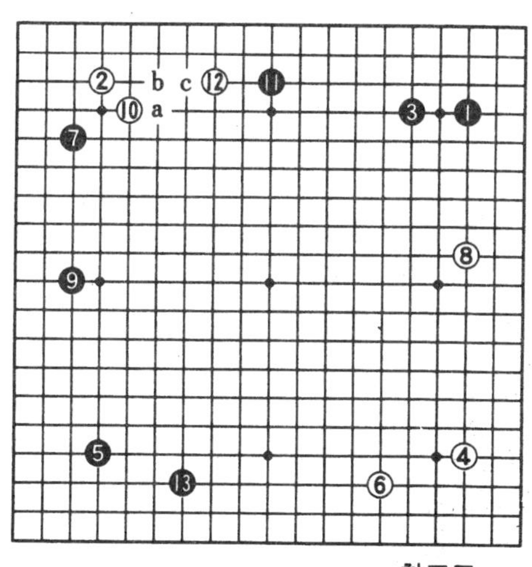

참고도

정해도(적극적인 포석 구상)

白1의 2칸이 참고도1의 黑2를 방해하면서 다음에 a의 침투를 노리는 적극적인 포석이다.

黑2는 白a에 대비하면서 다음에 3의 꼬부리기를 보는 정착이나 이것으로 b의 대응도 유력하다.

白3은 두텁게 구축하고 다음에 c의 준엄한 침투를 노리고 있으므로 黑4의 대비는 당연하다.

白5는 찬스로서 시기에 딱 맞는 돌의 흐름이다.

그러나 이것으로 白d로 우변을 둘러싸고 黑e 白f 黑g 등의 구도도 하나의 방안으로서 떠오르고 있다.

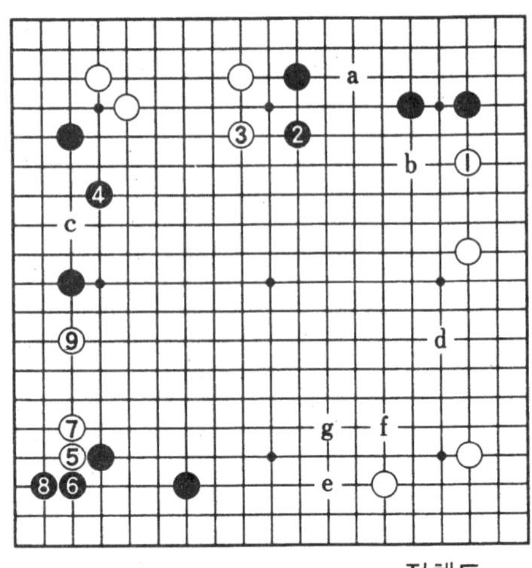

정해도

참고도1 정해도 白1로써 1로 둘러싸는 견실책은 黑2의 큰 육박을 남기는 것이 불만이다.

참고도2 정해도 黑6으로 바깥쪽에서부터 누르는 것은 후수이다.

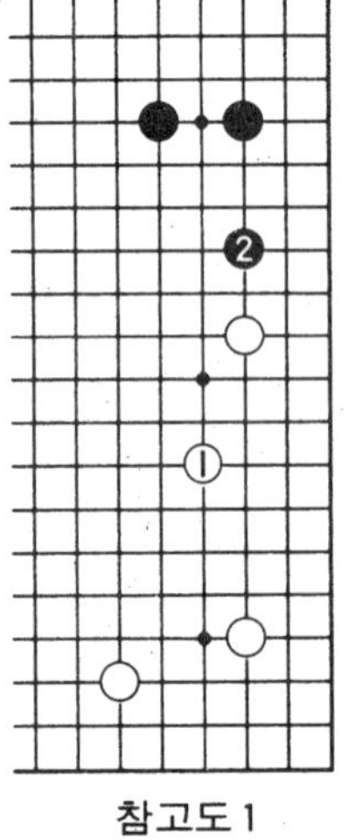
참고도1

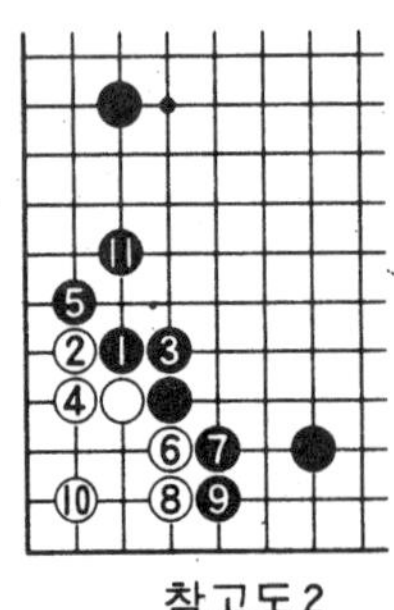
참고도2

그림1 정해도의 포석 구상은 1수 1수가 허허실실의 응수로 전개되고 있다.

좌하귀가 일단락되면 우변 黑1의 침투는 절대.

白10으로 포위되면 이미 때는 늦다.

白2 이하 11까지는 공격과 타개의 기본형.

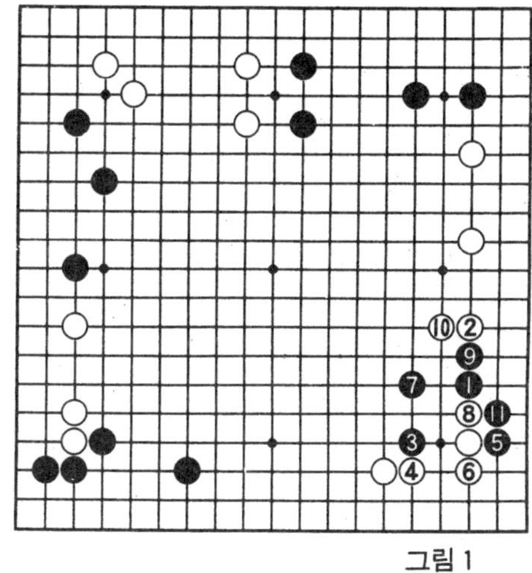

그림 1

참고도3 白1은 모양을 파괴하는 급소.

그러므로 白은 이 뜻을 계승하여 黑2일 때에 白3으로 실리를 차지하는 것도 △의 벌리기를 활용한다는 의미에서 유력하다.

白5 다음에 黑은 6의 벌리기 또는 a의 달리기를 선택하는 구도가 상정된다.

黑6으로 a는 白b.

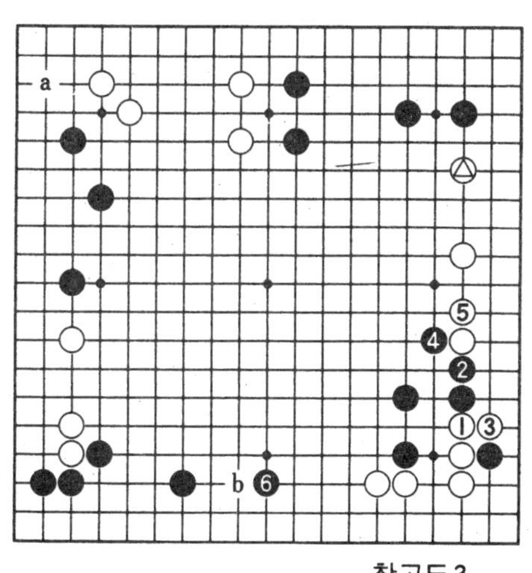

참고도 3

그림2 白1은 공수의 급소이다. **참고도4**의 기본형을 선택할 것인가 망설이지만, 육박하고 나서 고립되어 있는 3점에 성원을 보낸다는 사고 방식이 고도의 작전이라고 할 수 있다.

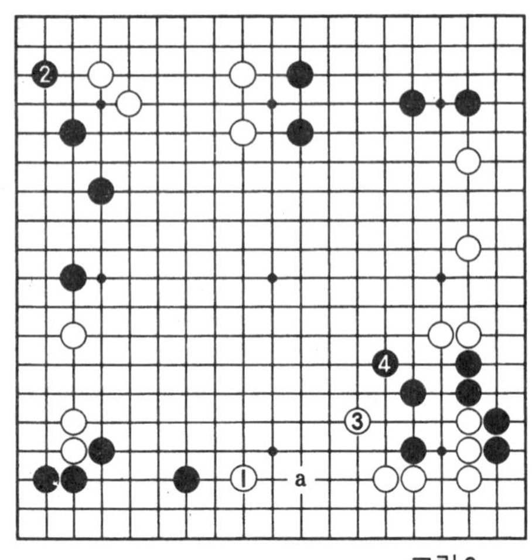

그림 2

더구나 白1을 게을리하면 黑a가 공수의 요점으로서 우하의 白이 위협을 느낀다.

白1에 대하여 黑a의 침투는 白3이 우변의 黑에 영향력을 행사하고 있는 관계로 두렵지 않다.

黑2의 달리기가 20집에 가까운 큰 끝내기.

그러므로 3을 두는 것이 1과 관련된 요점으로서 黑4로 모양을 갖추고 중반전에 돌입하지만 포석이란 이런 것이라고 생각하며 돌의 흐름을 맛보기 바란다.

참고도5 좌상귀는 白이 1, 3으로 차지하는 것이 크다.

黑a가 20집에 상당하므로 포석의 초반에서 두기 바란다.

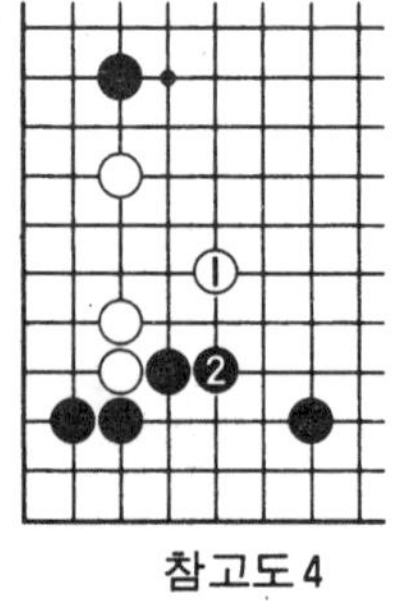
참고도4

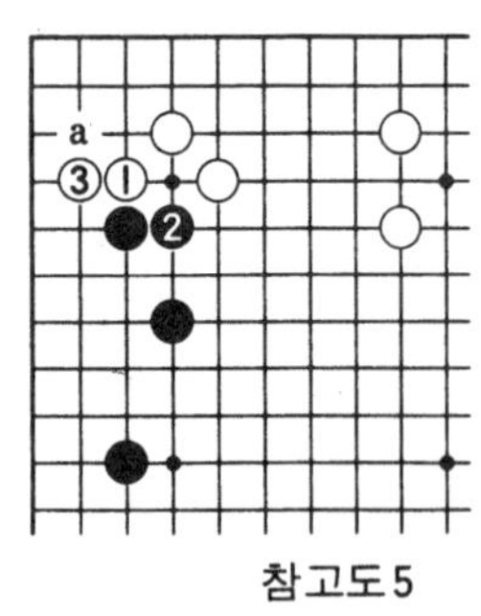

참고도5

제19형

포석 작전

○白번

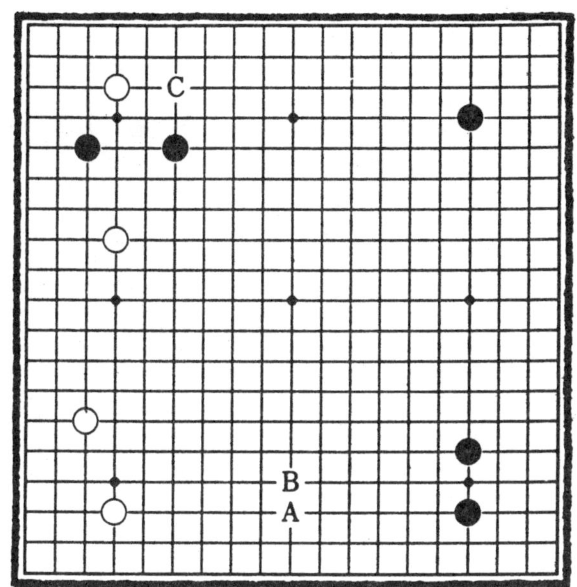

하변의 A, B가 포석의 쟁점이 되고 있지만 단순히 白B면 黑C로 불리하다.

참고도(黑의 계략)

좌상귀는 2칸높은 협공정석으로서 白이 평범히 2칸 뛰면 黑4로 쟁점을 차지하여 대세에 뒤지게 된다. 즉, 黑4는 쌍방이 등을 대고 대치하는 중심점이다.

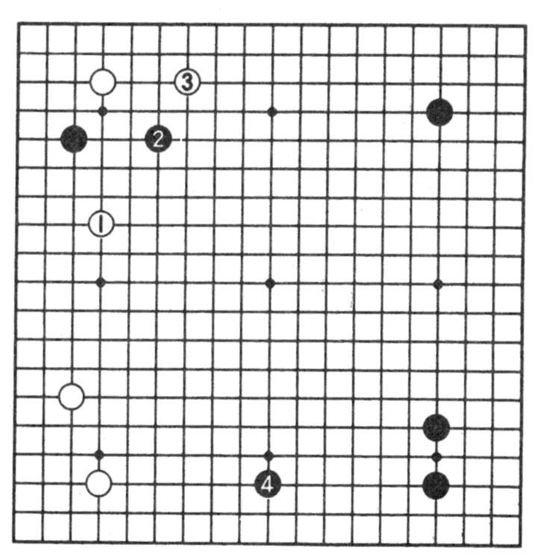

참고도

정해도(白의 포석 구상)

白1, 3의 붙임수가 적절한 수법이다.

黑8일 때 白9로 잡는 것이 확실한 수로서 黑도 10으로 두며 안정되지만 白은 11의 쟁점을 차지하고 목적을 달성하였다.

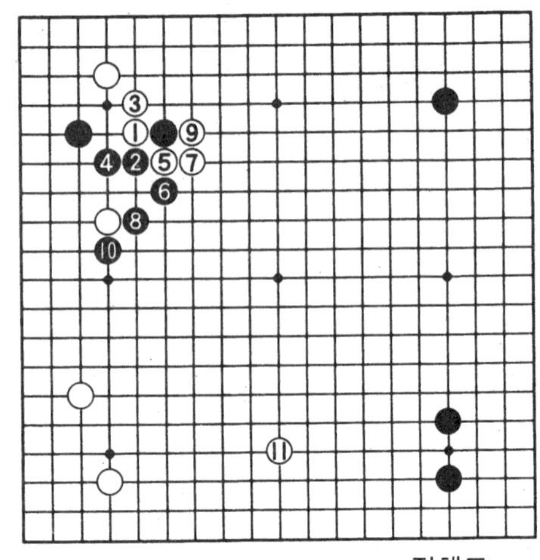

정해도

그림1 정해도의 白9를 생략하고 하변의 큰 자리에 白1로 향하는 것은 즉시 黑2의 수단이 성립한다.

黑2는 이 경우의 맥이며 이하 黑8까지는 정형이지만 黑은 白 2점의 움직임을 제약하고 우변을 노리고 있다.

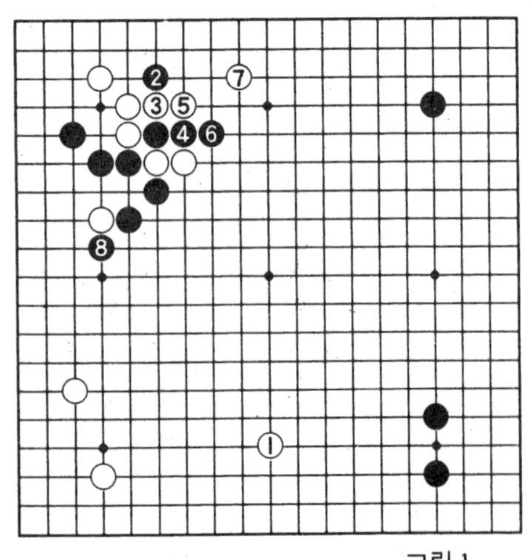

그림 1

그림2 앞 그림의 黑8로써는 黑2의 뛰기, 또는 a로 두고 白 2점을 잡는 것도 두터운 정석이다.

白은 우변의 절호점인 3에 갈라치기를 하고 黑은 4의 육박을 활용하여 6의 침투로 도는 호흡이 최선.

黑6은 目자굳힘에 대한 급소이다.

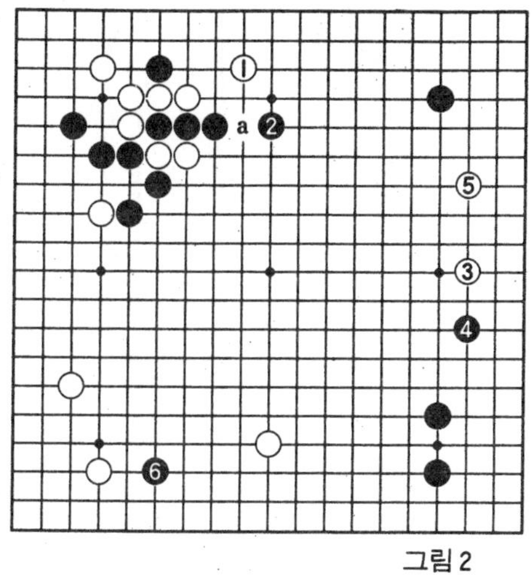

그림 2

그림3 앞 그림의 참고. ▲의 노림수는 다음에 a로 붙여 귀를 파괴하거나 b로 삭감하는 수를 보고 있다.

白이 지키는 모양은 b, c, d의 3점이다.

좌변은 黑이 e, 白은 f로 두게 된다.

상변은 △에 낮게 구축하고 있으므로 급하지 않다.

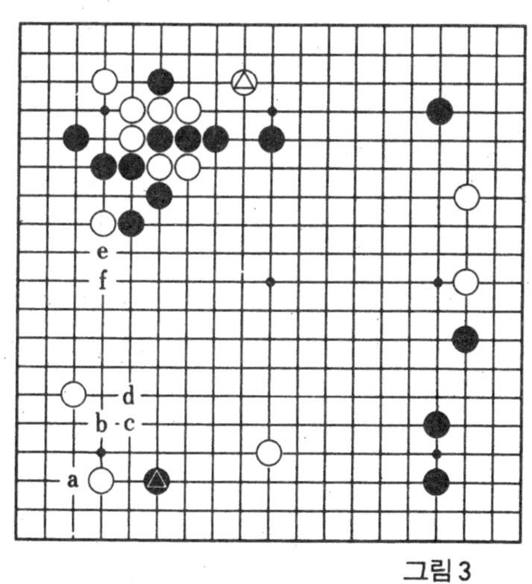

그림 3

제20형

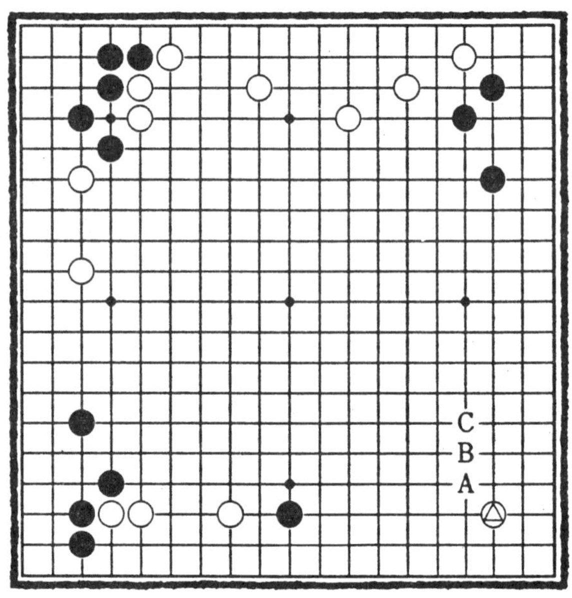

걸치기의 선택

●黑번

黑은 우하귀의 ◬에 걸치고 싶은데 A, B, C 3점 가운데 어는 것이 적절한가?

참고도(黑은 연구하지 않았다)

부드러운 착상을 한다면 ▲을 활용하여 黑1로 걸치고 白2의 받기에 黑3의 日자로 둘러싸게 되는데 白도 4로 벌리고 쌍방이 훌륭한 구축이다.

그러나 이 결과는 白의 멋진 국면이다.

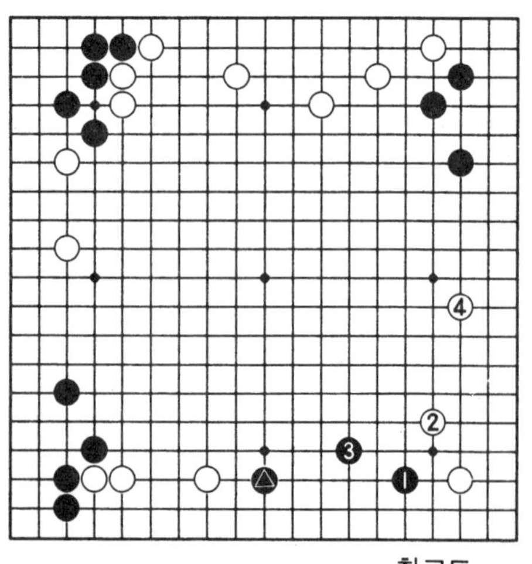

참고도

정해도(우변의 개척이 초점)

이 국면은 黑1의 걸치기가 밸런스 감각이다.

白2의 받기를 기다려 黑3으로 구축하는 구도가 우변의 처녀지를 黑 모양화하는 구상으로서 최선이다.

白2의 벌리기를 생략하는 것은 黑a가 준엄하다.

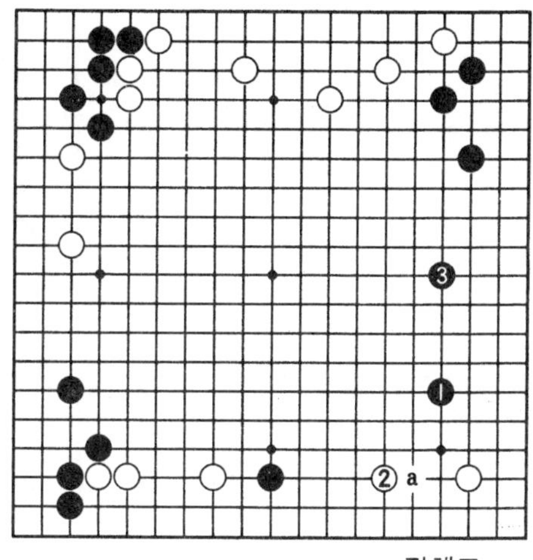

정해도

그림1 정해도는 黑의 견실한 포석 구상이지만 보다 적극적인 방침을 취한다면 黑3으로 크게 육박하는 수법을 생각할 수 있다.

즉, ▲과 호응하여 좌하귀의 白을 노리면서 우변을 정리하려는 작전.

黑9까지를 상정하고 공격을 계속한다.

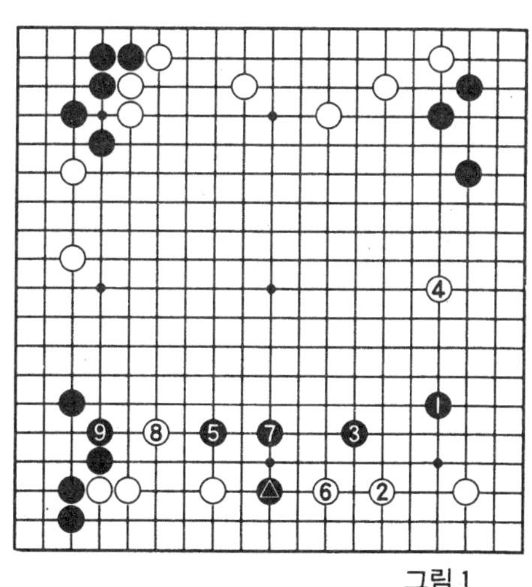

그림1

그림2 黑1의 씌우기가 공격의 급소.

白2로 고개를 내밀어도 黑3으로 벗어나 좋지 않다.

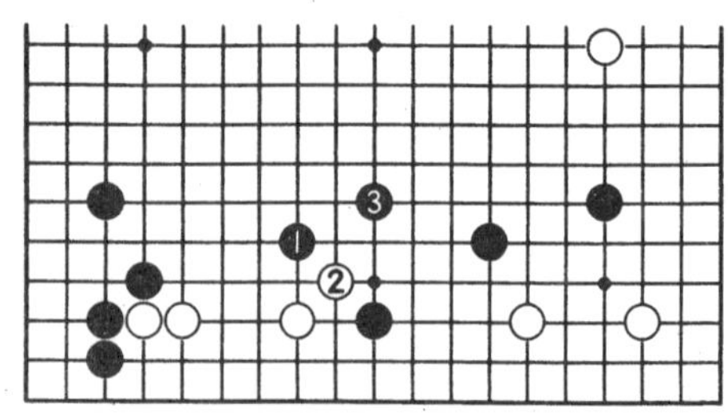
그림 2

그림3 그림1의 白8로써 1로 붙여도 건너가기는 성립되지 않는다.

黑2 이하의 반격으로 白은 분단될 운명에 있으므로 일단의 견디기는 괴로워진다.

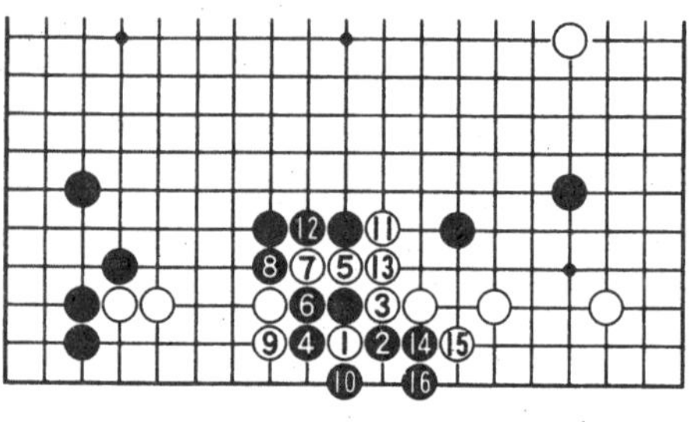
그림 3

그림4 黑1의 어깨짚기는 3三의 낮은 자리를 강조하는 가장 상식적인 수이지만 이 경우에는 白2, 4가 적절하다.

黑이 △을 살려 5, 7이라면 白6의 日자에서부터 8의 좋은 모양으로 우변은 白진이 된다.

黑7을 생략하면 白a가 준엄하다.

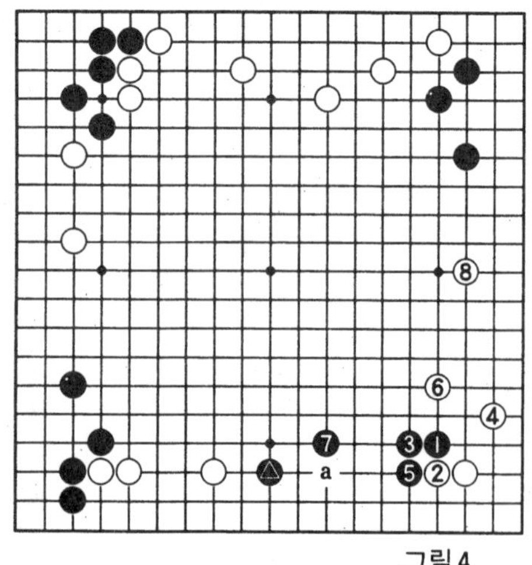

그림 4

그림5 黑1의 어깨짚기에 대하여 白2쪽으로 기면 黑5, 7이라는 변화가 되어 국면 구성은 전혀 다르게 되지만, 이 바둑은 우변이 초점이므로 白은 앞 그림이 좋다.

白2의 기는 방향이 흐름을 바꾸는 예이다.

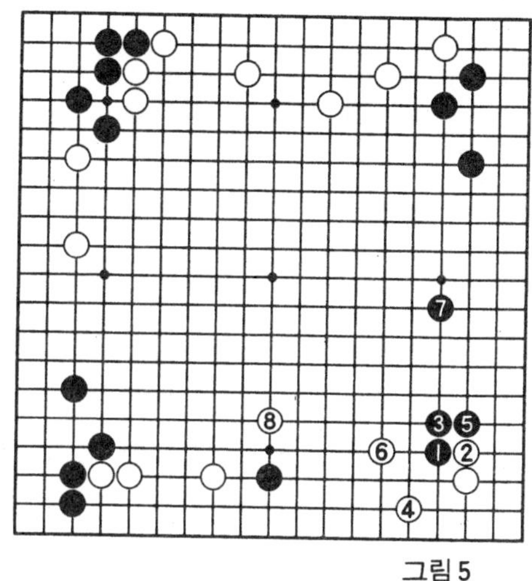

그림 5

그림6 黑1로 육박하는 것은 白2의 日자로 응수하는 좋은 수로서 黑의 계략을 깬다.

즉, 黑3으로 육박하여도 이번에는 白4의 밀기에서부터 8까지로 두터운 모습이어서 충분하다.

白a의 준엄한 수단이 남는다.

견고한 3三에는 정해도가 근대 수법.

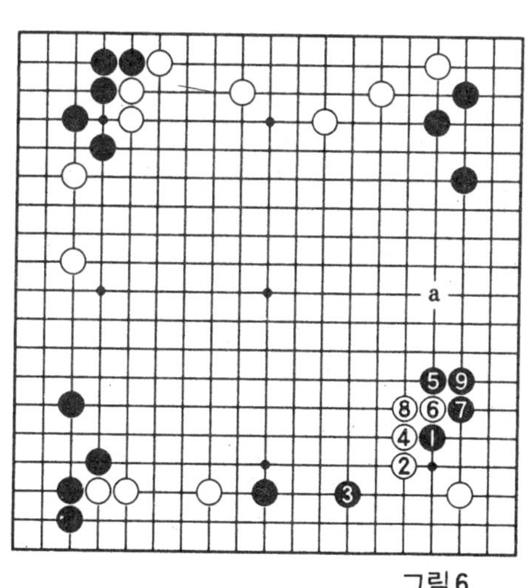

그림 6

축의 불가사의

축은 간단하지만 축머리란 참으로 알 수 없다.

축은 알 수 있지만 축머리는 착각하기 쉬우며, 심지어 프로도 얼핏 깨닫지 못하는 경우가 있다.

축이 나가는 방향으로 돌이 있으면 된다고 하는 것 뿐만 아니다. 그 모양에 따라서 축이 성립되지 않는 경우도 있기 때문에 축은 하나 하나 착실하게 읽을 필요가 있는 것이다.

白 a가 성립될 수 있는지 없는지 실제로 두어 보는것이 좋다.

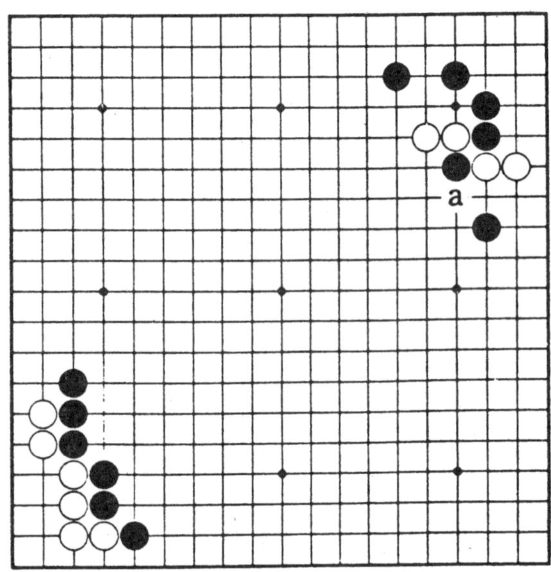

제 3 장

坂田바둑의 급소와 쟁점

중반전의 급소와 쟁점

1국의 바둑은 서반의 포석 작전, 중반의 공방 전투, 종반의 끝내기 등 3단계로 구성되는데, 이것이 승패를 결정하는 비율은 종래의 데이타로 본다면 3:6:1의 비율로 되고 있다.

이것으로 포석의 교졸이나 중반이 지니고 있는 의미를 잘 알 수 있다. 그러나 이 3가지는 포석을 하고 난 다음의 전투이며, 전투를 마치고 나서 끝내기를 하는 이상 모두가 관련성이 있으므로 절대적인 것이 아니다. 각자의 장기와 기풍에 따라 달라지는 것이다.

그러면 이 강좌에서는 서반에서부터 중반에 걸쳐서 전개되는 급소와 쟁점을 연구하여 보기로 한다.

내가 실전에서 겪었던 국면을 주제로 하였는데, 예로 든 바둑의 결단은 어떻게 해서 생겨났는지 알아 보기 바란다.

범　례

1. 원형의 문제도는 원칙적으로 나의 수법으로 통일하고 있다.
2. 대국자의 단위 및 성함은 대국 당시의 것이다.
3. 각 문제마다 모두 하단에 「참고도」를 소개하고 정해는 뒷 페이지에 기재하였다.
4. 해설은 실전에서 두었던 수순에 따라 그림1, 그림2, 그림3으로 진행하고 있다.
5. 변화는 참고도로 소개하고 있다.

제 1 형

정석과 구도

○白번

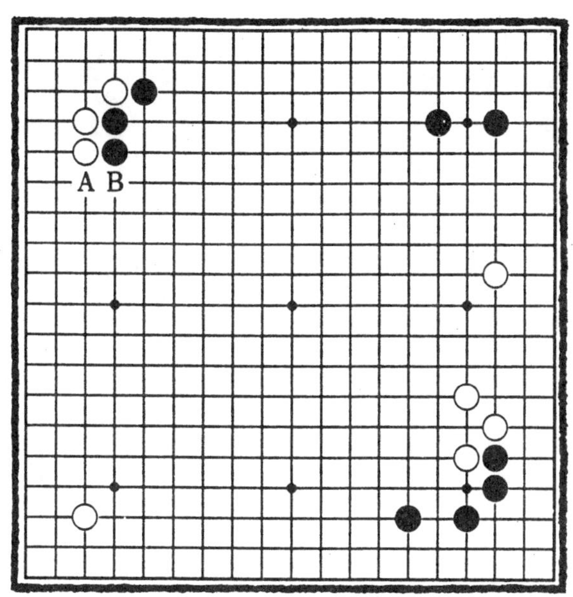

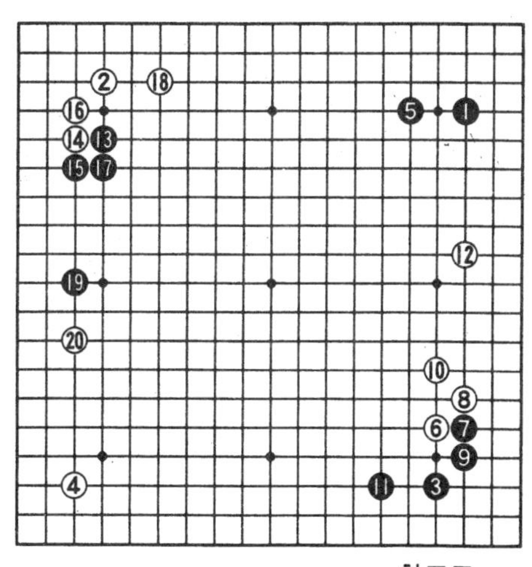

참고도

黑・藤沢秀行 9 단

좌상귀의 밀어붙이기 모양은 우상귀의 1칸굳힘과 호응한 구상이지만 **참고도**도 1국이다.

그런데 白은 A의 큰 밀어붙이기나 B의 작은 밀어붙이기를 선택하겠지만 여기서 적절한 구도를 상정하기 바란다.

정해도(한 세트의 정석)

▲의 국면 구성에 주목하고, 白1의 작은 밀어붙이기 정석이 적절하다고 판단한다. 그러면 黑14까지 일단락.

이어서 白15의 걸치기로 도는 것이 포인트로서 이것을 한 세트로 한 것이 정석 효과이다.

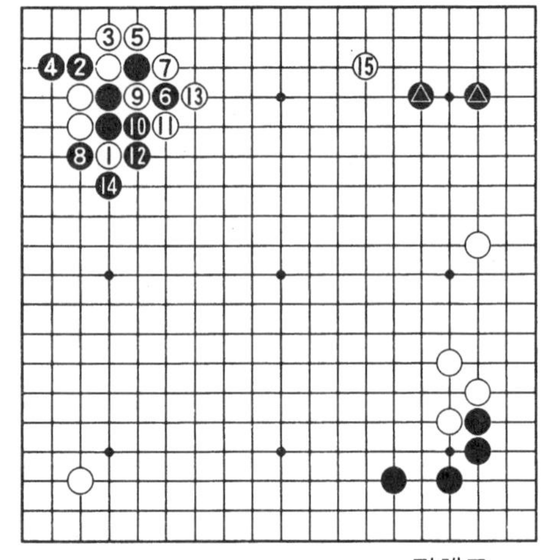

정해도

참고도1 黑으로서는 1로 전개하고 싶으나 白2로 뻗고 나와 곤란하다.

黑3 이하 11까지는 봉쇄를 꺼린 기본형이지만 白14의 구축이 되어 좌변의 모양은 이상형이다.

黑1로 호점을 선점한 댓가가 너무 크다.

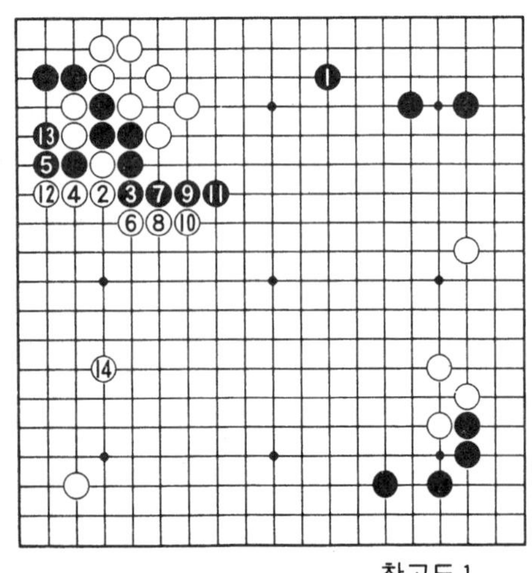

참고도1

참고도2 포석은 고저의 밸런스 감각에 있다는 점에서, 白1로 뛰는 것은 아래쪽이 a가 아닌 △의 낮은 자리로 중복되고 있으므로 마음이 내키지 않는다.

黑은 b로 난해한 밀어붙이기 정석을 둘 필요가 없으며 2, 4로 중심점을 차지하는 구도로서 ▲이 빛난다.

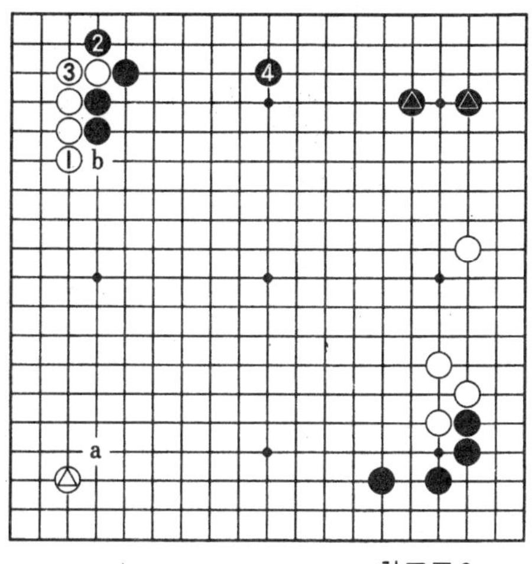

참고도2

참고도3 ▲의 구축에 대하여는 白1로 침략을 도모하지만 이 속전의 모양은 黑이 환영한다.

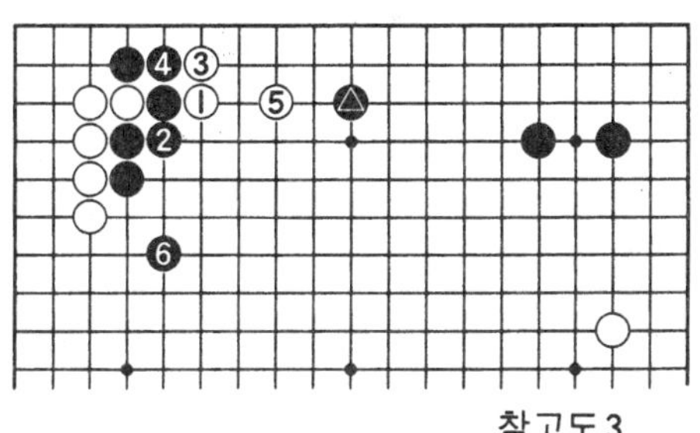

참고도3

참고도4 상변은 黑1의 호구치기로서 모습을 갖추는 것도 훌륭한 작전이다. 白2면 黑3으로 육박하고 白2로써 a면 黑b로 육박하여 리드한다.

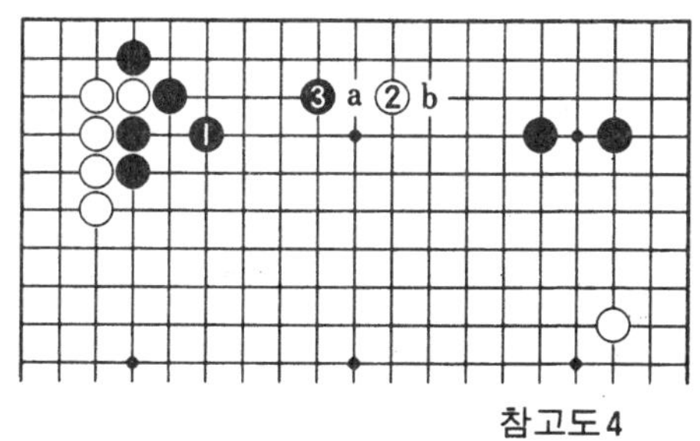

참고도4

그림1(육박)

黑1의 육박은 경시할 수 없는 급소로서 준엄한 3의 침투와 일체를 이루는 작전이다.

白2는 黑의 두터운 맛을 삭감하는 요점.

白은 ◬과 관련하여 쟁점을 양쪽에서 둔 구도에 만족한다.

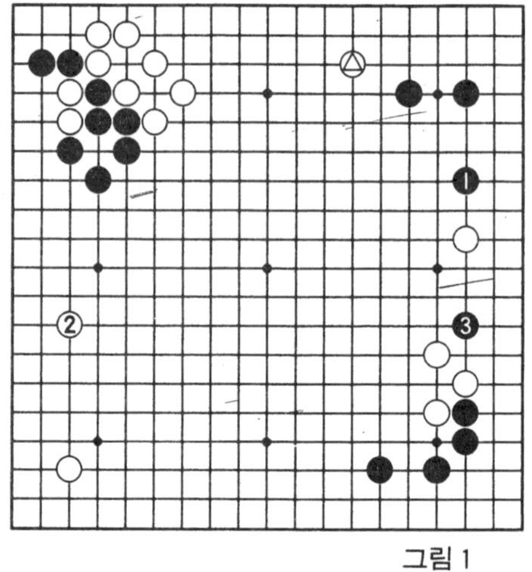

그림 1

그림2(맥과 모양의 공방)

▲로 침투하여 중반으로 돌입하였다.

白1은 당연한 응수로서, 이하 11까지 맥과 모양의 공방으로서 일단락되었지만 이 모양이 형성된 이면에는 정석서에 수록한 무수한 변화가 숨겨져 있다.

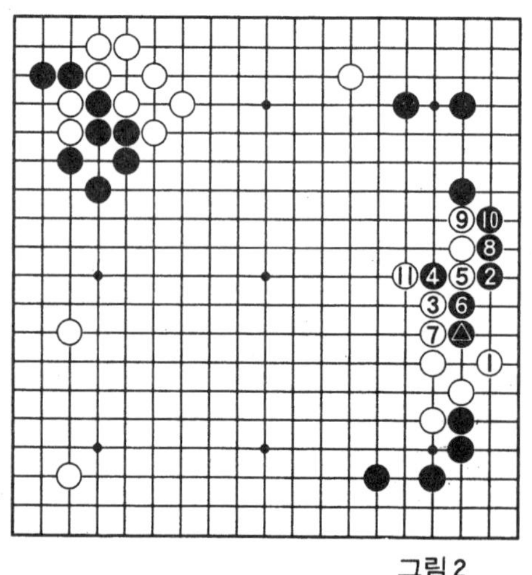

그림 2

제 2 형

노림수와 전술

●黑번

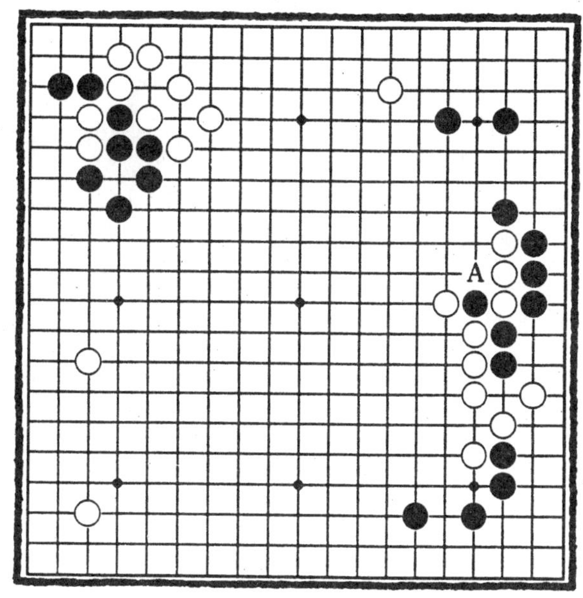

黑・藤沢秀行 9 단

앞의 모양의 연장인데, 국면의 초점은 黑a에 있다.

그러나 당장에 움직이는 것은 참고도로서 黑이 불리하다.

黑은 그 노림수를 위한 사전 공작을 하는데 과연 어떤 전술이 유력한가?

참고도 당장에 黑1로 끌고 나오는 것은 白8까지가 되어 a와 b가 맞보기가 된다.

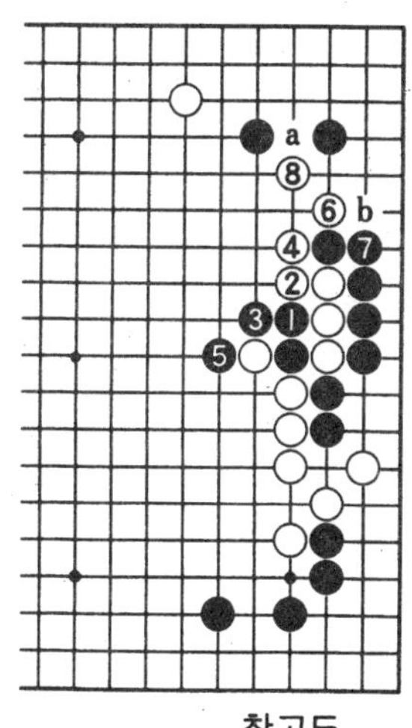

참고도

정해도(노림수를 복선으로)

黑1, 3의 절단이 급소를 찌르는 감각으로 11의 노림수를 결행하는 사전 공작이 된다.

白4는 최강의 저항이지만 黑5의 연결이 좋은 수로서 9까지 활용하고 11을 결행하는 호흡이다.

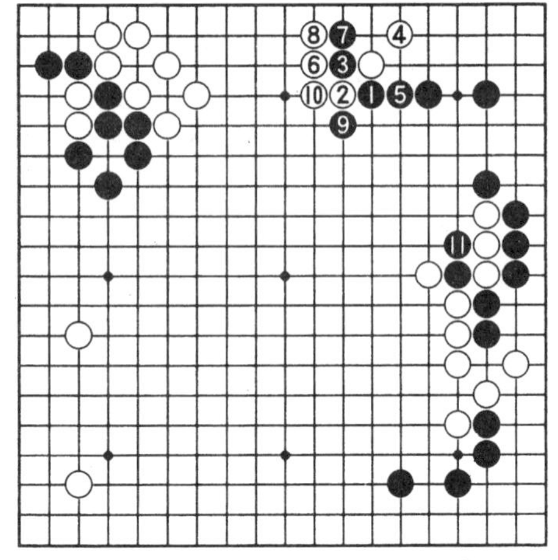
정해도

참고도1 黑의 절단에 대하여 白1, 3은 속수의 견본이다.

이것은 黑6으로 2점으로 키워 버리는 수로서 12까지로 활용당하여 괴롭다.

그리고 黑14의 노림수로 돌면 위쪽의 벽이 위력을 발휘하여 白 3점의 구출은 불가능하다.

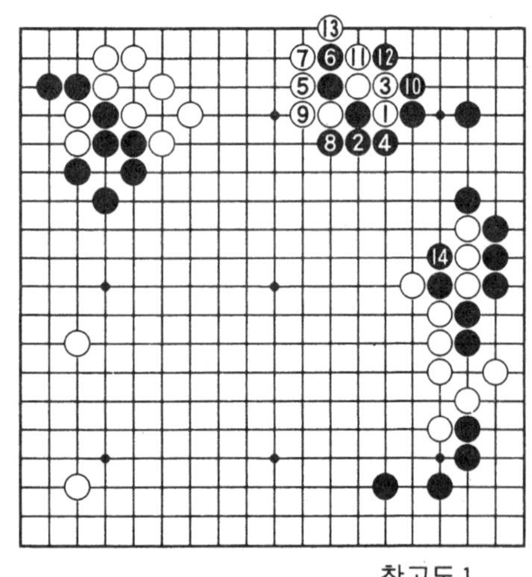
참고도1

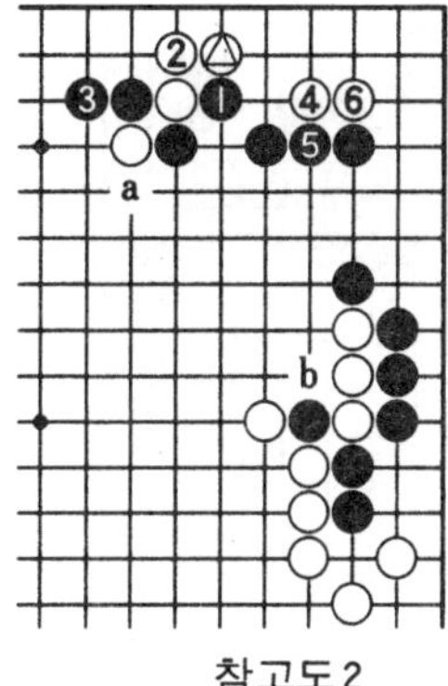

참고도2

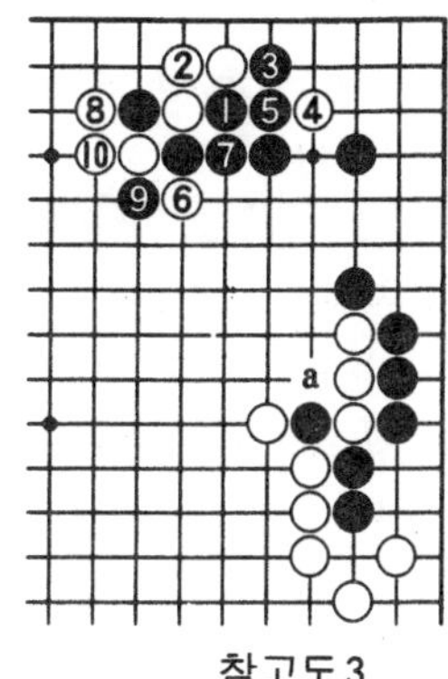

참고도3

참고도2 △의 저항에 대하여 黑1, 3으로 강하게 역습하는 것은 白4, 6으로 귀를 차지하여 불리하고 黑a의 축도 불리하므로 상변의 2점이 무거워지면 黑b의 노림도 실패한다.

참고도3 黑1, 3에는 白4, 6을 활용하여 10이 되지만 黑a로 나오면 6의 절단으로 마음대로 되지 않는 것이 고민이다.

그림1 (白을 잡는 수가 있었다)

白3으로 나오며 격전이 벌어지는데 白13의 호구치기로 기세는 白이 호전되었다.

즉, 白이 상변에서 맛좋게 실리를 차지하고 난 다음의 처리이므로 黑의 불만이라는 판단이다.

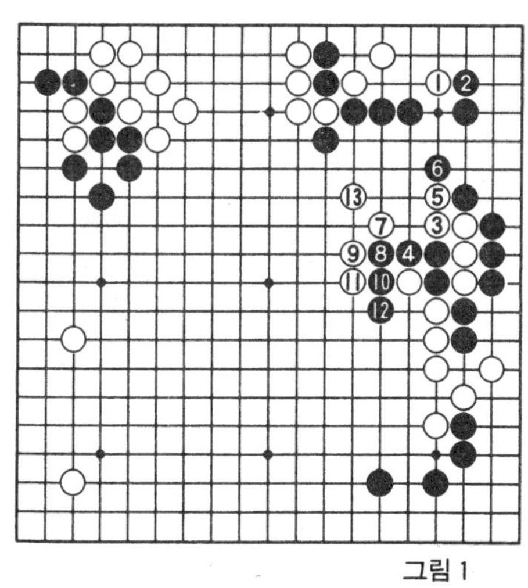
그림 1

참고도4 그림1의 黑6으로써 1로 배후를 누르면 이 白은 잡힌다.

白2 이하로 탈출을 시도하여도 견고하게 응수하고 黑9가 급소의 1수이다.

참고도5 계속해서 白1에는 黑4로 완전 봉쇄하고 수싸움이다.

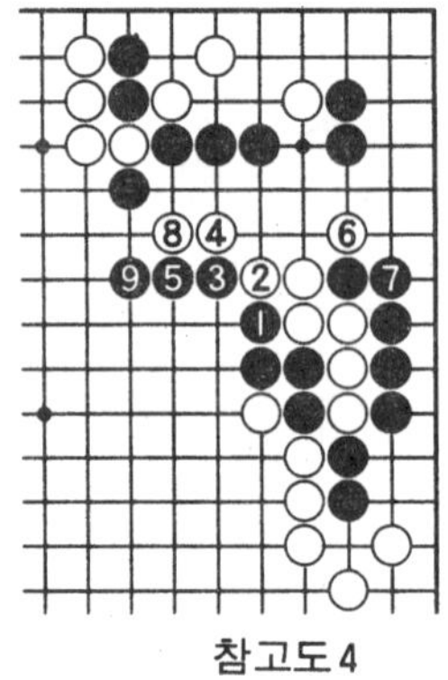
참고도4

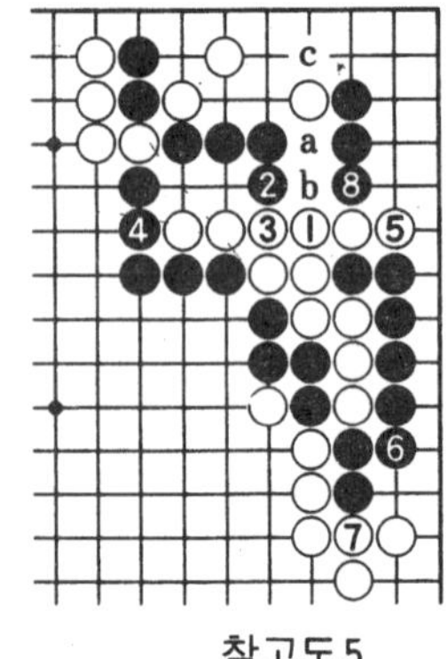

참고도5

白5에는 黑6의 연결이 모양의 급소로서, 黑이 1수 이긴 모양이다.

白7로써 a, 黑b 白8에는 黑c의 축이 준비되고 있으므로 만약의 경우에 대비한다.

참고도6 참고도4의 黑9가 급소인 이유는, 잡는 것을 서둘고 黑1에 두면 白4 이하 10까지의 축이 성립되기 때문이다.

참고도7 참고도5의 黑6이 급소인 까닭은, 간단하게 생각해서 黑2 쪽에서 육박하면 白3으로 절단하고 조여 일거에 2수를 줄이는 계산이 된다.

白7까지 역전하고 白이 1수승이다.

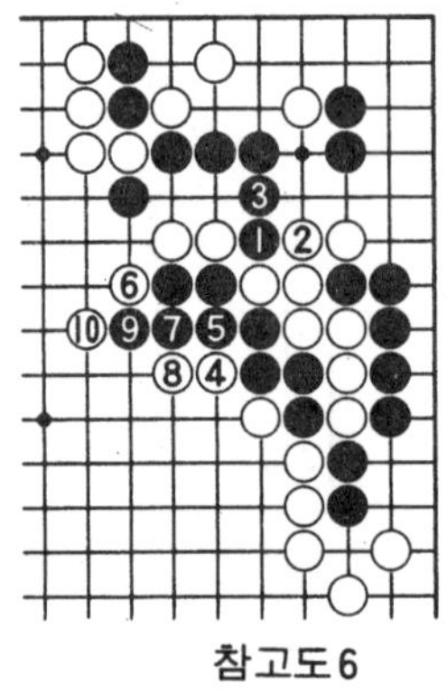
참고도6

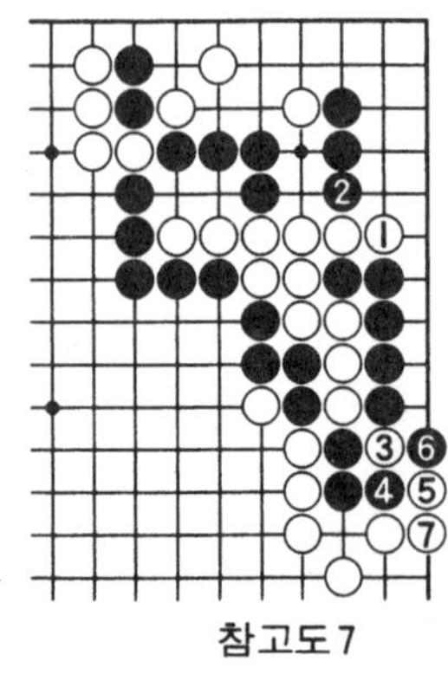
참고도7

제 3 형

연속되고 있는 쟁점

●黑번

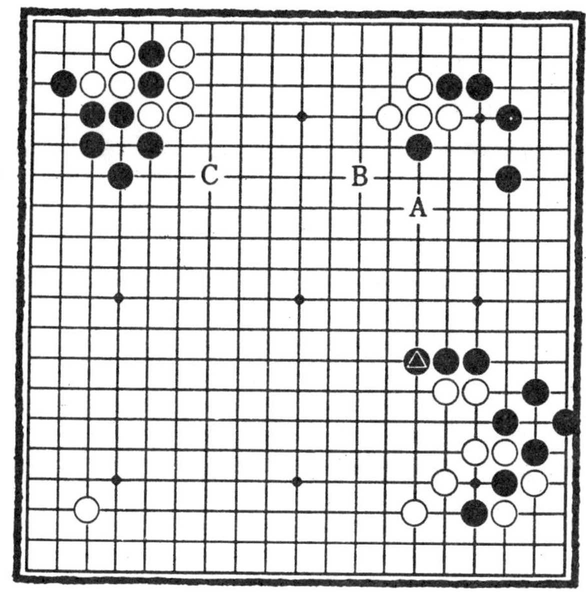

黑 · 橋本昌二 9단

黑의 작전은 ◭을 살려 상변의 쟁점으로 도는 것인데 A, B, C 가운데에서 다음의 1수를 선택하기 바란다.

또한 3수 앞의 구도도 중요하다.

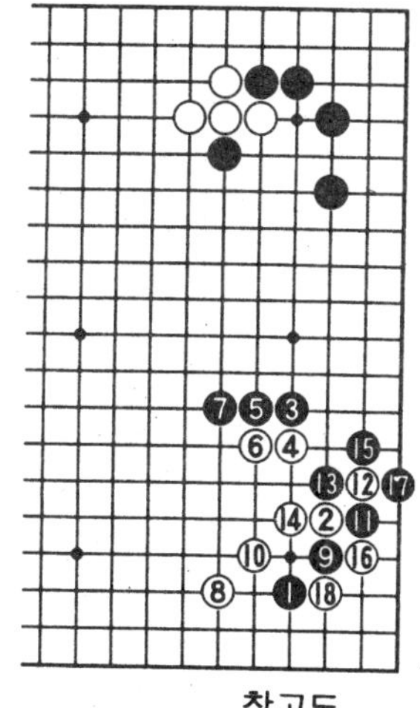
참고도

참고도 黑1 이하의 공방은 상변을 염두에 두고 있는 것이다.

白18까지 재미있게 변화되었는데 다음의 1수가 초점이다.

정해도(모양의 급소)

黑1의 구축이 급소의 1수. 여기에 선착하지 않으면 우하귀의 바꿔치기 작전이 실패한다.

이것으로 우변은 대체로 확정지가 완성되었다.

白4 黑5의 日자가 모두 쟁점이다.

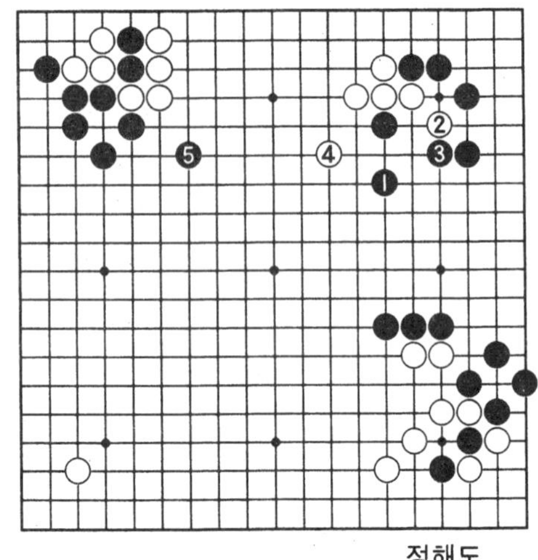
정해도

참고도1 반대로 白1의 급소를 차지하면 ▲의 위력이 반감하고, 黑a로 굴복하면 견딜 수 없는 모습이다.

참고도2 白1로 둘러싸고 ▲와 관련된 침투에 대비하는 것은 후수로서 매우 괴롭다.

정해도가 정착.

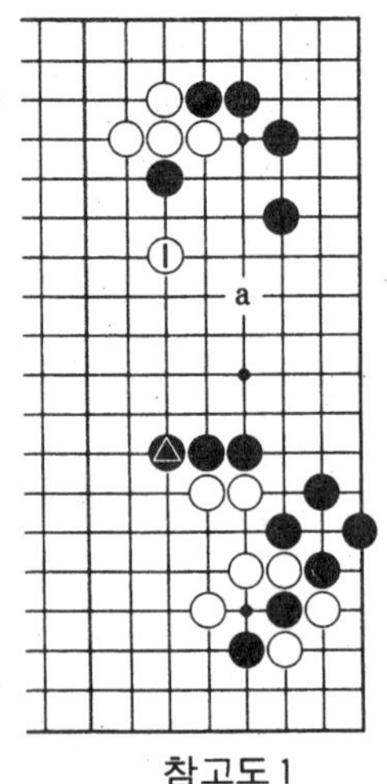
참고도1

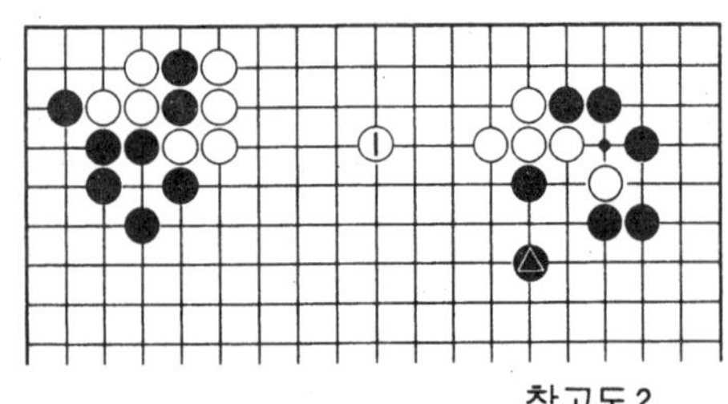
참고도2

제 4 형

요충의 공방

○白번

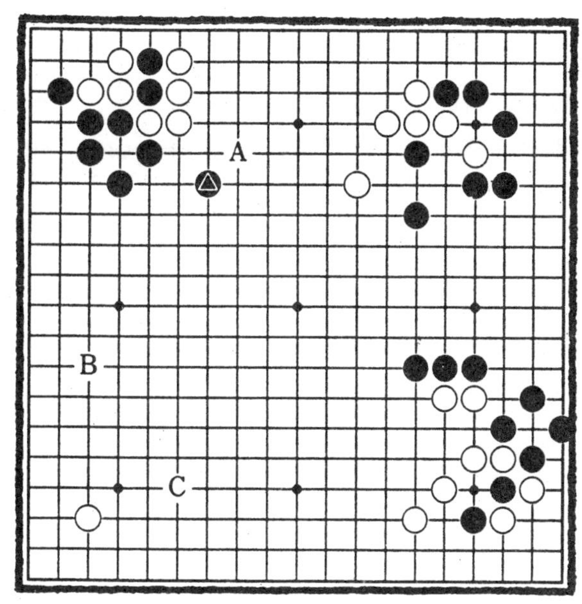

黑・橋本昌二 9단

앞 모양의 연장 ▲은 상변의 삭감과 좌변으로 발전하기 위한 호착이다. 이에 대응하는 白은 A, B, C의 3점 가운데에서 쟁점을 선정한다.

다음에는?

참고도 문제도의 ▲로 B에 전개하면 이 그림의 白1의 日자가 절호점이 되어 상변의 白집이 크게 부푼다.

어쨌든 △나 1의 日자는 경쾌한 모양으로 세력 삭감의 요충이 된다는 것을 이해하기 바란다.

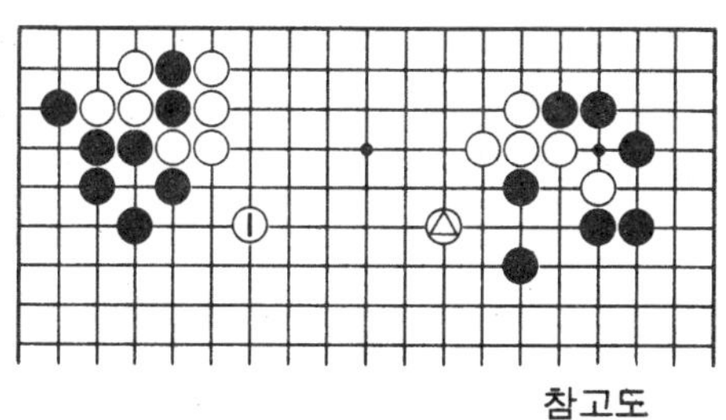

참고도

정해도(자연스런 돌의 흐름)

상변을 에워싸고 있는 요충을 서로 차지하면 이에 계속하여 白1의 벌리기가 쟁점이 된다.

黑2로 걸치고 4로 구축하는 것이 때와 장소를 이용한 밸런스 작전으로서 포석의 사고 방식에 합치된다.

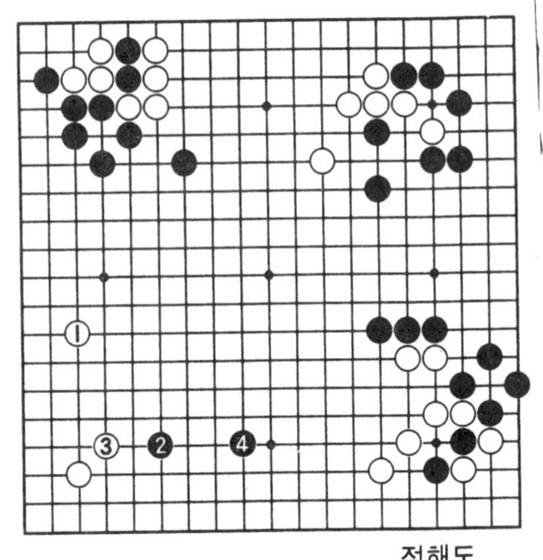

정해도

참고도1 白1로 둘러싸는 것도 눈에 띄는 큰 곳.

그러나 黑2에서부터 4로 전개하는 것이 이상적인 모양이 된다.

白5에는 黑6으로서 이 싸움에서는 黑이 유리하므로 이 구도를 피하고 정해도의 구상이 떠오르는 것이다.

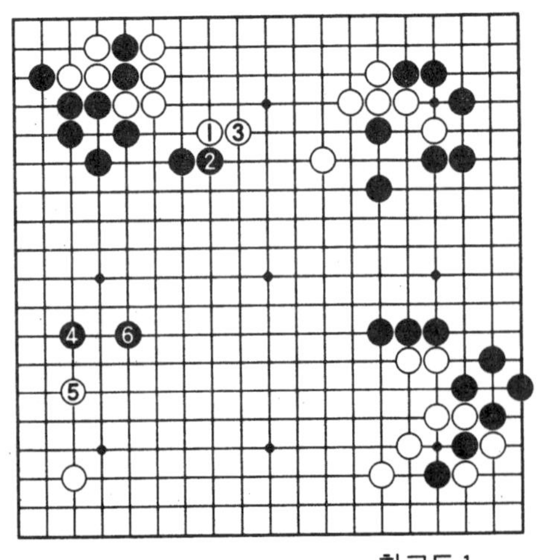

참고도1

그림1(중요한 돌의 리듬 감각)

黑이 하변에 근거를 구축하면 이에 대응하여 白1로 귀의 맛을 해소시키는 것이 돌의 리듬이다.

이어서 대망의 黑2로 도는 호흡이 좋으며, ▲으로 시작한 공방은 黑이 만족할 수 있는 구도라고 할 수 있다.

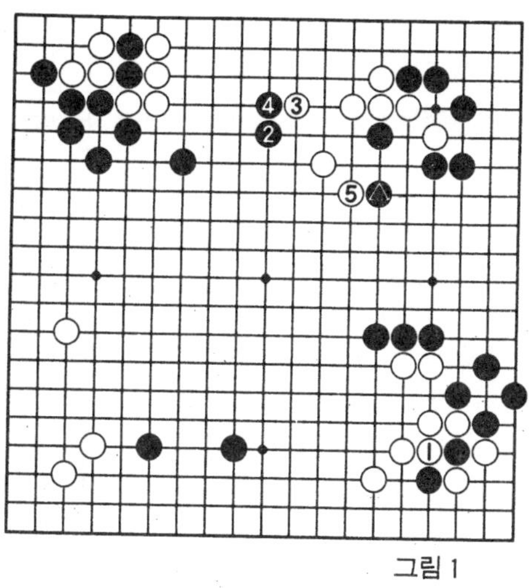

그림 1

참고도2 ▲에 응수하지 않고 白1로 상변을 둘러싸는 것도 큰 수이다.

그러나 즉시 黑4 이하 우하귀를 노리는 수가 성립하여 白13을 생략할 수 없으므로 괴롭다.

黑14의 육박으로 돌고 黑은 순조롭다.

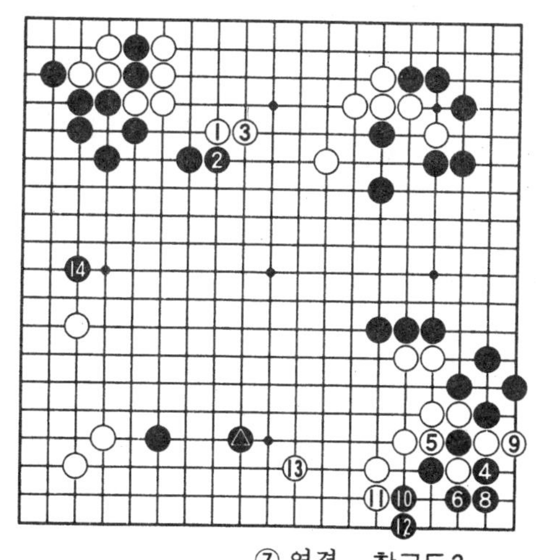

⑦ 연결 참고도2

참고도3 黑1로 우변에 육박하면 △과 ▲의 교환이 악수가 된다.

이 교환이 없으면,

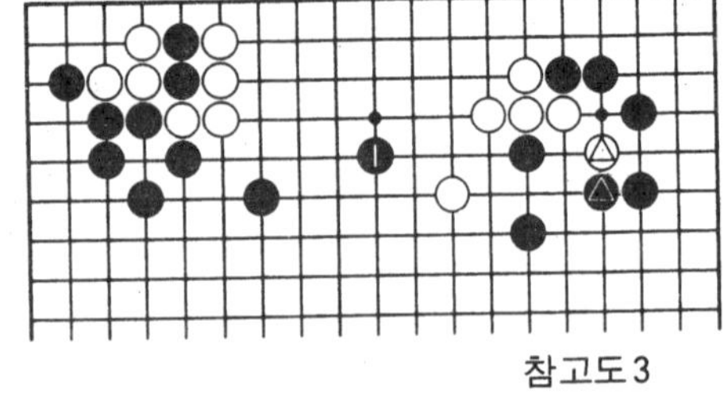

참고도3

참고도4 黑1로 육박한 순간 白2로 들여다보는 것이 절호의 찬스로서, 黑3이라면 白6까지의 반격이 성립.

黑3으로 a라면 白3으로 견디는 모양이다.

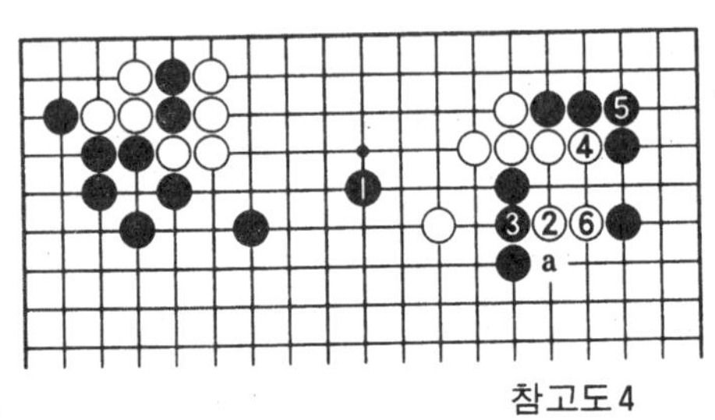

참고도4

그림2(실리 대 모양의 대항)

黑1의 연결이 공격을 강조한 정착이다.

白2의 젖힘수에 黑3으로 급소에 두고 白6까지 건너가게 한 것은 黑의 기정 방침으로서 黑7의 봉쇄로 돌면 충분하다고 형세 판단을 하고 있다.

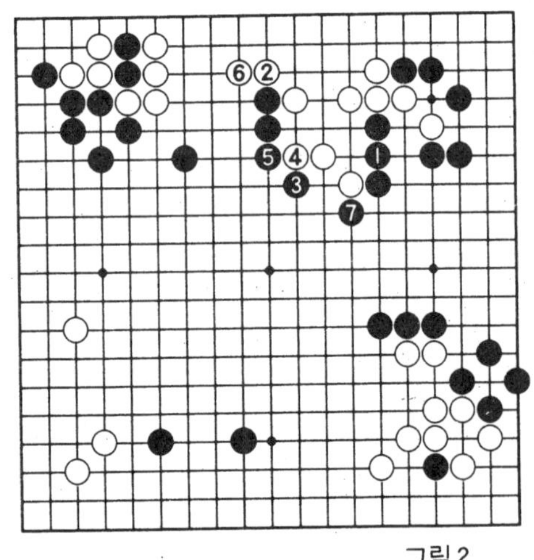

그림2

제 5 형

조화의 급소

○白번

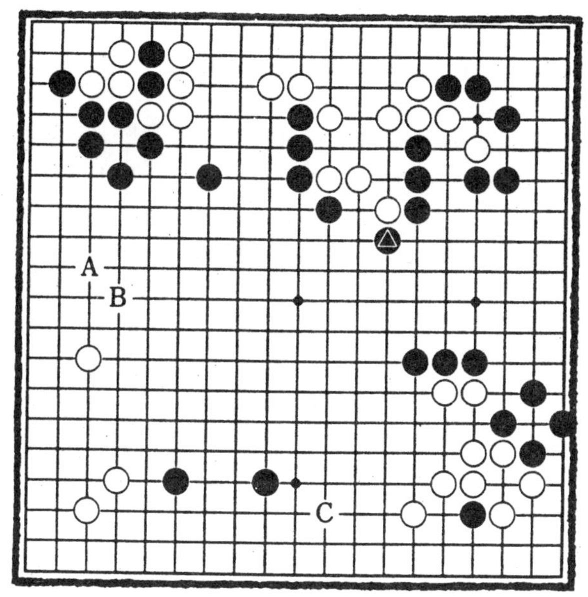

黑・橋本昌二 9단

앞 모양의 연장. 黑의 중앙 구상이 구체화되고 있다.

白이 급소를 선정하려면 A, B, C 가운데 어디가 적절한 착점인가?

참고도 문제도의 ▲에 의하여 저지당한 것이 괴롭다고 하여 白1로 뻗는 것은 문제.

黑2 이하 白7까지를 기하고 黑8의 노림수가 생긴다.

이어서 白a 黑b 白c는 黑d로서 좌상의 白이 위험하다.

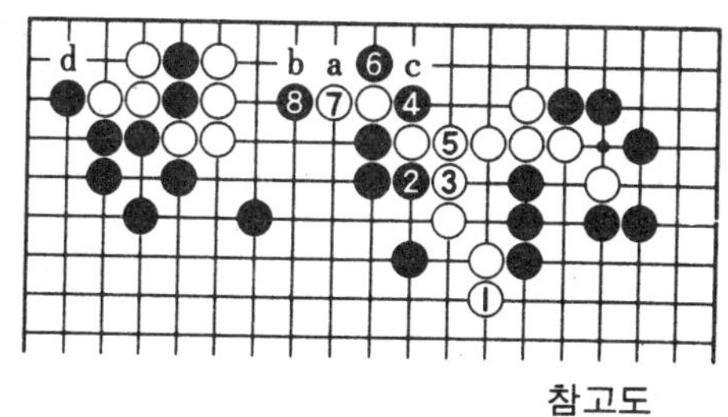

참고도

정해도(중앙 중시의 착상)

白1로 구축하는 수가 조화를 도모하는 급소이다.

얼핏 보면 거리가 먼 것 같지만 黑의 중앙 작전을 고려하여 지구전(持久戰)의 모양으로 유도한다.

黑2, 4에 대하여는 白5, 7로 결정한다.

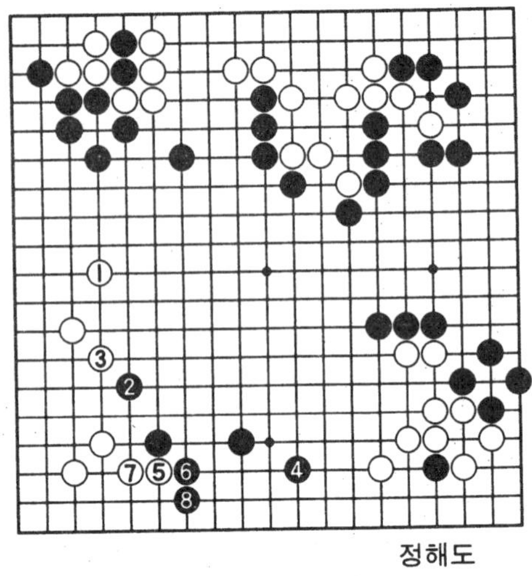

정해도

참고도1 白1의 2칸벌리기는 실패.

즉, 낮은 모양이므로 재빨리 黑2, 4로 공작하여 중앙 작전이 유력해지는 것이다.

하변의 白a 등은 黑6의 씌우기로 낙제.

본국의 포인트는 중앙에 있다.

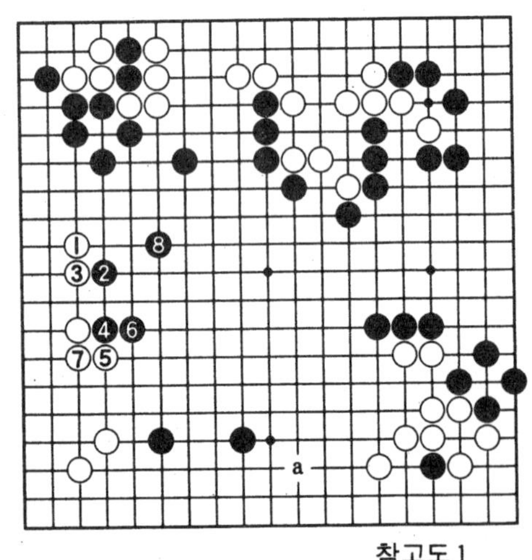

참고도1

참고도2 정해도의 黑4로써는 1로(路) 넓게 1로 벌리는 것도 하나의 방안이었다.

이것이라면 白은 a로 붙이지 않고 2로 침투하게 되므로 黑3, 5를 두고 9로 넓히는 것이다.

이것으로 중앙을 어느 정도로 정리할 수 있느냐 하는 것이 승부에 관계된다.

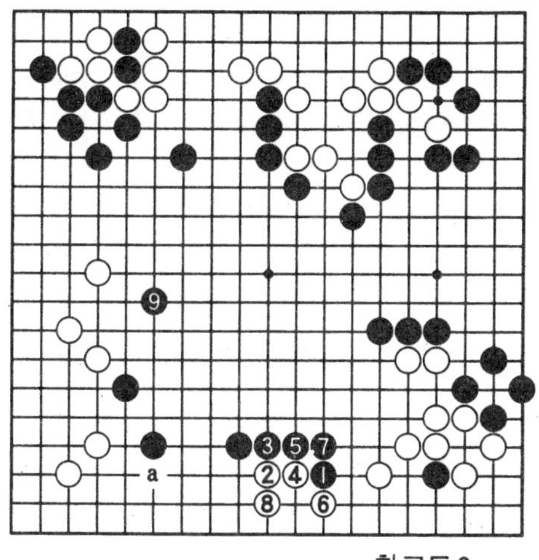

참고도2

그림1 (급소가 아리송한 국면)

白1은 실질적으로 크다.

지금 국면의 초점은 중앙에 있지만 우선 실리를 거두고 黑에 1수를 더 두게 한 다음 삭감으로 향하는 것이 白의 작전.

黑2로써는 3이나 a로 지킬 것인가를 망설인다.

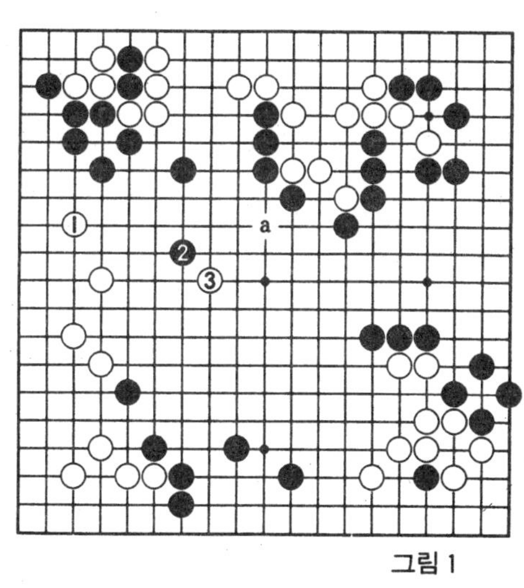

그림 1

그림2(공격과 타개)

공격 목표인 △에 대응하려면 黑1에서부터 5까지로 상대에게 기대면서 퇴로를 차단하는 것이 상도로서, 처리할 여유를 주지 않고 포위하는 것이다.

그러므로 △은 생환할 수 없으며, 예를 들어 白a는 黑b로 절망.

따라서 白은 c, d의 결함을 찌르고 처리의 근거를 포착할 수 있게 된다.

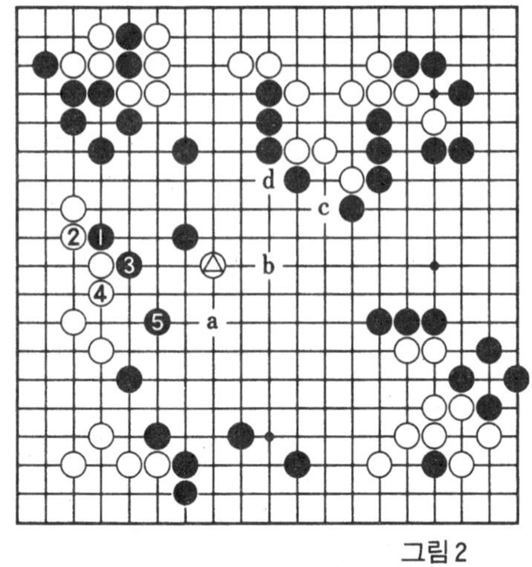

그림 2

참고도3 그림2의 黑1로써 그림과 같이 공격하는 것은 오히려 白2, 4로 처리할 여유를 준다.

白a의 맞이 있어 黑은 공격할 수 없다.

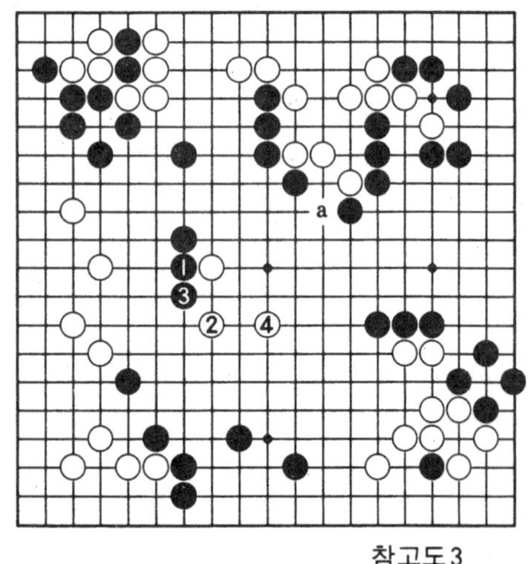

참고도 3

제 6 형

쟁점의 선택

●黑번

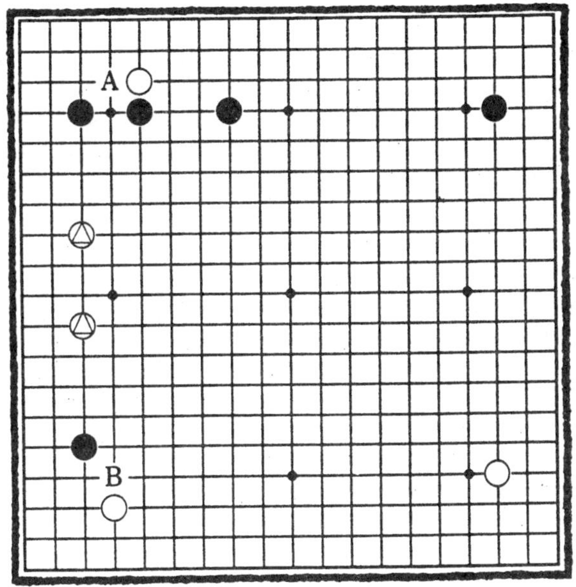

白·木谷実9단

白은 ◬로 구축하고 여유 있는 포석 작전을 전개하였는데 黑은 A, B 가운데 어느 곳을 선택하는가?

간단한 구도를 상정하여 주기 바란다.

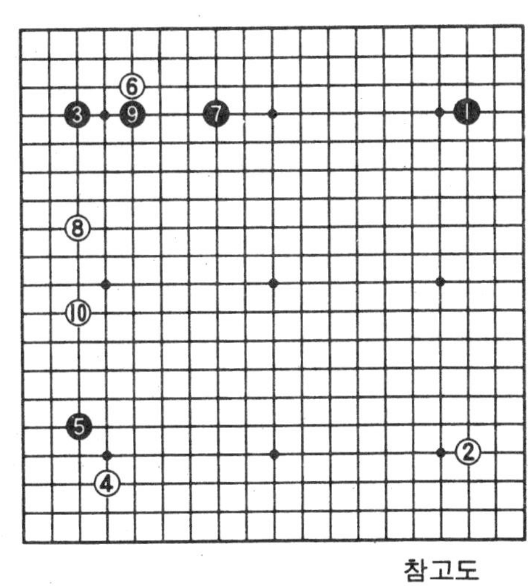

참고도

참고도 白8, 10의 취향이 포인트이다.

정해도(간명한 상정도)

黑1의 누르기가 급소로서 △을 제압한다.

黑은 좌변의 白 2점의 벌리기로 바꿔치기를 하였으므로 1로 모양을 결정하는 것은 당연하다.

白2, 4가 木谷류로 일관된 방침을 구체화한 것.

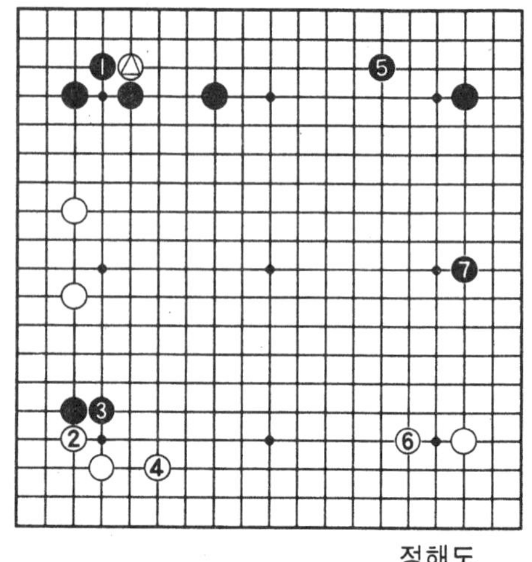

정해도

참고도1 黑1의 口자붙임도 유력한 착상.

白2 이하 6의 정석을 기하고 黑7로 도는 작전이지만 이 구도는 독선적이며 함정이 있다.

참고도2 白은 1로 변화하는 임기응변의 수가 있다는 것을 알아야 한다. 黑6까지를 교환하고 선수로 白7의 급소로 돈다.

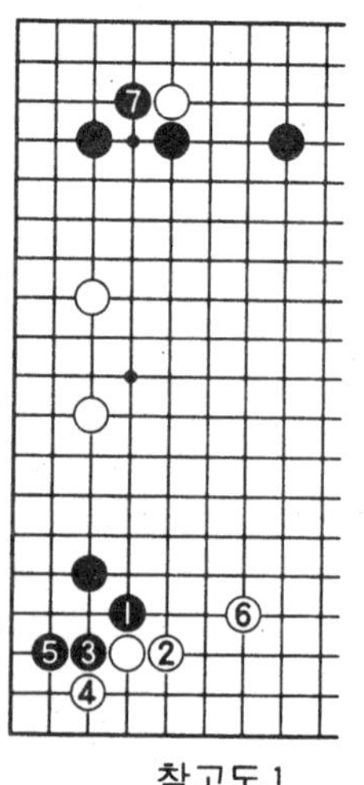

참고도1

참고도2

참고도3 白1, 3의 기기가 급소.

여기서 黑2 이하의 기본형을 상정하면 白13까지로 안정되어 白의 포석은 성공이다.

즉, 白은 좌변에서부터 좌하귀로, 그리고 다시 좌상귀에 두게 된다.

좌변의 세력도 ◬에 의하여 약화된다.

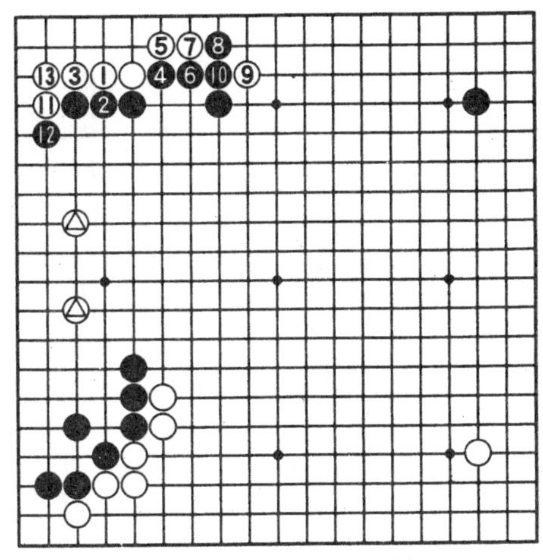

참고도3

참고도4 정해도 白4의 1칸뛰기는 木谷류의 표현이다.

보통은 1의 日자이지만, 黑2 다음에 黑a의 급소에 대비하여 白3이 분주해진다.

참고도5 ◬의 구축에서부터는 앞 그림의 白b로 씌우는 준엄성은 없으므로 1이지만 黑2의 여유가 있으므로 서둘지 않는다.

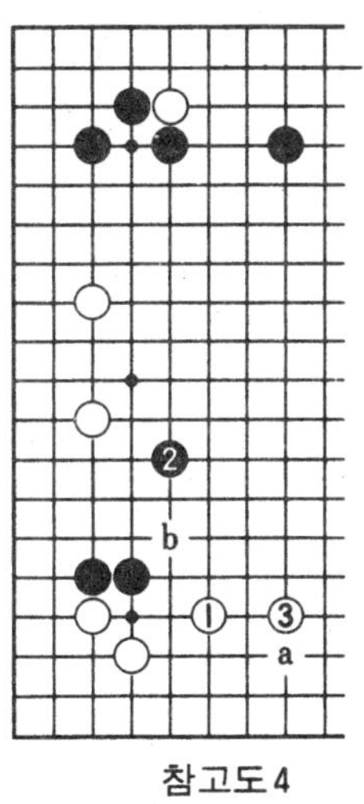

참고도4

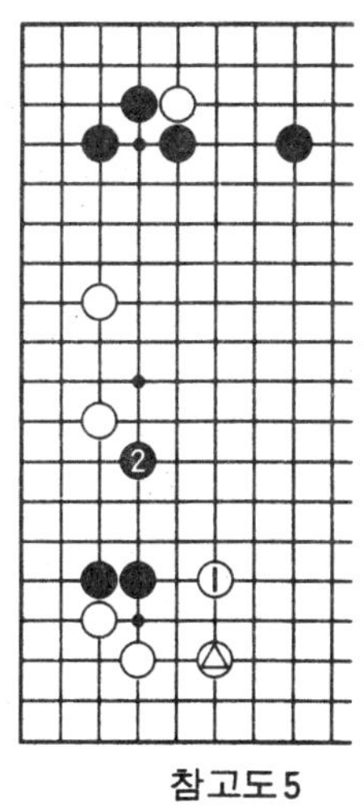

참고도5

참고도6 실전에서는 정해도 黑5의 굳힘으로 1의 걸치기를 선택하였기 때문에 白2의 目자걸치기가 절호점이 되었다. 白3으로 벌린 여유 있는 포석 구상은 일단 성과를 거두었다고 판단된다.

정해도의 구도와 비교하여 보기 바란다.

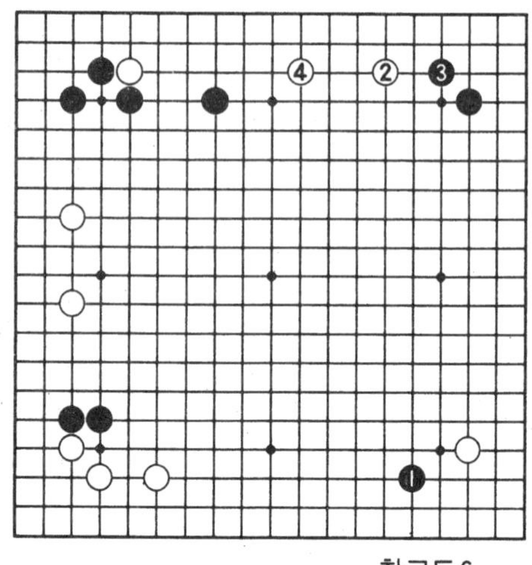

참고도6

참고도7 白1로 日자로 걸치는 것은 포석 감각의 제로로 실패이다. 黑2의 2칸 협공이 왼쪽의 배석과 호응하여 위력을 발휘한다.

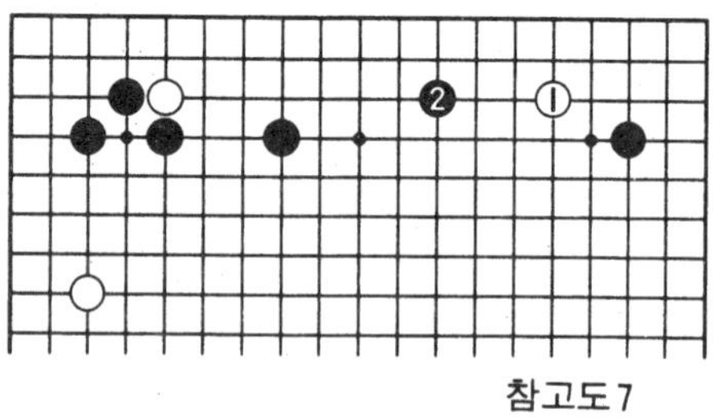

참고도7

참고도8 白1에 黑2로 협공하면 白3 이하가 기본 정석으로서 큰 바꿔치기. 黑은 白a의 맛이 있어 손질이 필요하다.

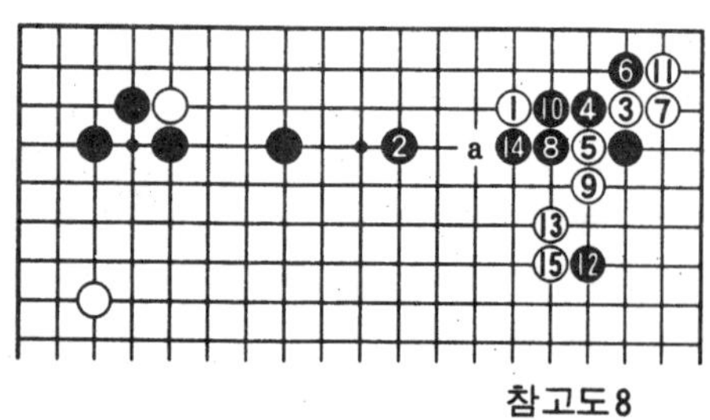

참고도8

제 7 형

지략적인 포석 작전

○白번

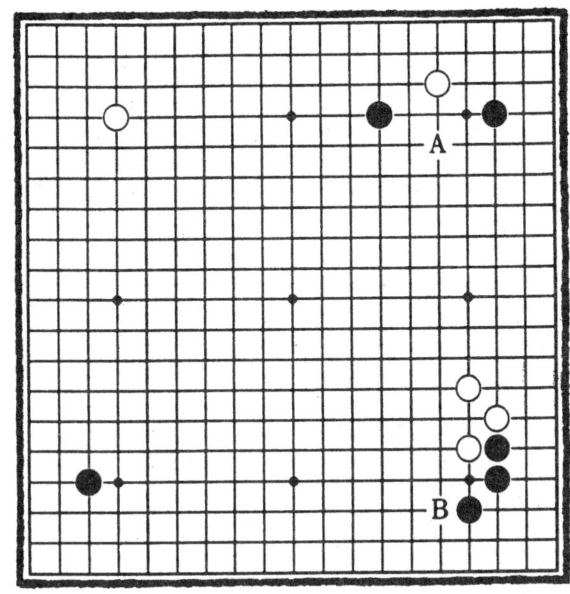

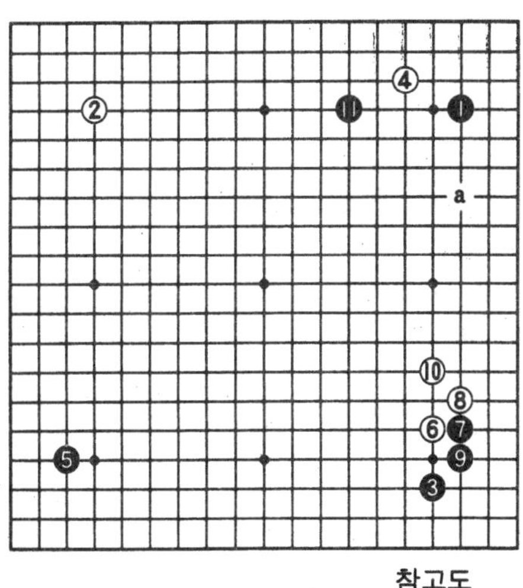

참고도

黑・呉清源 9 단

당신은 A, B 가운데 어느 것을 선택하겠는가?

참고도 黑11 로써 a의 2 칸이라면 상식적이지만 11 로 준엄하게 협공한 것은 작전이다.

정해도(바둑은 기합이다!)

白1의 붙임수가 기합이다. 黑이 손을 뺐으므로 당연하다고도 할 수 있고, 우상에 둔 것은 黑의 의중을 따른다는 의미가 있기 때문이다.

黑2 이하는 정석의 진행으로서 黑12는 쟁점.

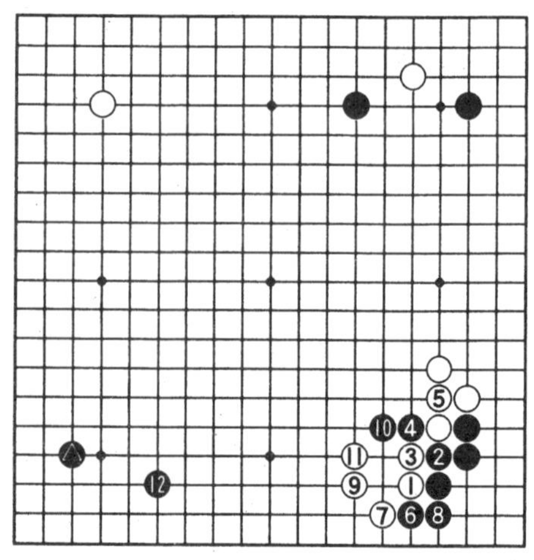

정해도

참고도1 黑이 아래쪽에 중점을 둔다면 정해도의 ▲과 균형을 유지하며 黑1, 3이 바람직한 모습이다.

그러면 白4로 육박하고 다른 국면이 되지만 黑은 이를 꺼리고 a로 협공한다.

참고도2 앞 그림에 이어 黑1, 3은 정석의 진행이지만 우변의 白 모양이 부푼다.

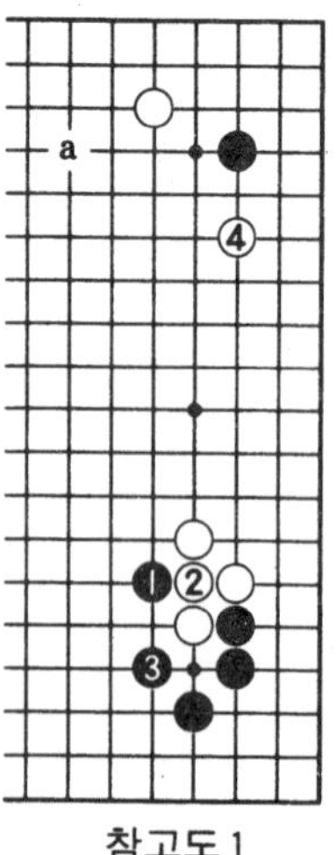

참고도1

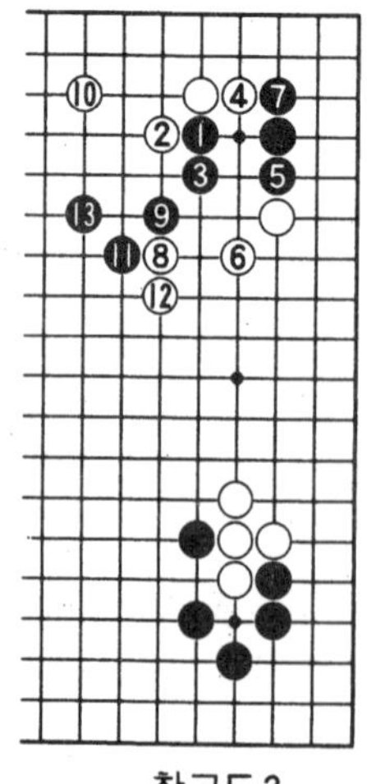

참고도2

참고도3 黑1에 대하여 白2로 밀어올리는 변화도 가능하다.

白은 중앙 중시의 정석을 선택하고 6의 씌우기로 도는 구상이 재미있으며, 白10까지로 상변에 큰 모양을 완성하는 것은 포석 작전의 지략이라고 할 수 있다.

黑은 5와 9의 낮은 자리가 중복되어 있는 것이 불만.

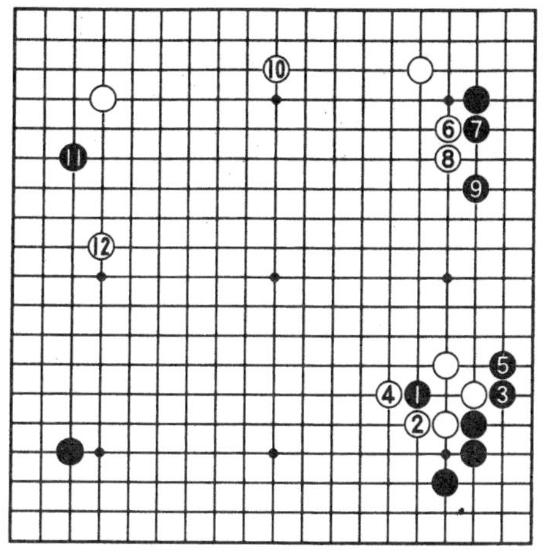

참고도3

참고도4 黑1은 秀策류의 ㅁ자로 여러 모로 연구되고 있었는데, 이 모양에서는 白2가 쟁점의 호점이 되므로 실패이다.

참고도5 黑1의 1칸높은 협공의 작전에는 白2를 기대하고 黑3의 절호점을 차지하려는 복선이 깔려 있다.

즉, 黑1이 능률적이라는 발상이지만 이것이 뜻밖에 큰 변화로 연결되는 것이 바둑이다.

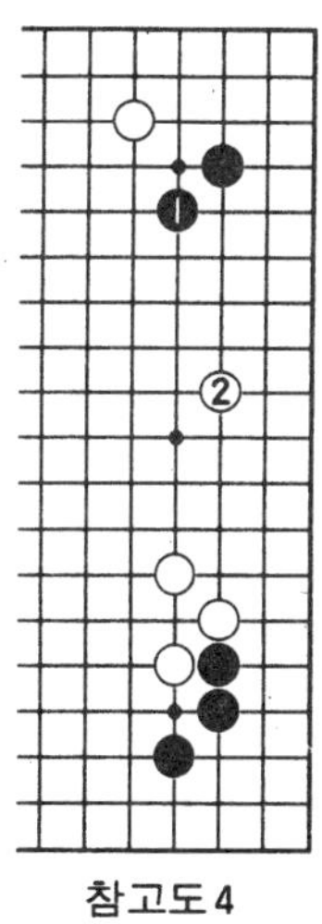

참고도4

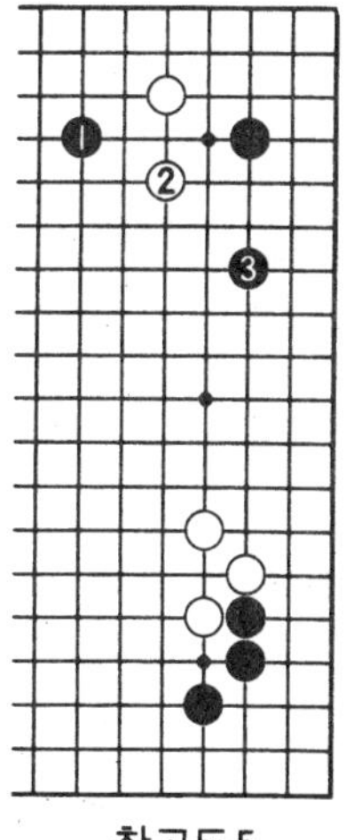

참고도5

그림1(맞보기의 쟁점)

黑1로써 5로 붙이고 △의 움직임을 봉쇄하는 것도 준엄하지만, 그러면 白a가 급소가 되고 하변의 白 모양의 확대와 ▲ 2점이 나올 찬스를 잃게 될 우려가 있다.

그러므로 白2로 돌고 중반전이다.

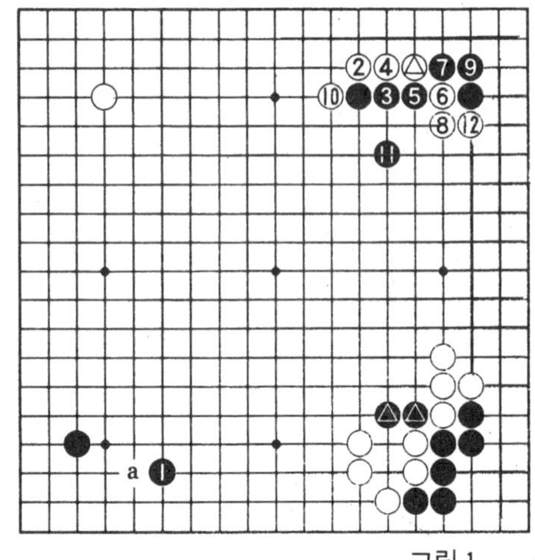

그림 1

참고도6 우상의 白1 이하의 정석도 하나의 방안이지만 黑a 白b 黑c 白d로 黑의 두터운 외세가 약속되고 있으므로 그림1의 ▲이 위력을 발휘한다.

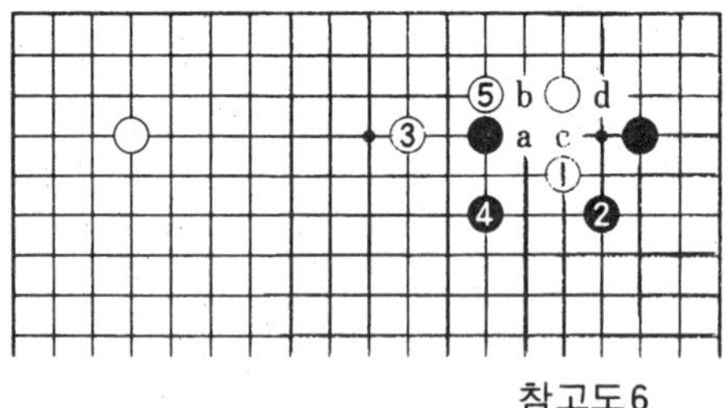

참고도6

그림2(급소)

귀의 공방은 a의 급소가 초점이 되었다.

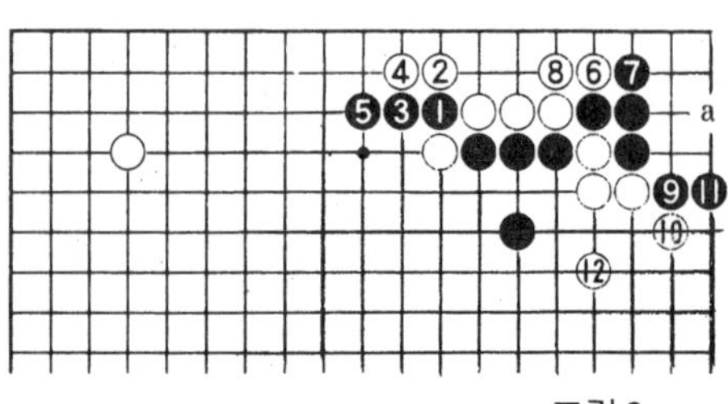

그림 2

제 8 형

패싸움의 급소

●黑번

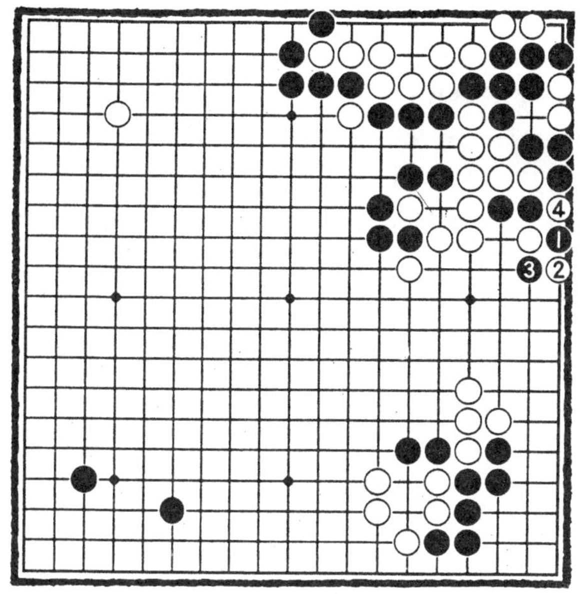

黑 · 呉淸源 9 단

우상귀에서의 싸움은 黑1의 젖힘수로부터 白4의 잡기까지로 큰 패가 발생하였다.

그러면 黑은 어디에서 팻감을 구할 것인가?

참고도A 앞 문제에 계속된 공방의 수순이다.

黑1의 누르기에 白2로 급소를 빼앗고 필연적으로 참고도B의 경과를 거친 것이 이 문제도.

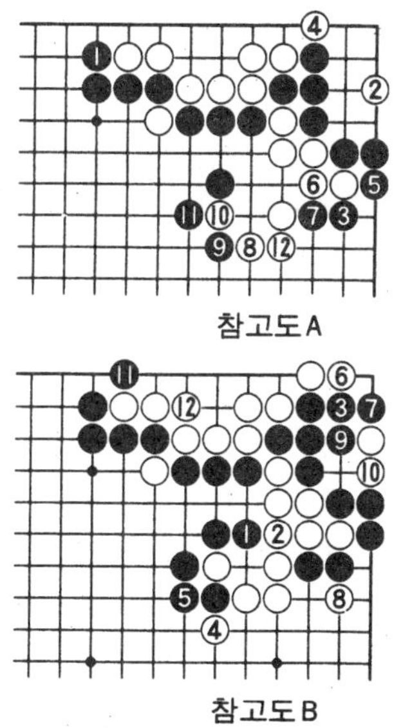

참고도A

참고도 B

정해도(적당한 바꿔치기)

黑1의 팻감이 黑의 유일한 생명선이다.

白2로 우상을 해결하고 黑3의 따내기까지 큰 바꿔치기가 결론이다.

白4로써 5면 黑a. 아래 위쪽은 맞보기의 호점.

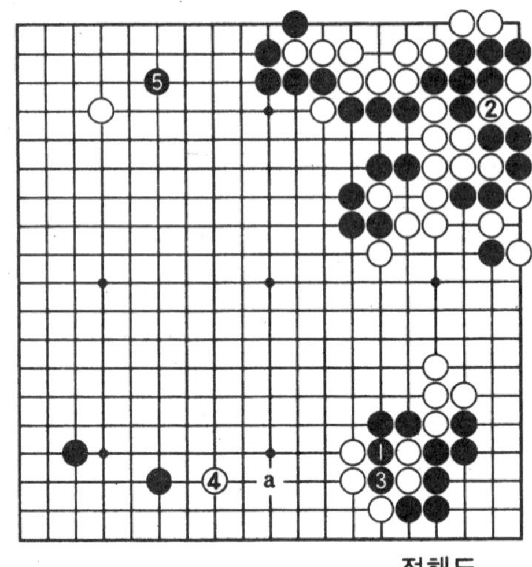

정해도

참고도1 정해도 白4로 잔뜩 벌리는 것이 요점.

△에 구애되어 白1로 2칸을 벌리는 것은 무거운 착상으로서 黑2의 대공격으로 실패이다.

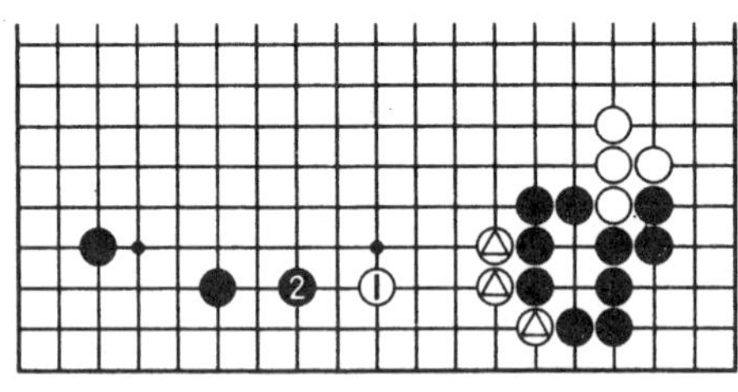

참고도1

참고도2 白1의 3칸은 이도 저도 아닌 착상이다. 黑2로 즉시 침투하여 처리가 부자유스럽다.

참고도2

그림1(白의 실리, 黑의 두터운 맛)

白1, 3의 붙여막기는 실전적인 실리 전법.

상변의 黑이 두터우므로 굳혀도 좋다는 판단이다.

우상 일대의 白진은 50집을 초과하고 있지만 黑은 두터운 맛을 배경으로 8로 침투한다.

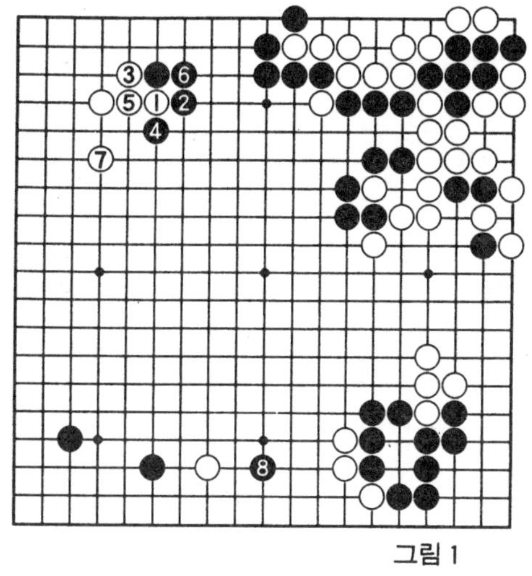

그림 1

그림2 (가볍게 처리하는 형세 판단)

◬을 호착으로 하는 이유는 ▲을 맞이하여 白1, 3으로 임기응변으로 처리하려는 것에 있다.

즉, 白은 실리로 리드하고 있으므로 정면에서 싸우는 것은 黑의 두터운 맛이 영향력을 행사한다.

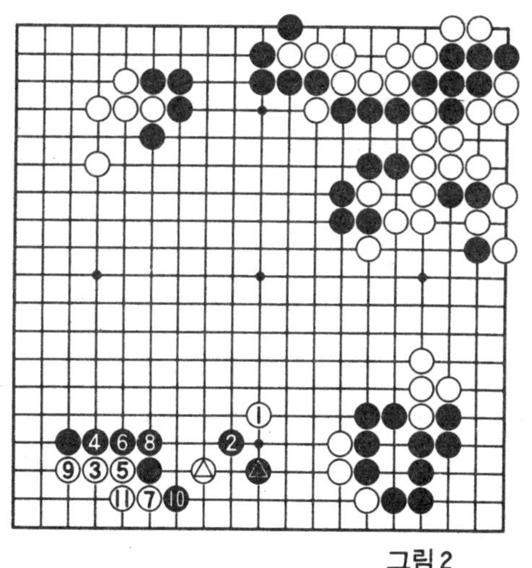

그림 2

그림3(좌우 맞보기의 쟁점)

黑1의 밀어올리기가 문제의 1착.

사방을 압도하는 세력 활용을 이 1수에 걸고 있지만 안이 너무 넓다.

여기는 좌변 2의 호점으로 전개하여야만 하였다.

白2로 쟁점을 차지하여 호조의 진행이다.

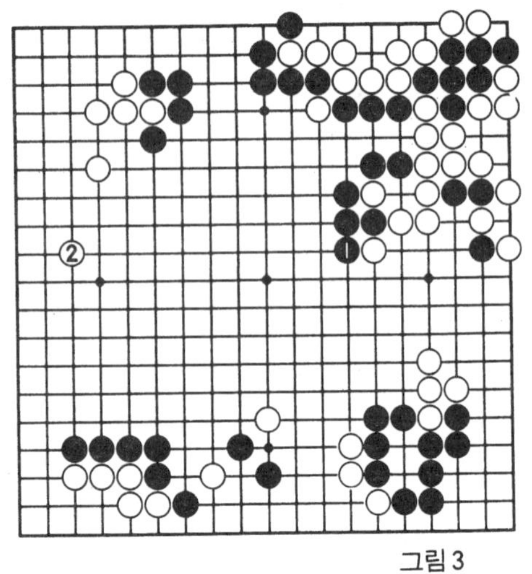

그림 3

그림4(요점을 둘러싼 공방)

黑1에서부터 하변의 공방인데 白2 이하로 가볍게 처리하는 것이 명심할 사항으로서 白12까지로 모양을 갖춘다.

黑15로써는 16으로 육박하는 것이 급소.

白에 16을 허용하면 한걸음 늦다고 판단하는 것이다.

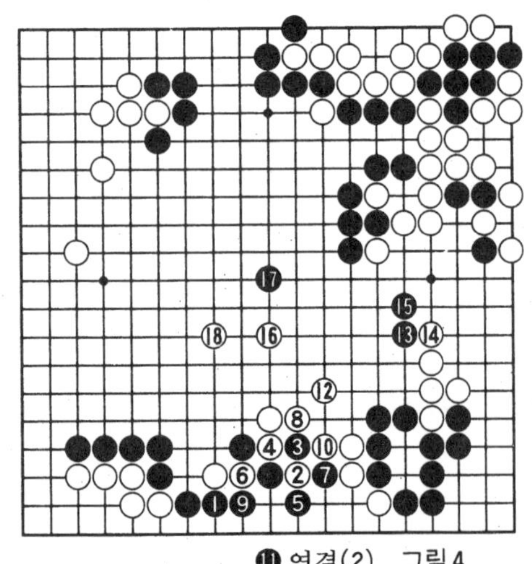

⓫ 연결(2) 그림 4

제 9 형

요점은?

●黑번

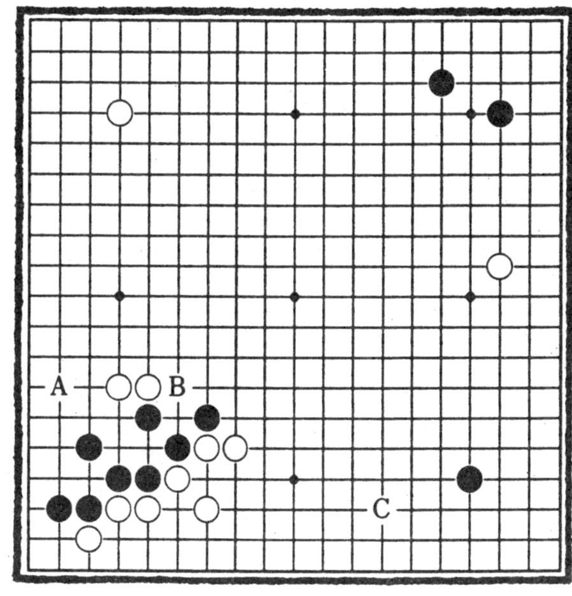

白・藤沢秀行 9단

좌하귀에서부터 급전이 벌어졌는데 黑의 요점은 A, B, C 가운데 어디인가?

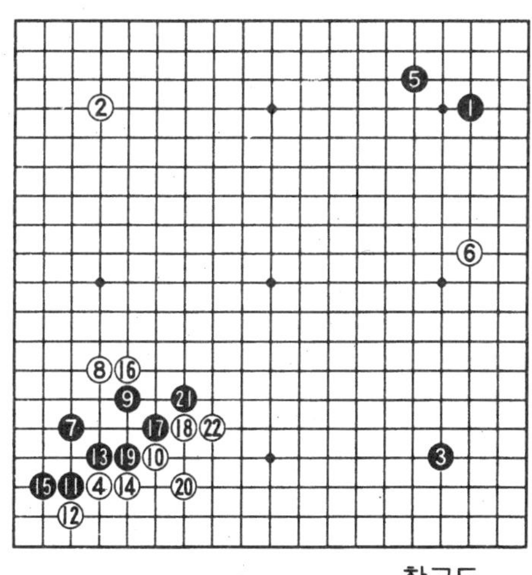

참고도

참고도 좌하귀는 白의 성공의 갈림이다.

정해도(돌의 리듬과 좋은 모양)

黑1의 굳힘이 이 1수의 요점이다.

白2를 활용하고 나서 쟁점의 4를 차지한다.

귀의 黑에 육박하면서 좌상 △이 위력을 발휘하려는 것이다.

黑5의 밀어올리기에는 白6이 멋진 모양이다.

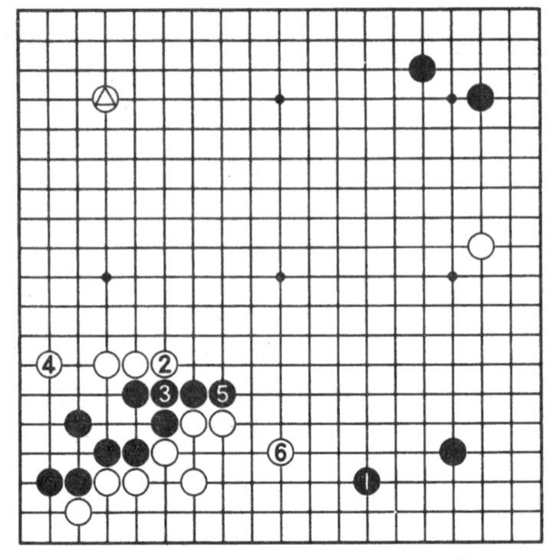
정해도

참고도1 黑1의 부풀음은 좋은 모양이며 黑a의 미끄러지기도 쟁점의 급소이지만 白2의 걸치기가 왼쪽의 배경과 어울려 절호점이 된다.

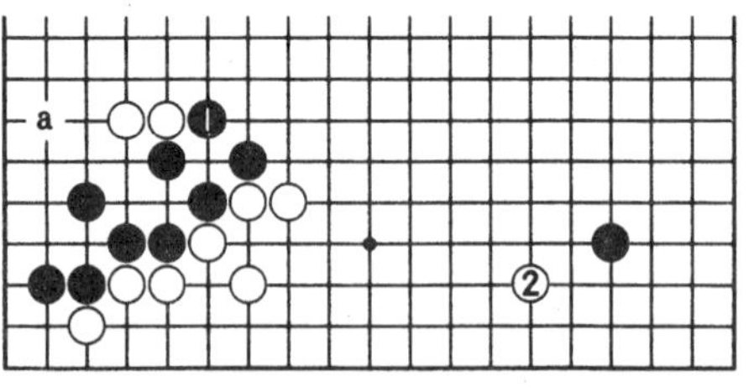
참고도1

참고도2 黑1에 대하여 白2는 실패.

黑3 다음부터 a의 치중을 노려 白은 시원하다.

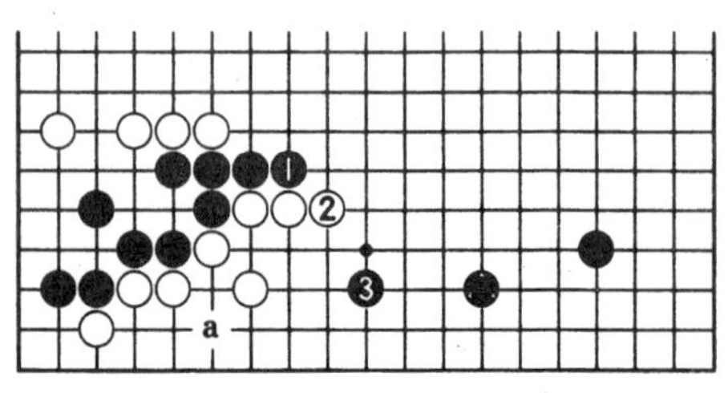
참고도2

그림1(국면의 초점은 좌변)

좌변에 白 모양을 구축하였으므로 黑1로 갈라친 것은 당연.

白2도 적당한 착점이다.

그러나 黑은 1에 앞서 a를 활용하는 것이 찬스였다.

黑3 白4 黑5는 모두 모양이며 급소.

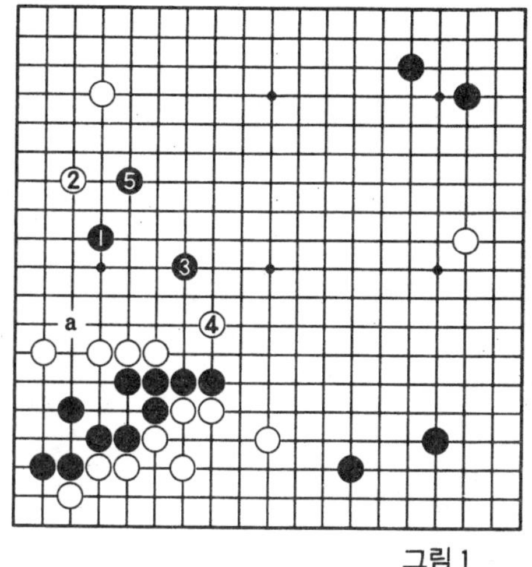

그림 1

참고도3 좌변의 白 모양에 대하여 평범하게 黑1의 걸치기를 선택하면 일거에 白2로 협공을 당한다.

정석 그대로 黑3에서부터 11까지면 白은 12의 쟁점으로 돌아 순조롭다.

白12로써 a는 견실하지만 黑b가 더 좋은 곳.

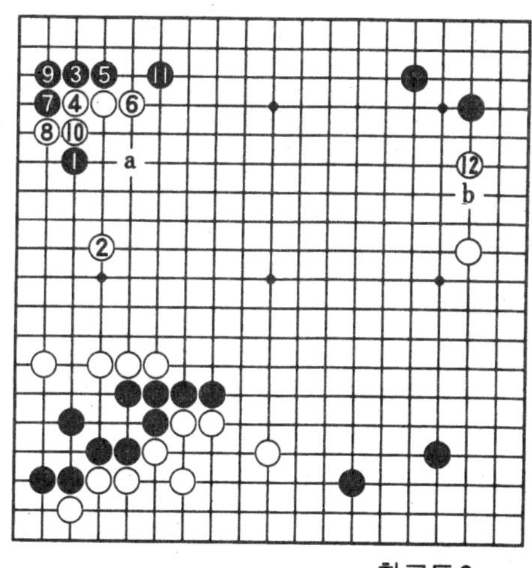

참고도3

그림2(밸런스시트는 불만)

白1, 3의 맞끊기에 黑4로써 8은 白에 선택의 여유를 주지 않고 좌변을 찌르는 수법.

그리고 黑12까지로 희망은 달성하였는데 2점을 보태준 것이 적지 않으므로 결론은 실패라고 할 수 있다.

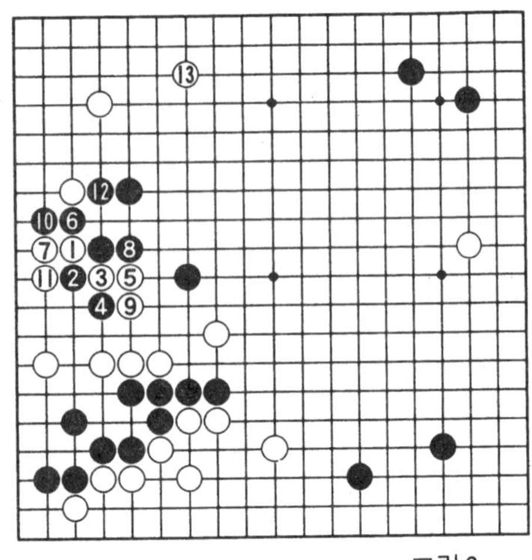
그림 2

참고도4 白1에 대하여 黑2의 붙임수가 성립하면 유리하지만 白3이 좋은 수. 黑4면 白5이며, 黑4로써 a는 白b가 적당하다.

참고도5 좌변은 격언과 같이 「맞끊기에는 한쪽으로 뻗는 것」으로서 1이 정착. 그리고 이하 白6까지를 상정하고 黑7의 걸치기로 도는 구도가 간명하였다.

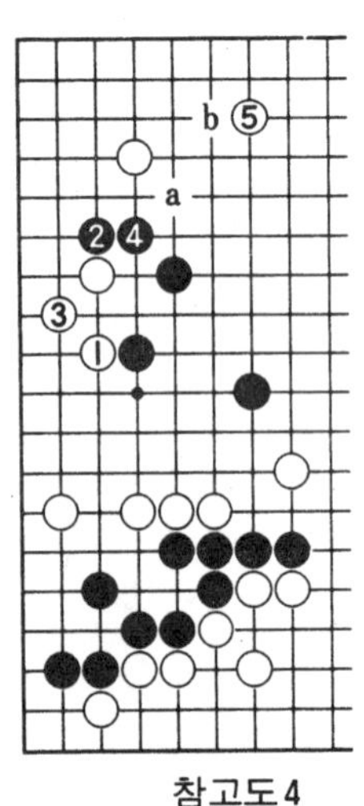

참고도4

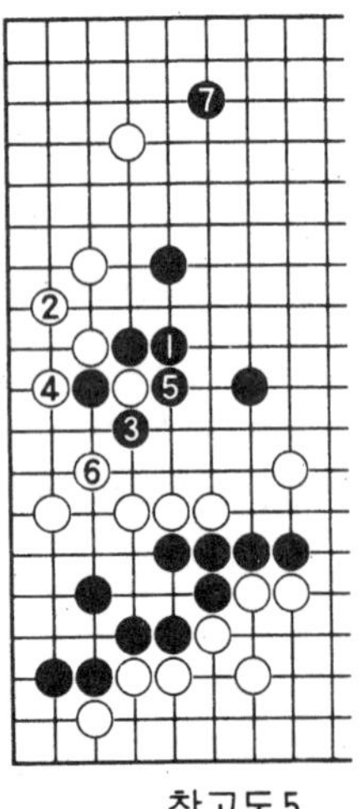
참고도5

제10형

구도의 선택

○白번

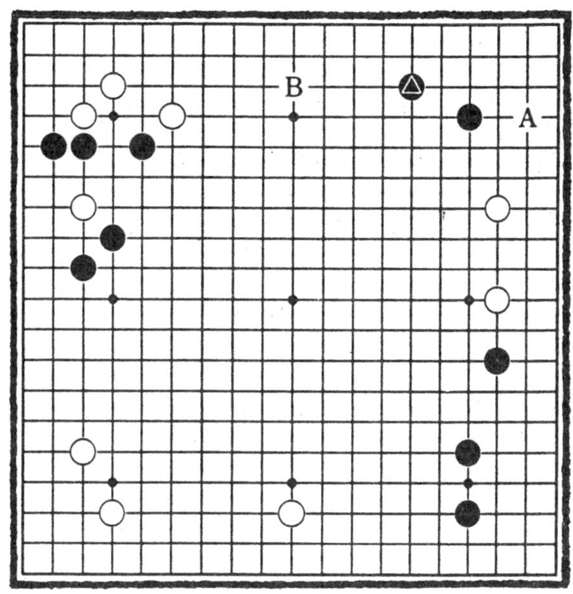

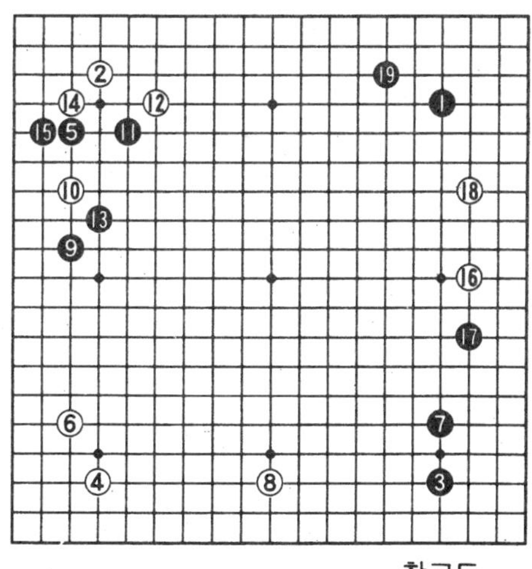

참고도

白·高川秀格9단

참고도의 수순에 의하여 구성된 포석인데, ▲의 日자 받기에 주목한다.

그러면 白은 A, B 가운데 어느 곳이 쟁점일까?

중요한 이유가 있다.

정해도(올바른 형세 판단)

▲의 日자에 주목하고 白1로 상변의 벌리기를 우선한다는 사고 방식이 적절하다.

그리고 黑2의 ㅁ자굳힘은 당연하다.

서로가 큰 자리에 두고 白이 지향하고 있는 세기(細碁)의 형세이다.

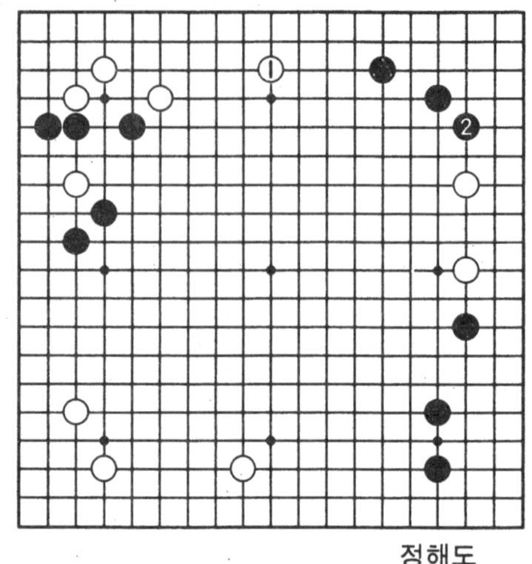

정해도

참고도1 黑1의 目자면 귀의 허술함을 찌르고 白2로 미끄러진다.

보통 黑3으로 받으면 白4로 양쪽에 두는 것이 黑의 불만이다.

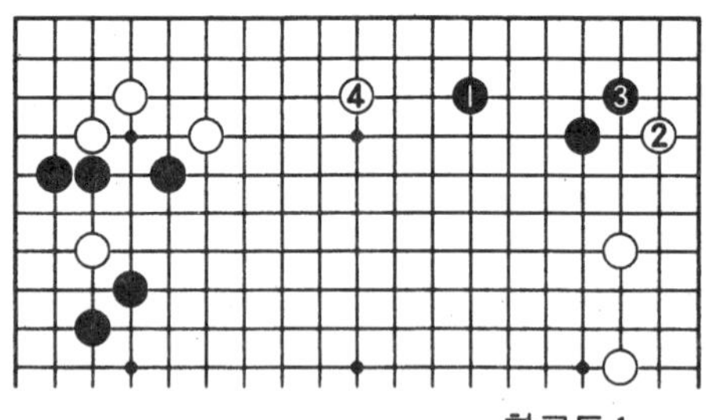

참고도1

참고도2 黑1의 日자에 역시 白2라면 黑3으로 육박하는 수를 준비하고 a의 좋은 모양을 상정한다.

참고도2

그림1(영향력이 있는 수법의 효과)

白1의 육박은 약간 기이한 느낌이지만 ◎과 기맥을 통한 급소의 1수이다.

黑도 2이하 8로 응수할 정도이므로 白은 9의 쟁점으로 돌며 이상적인 진행이다.

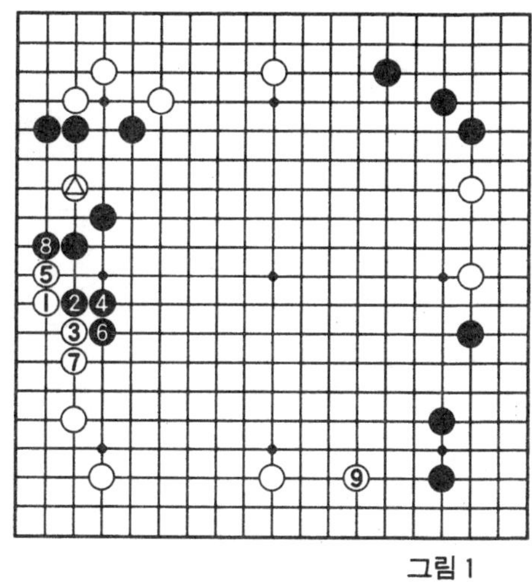

그림 1

참고도3 평범하게 白1로 높이 육박하는 것은 ◎과 관련이 없으므로 후수가 된다.

당연히 黑2의 쟁점으로 돌고 a의 침투를 노리는 국면이 되는데 白은 이를 꺼려 좌우 양쪽에 두는 포석 구상을 완성하였다.

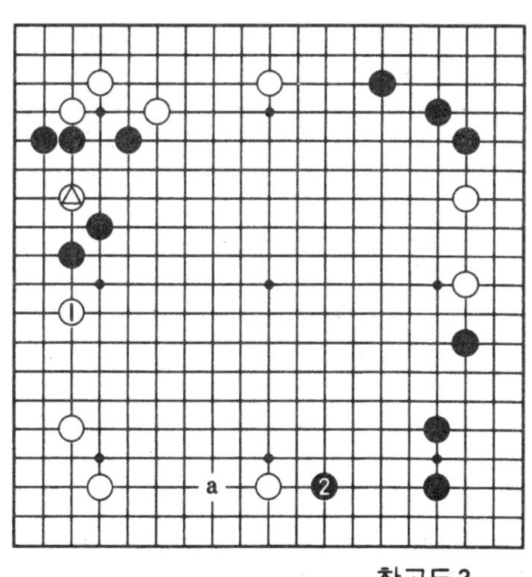

참고도3

그림2(우변에서 중반으로 돌입)

黑1로 붙인 것은 응수 타진.

白은 2 이외에 a, b, c, d가 있다.

黑3의 씌우기가 공격의 급소로서 e를 노린다.

白4는 모양으로 黑이 다음에 여기에 두면 큰일이다.

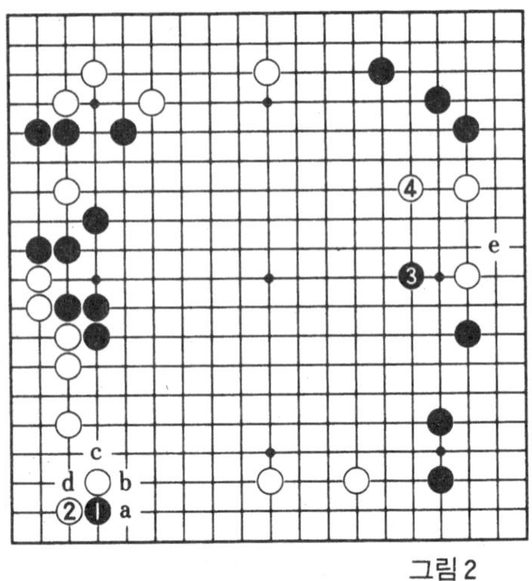

그림 2

참고도4 좌하귀는 白의 세력권이므로 黑1에서부터 5까지로 가볍게 삭감하는 상법이 부드럽다.

참고도5 黑1의 씌우기는, 상변에 모양 구성의 즐거움이 없는 이 바둑에서는 적절하지 않다.

黑1로써 a도 白2로서 마음이 내키지 않는 수이다.

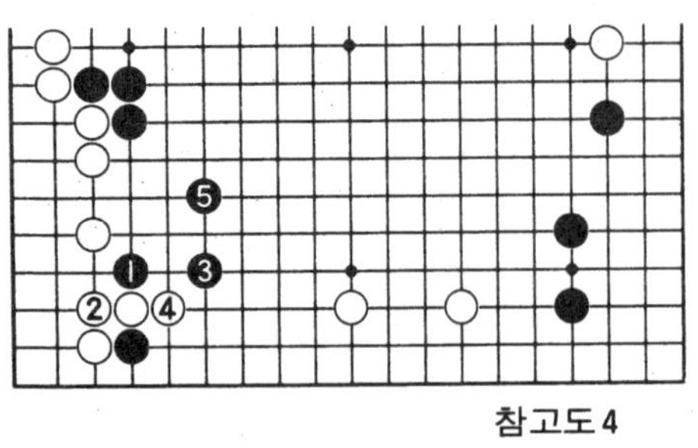
참고도4

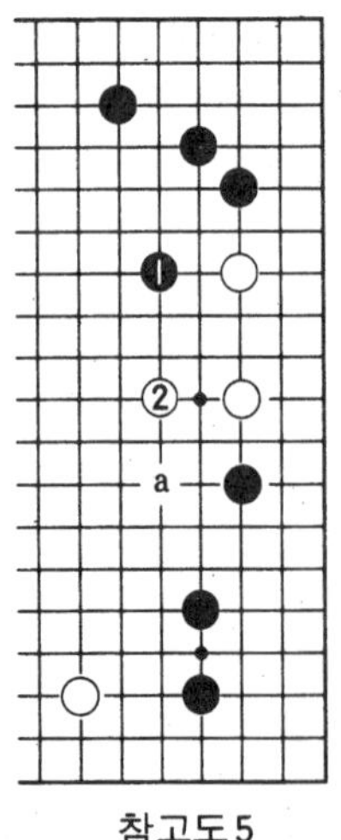

참고도5

第11형

애매한 급소와 쟁점

○白번

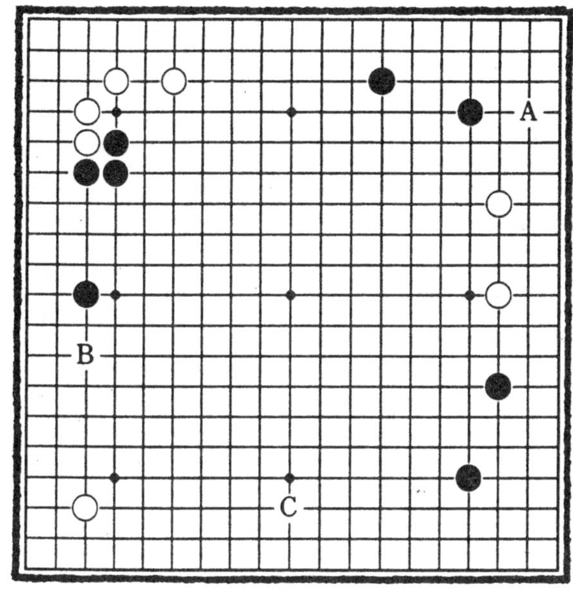

黑·高川秀格9단

포석의 급소와 쟁점이 눈에 띄고 있는 국면 구성인데, A, B, C를 선택한 경우의 간단한 상정도를 그려 주기 바란다.

상정도가 결정되면 순위가 정하여질 것이다.

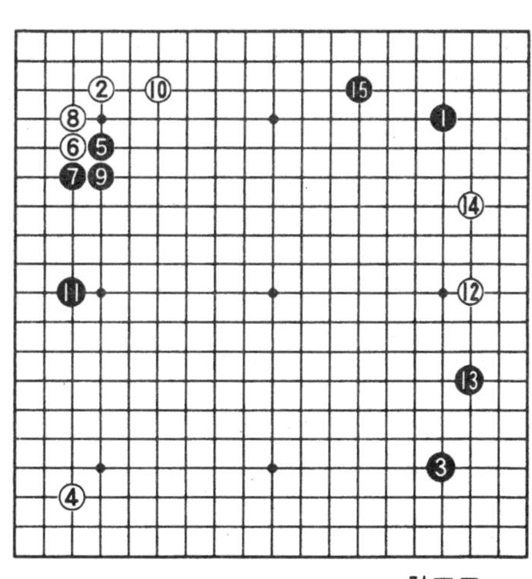

참고도

정해도(하변은 이상적인 구축)

白1로 화점의 아래쪽을 차지하는 것이 3三을 기점으로 하여 쟁점의 큰 자리가 된다는 것을 알아 주기 바란다.

黑2의 걸치기는 白a의 급소에 앞서 긴요하다.

白3으로 구축하고 나서 黑4로 도는 것이 최선이다.

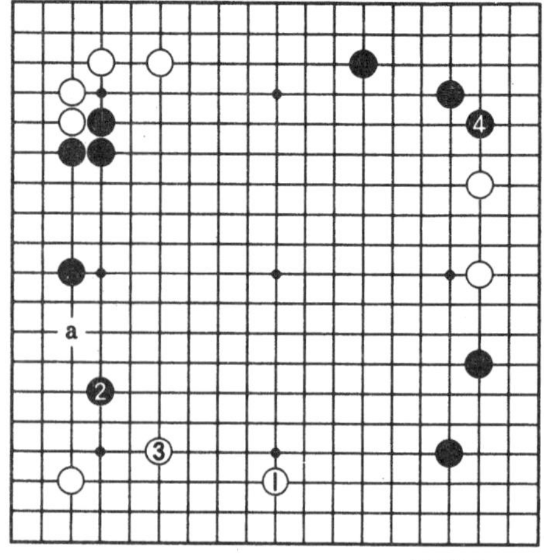

정해도

참고도1 白1을 선수로 활용하고 나서 a의 쟁점으로 도는 그림을 기대할 수 있다면 이상적이지만 黑2를 먼저 두고 白3을 강요한 다음 黑4로 방어하는 구도가 된다.

즉, 정해도 하변의 白의 구축에 비하여 이 그림은 발전성이 없다는 것이 불만이다.

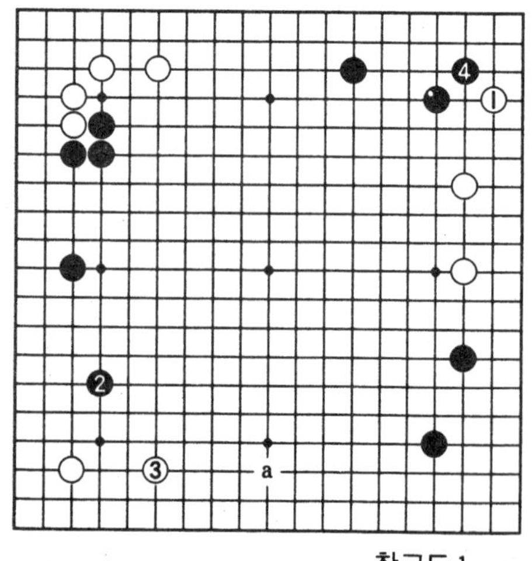

참고도1

참고도2 白1의 육박은 다음에 3의 침투를 노리는 준엄한 발상이지만, 黑은 손을 빼고 쟁점 2를 차지하게 된다.

白3의 대책은 黑4 이하로 두텁게 두고 黑10에서부터 12까지로 간명한 구도를 완성한다.

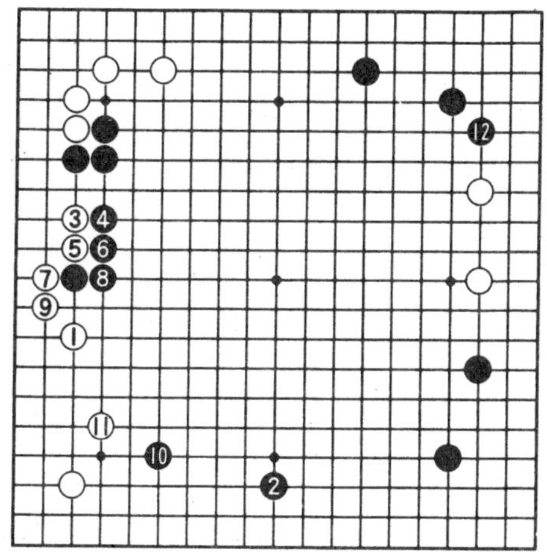

참고도2

그림1(세력 삭감의 요충)

1의 점은 黑에 있어서도 모양 형성의 급소이다.

黑2는 실리를 차지하고 a, b를 노린다.

白3의 침입이 최대의 쟁점으로서 귀를 크게 도려낸다.

黑c에서부터 중반전이다.

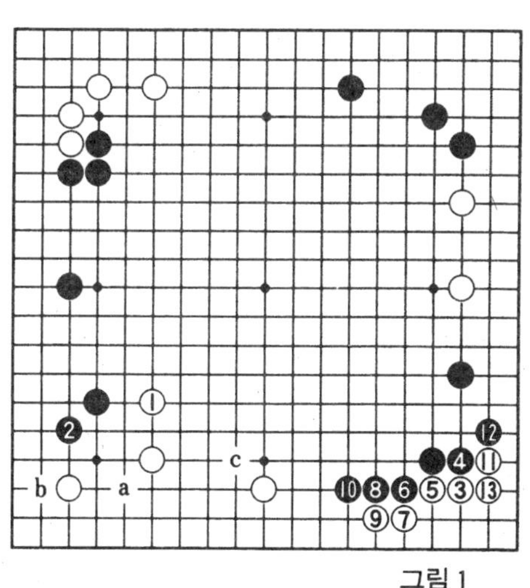

그림1

참고도3 △의 뛰기에 대하여 黑1로 귀를 확보하는 것이 실리가 크다.

白2로 침투하면 黑3 이하로 간명을 기하며 이 갈림은 적당하다.

白16은 정수로서 이 1착이 없으면 맛이 나쁘다.

黑17로 돌고 이것도 1국의 바둑이라고 할 수 있다.

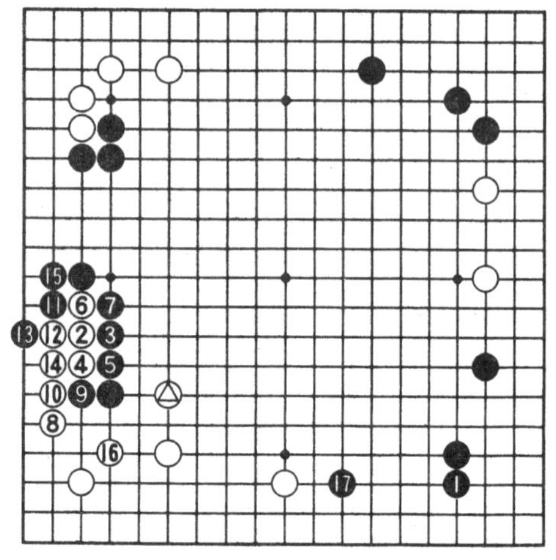

참고도3

참고도4 앞 그림 다음에 白1의 절단은 黑2, 4의 좋은 수가 있어 성립되지 않는다.

黑10 다음 白a면 黑b. 白b는 黑c로 잡힌다.

참고도5 ▲은 白의 엷은 맛을 찌르고 1 이하의 수단이 노림으로 남아 있다.

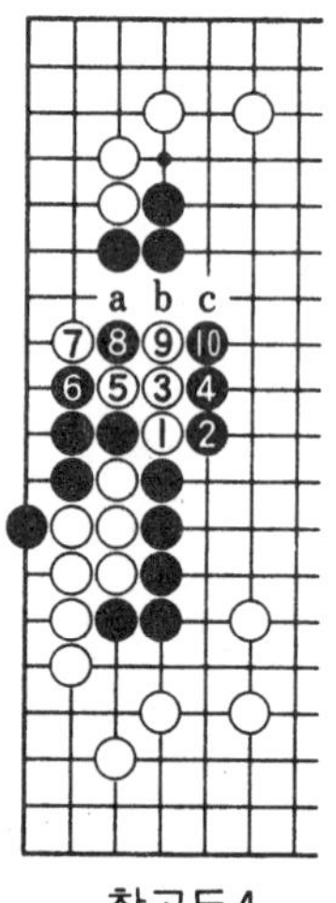

참고도4

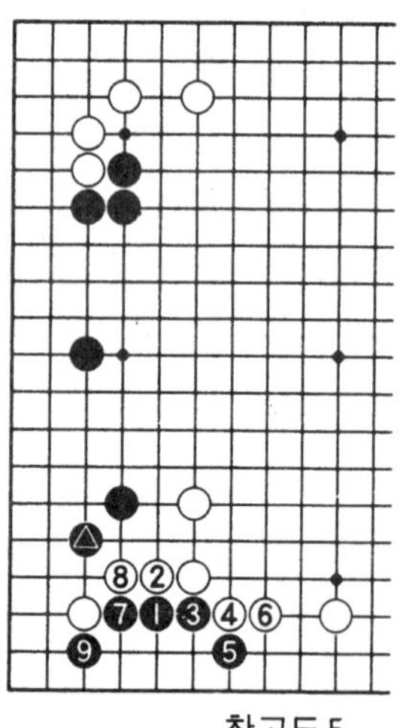

참고도5

제12형

위쪽인가 아래쪽인가?

○白번

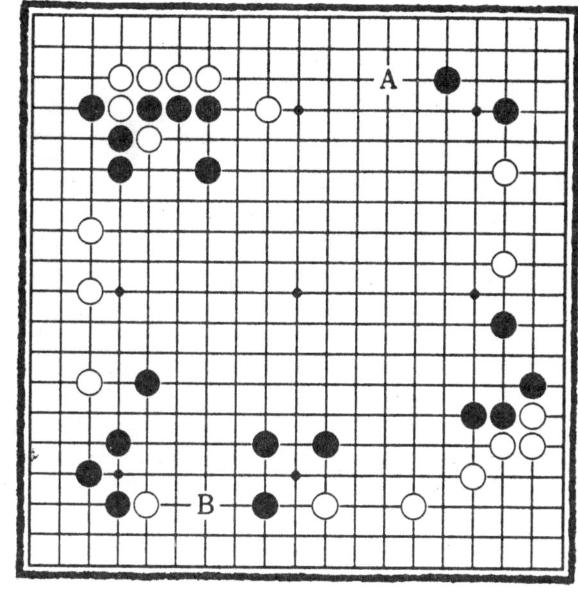

黑・高川秀格9단

여유 있는 포석의 구성이지만 白은 부드럽게 A로 육박하는가 준엄하게 B로 움직이는가?

어느 쪽이 긴급한가?

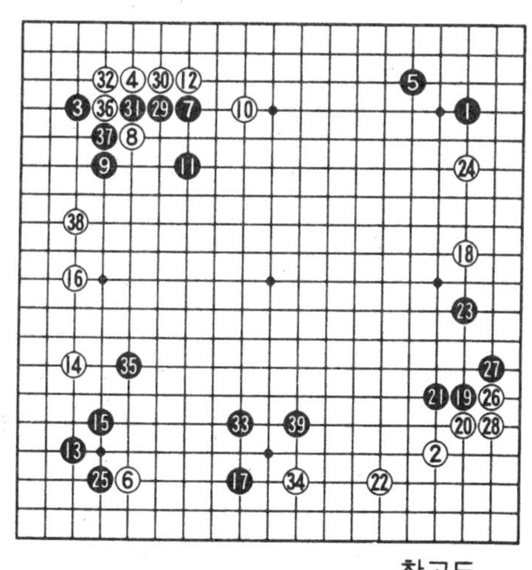

참고도

참고도의 수순에서 黑39까지 진행한 국면이다.

정해도(급소)

白1의 1칸이 급소이다. 지금 좌하귀가 黑진으로 확정되기 직전에 있다.

白은 △과 밀접하게 관련되어 a를 노리고 있으며 이를 둘러싸고 黑2로 붙여서 격전이 벌어진다.

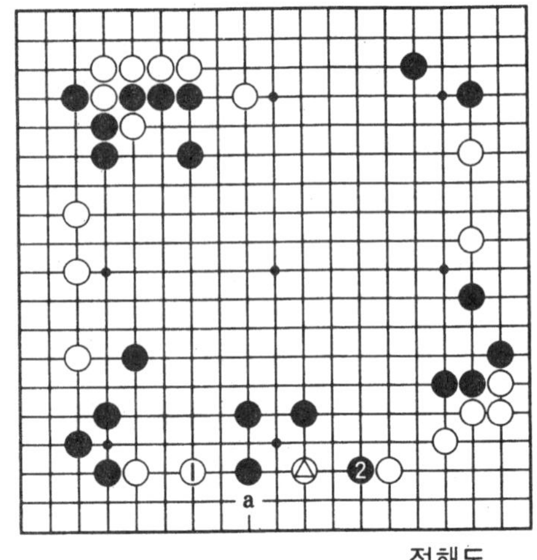

정해도

참고도1 白이 좌하귀를 방치하면 黑1이 ▲과 관련된 급소.

黑5까지로 굳히면 △을 그대로 삼켜 큰 黑진이 확정된다.

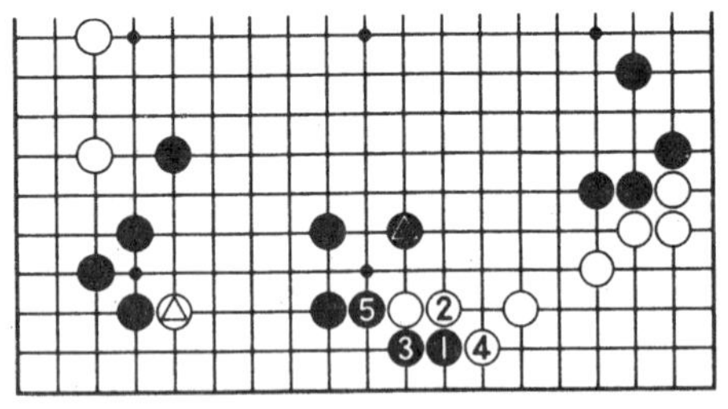
참고도1

참고도2 白2 쪽에서 누르는 것은 黑3에서부터 상용의 조임수를 활용당하여 白은 최악의 케이스이다.

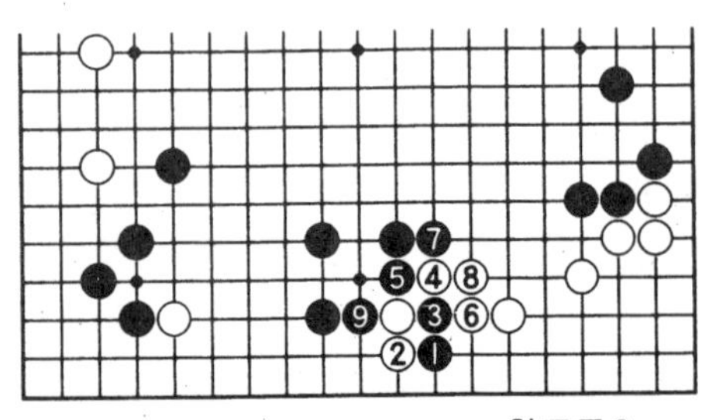
참고도2

그림1(白의 견디기는?)

白 2점을 직접 공격하여도 가볍게 처리되어 의도대로 되지 않으므로 黑1의 붙임수에서부터 白의 방법에 따라 태도를 결정하는 것이 싸우기 위한 요령이다.

黑9까지는 △을 결눈으로 노려보며 공방전.

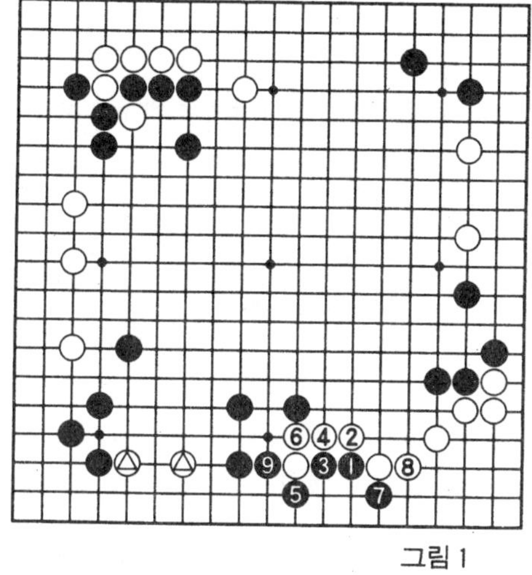

그림 1

참고도3 그림1의 黑1로써 그림과 같이 口자로 막고 건너가기를 저지시켜도 白2의 붙임수를 노린다.

黑3이면 白4 이하의 수순으로 간단하게 산다.

참고도4 黑3 쪽에서 누르면 白4로 선수로 오른쪽을 안정시킨 다음 장래에 a방면의 수단이 남는다.

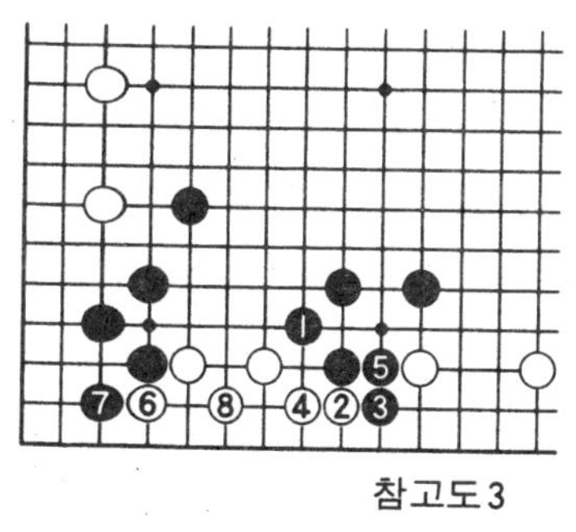

참고도3

참고도4

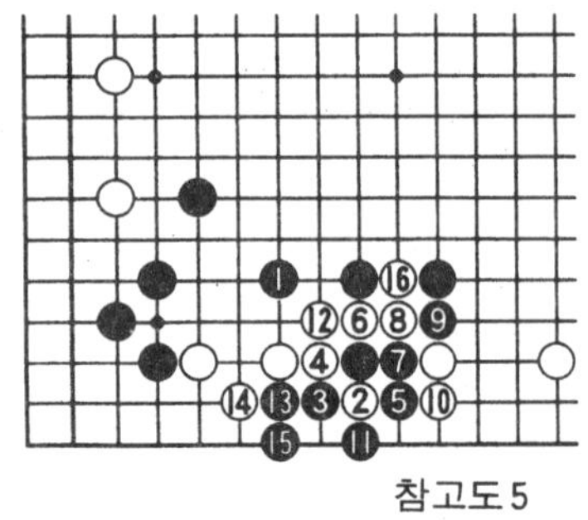

참고도 5

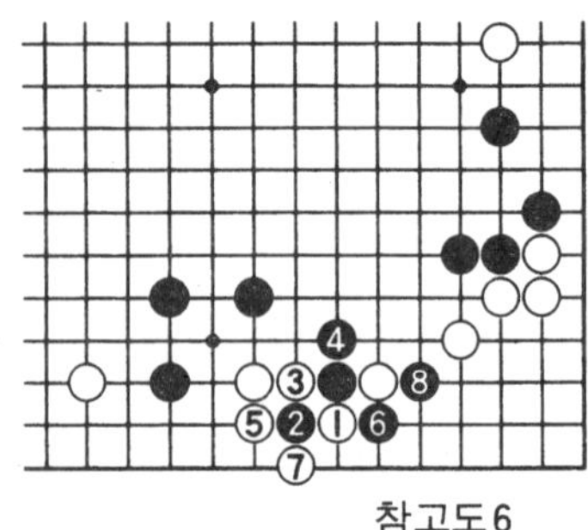

참고도 6

참고도5 黑1의 봉쇄에는 역시 白2가 효과적이다. 黑3에는 白4 이하의 수단으로 포위망을 뚫게 된다.

참고도6 그림1의 白2로 위쪽을 젖히는 것이 긴요하며, 그림의 아래쪽에서 黑2로 젖히면 곤란하다.

黑8까지의 갈림은 분명히 白이 손해이다.

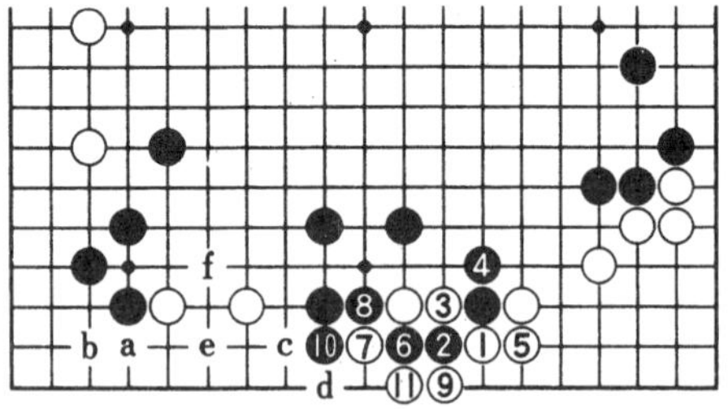

참고도 7

참고도7 白은 5로 연결할 수밖에 없는데 黑6의 사석에 의하여 왼쪽을 선수로 잡힌다.

白a 黑b 白c 黑d 白e면 黑f로 죽는다.

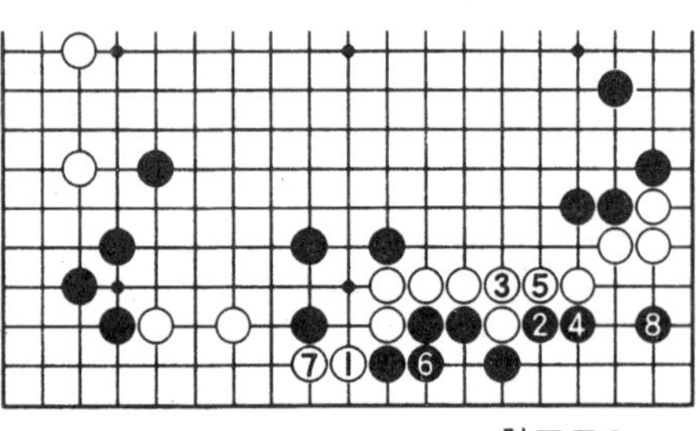

참고도 8

참고도8 그림1의 白8로써 1로 누르고 싶지만 이 갈림은 白에게는 전혀 채산이 맞지 않는다.

그림2(급소)

白1로 뛰고 마침내 이 견디기가 초점.

黑은 2, 4로 준엄한 봉쇄를 완성하였다.

이곳에는 白5와 7의 두급소가 있으며 白은 수순을 다하여 이 두 곳에 둔 것이다.

바둑은 수순과 맥을 활용할 때에 위력을 충분히 발휘한다.

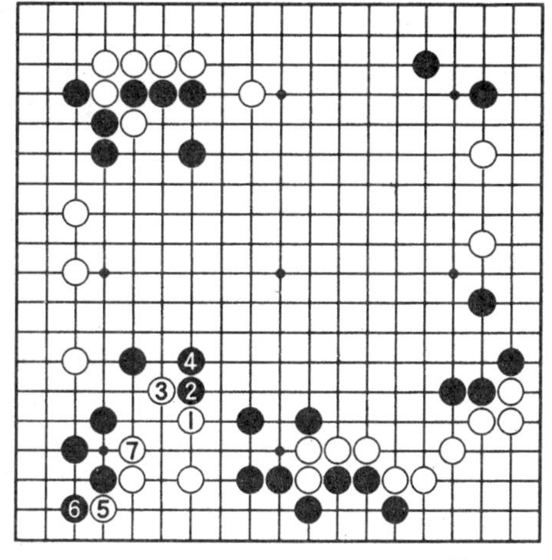

그림 2

참고도9 수순을 전후하여 단순히 白1로 두는 것은 黑2가 급소로서 눈 모양을 만들 수 없다.

참고도10 그림2의 白7로써 단순히 1로 눈 모양을 만들면 黑2가 급소로서 패가 발생한다.

수순과 맥의 위력이라고 할 수 있다.

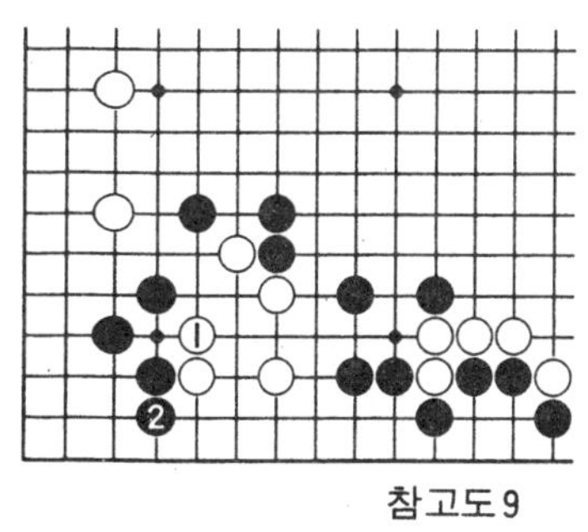

참고도 9

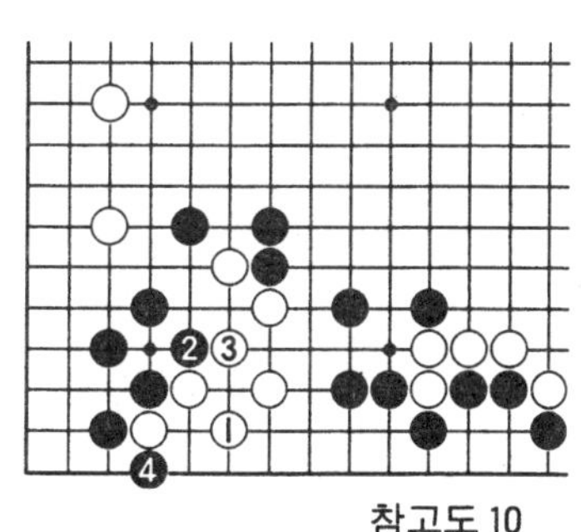

참고도 10

그림3(포위망 속에서 교묘하게 산다)

黑1은 白의 절단을 방지하는 수이다.

白2에 대하여 黑3은 당연하고 白8까지로 교묘하게 살며 일단락.

◬로 시작된 공격과 견디기는 a, b의 단점을 남겨서 白은 성공이라고 판단된다.

수순 중 黑1의 받기로——

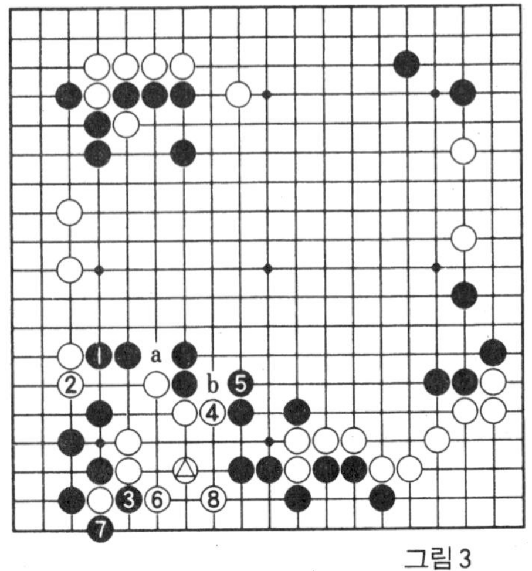
그림 3

참고도11 黑1을 서둘면 白2 이하 선수로 절단하고 12까지로 산다. 특히 白8의 활용에 주목하기 바란다.

黑9로써,

참고도12 黑2로 따내면 白3 이하로 黑이 파괴된다.

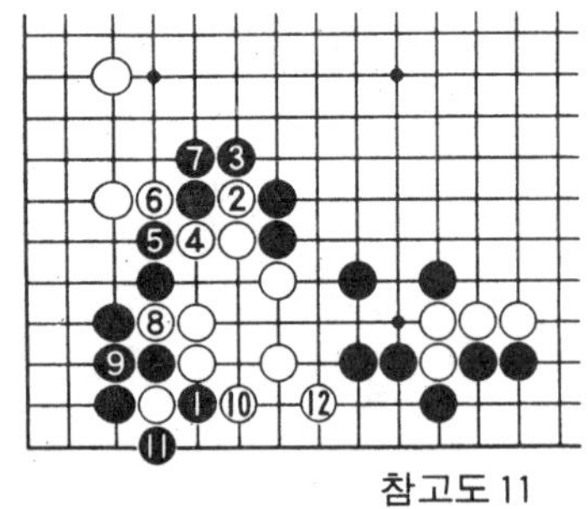
참고도 11

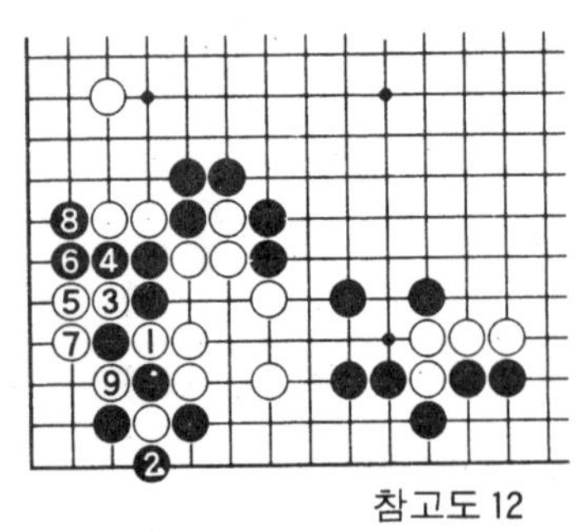
참고도 12

제13형

공격의 급소는?

○白번

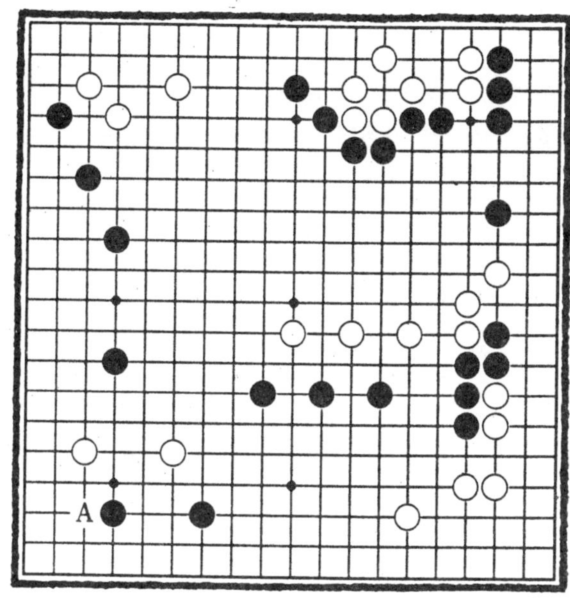

黑・村島誼紀 7 단

白A로 안정되는 것도 눈에 띄는 호점이지만 그러면 黑이 찬스를 포착한다.

중앙에 주목하여 공방의 급소를 포착하기 바란다.

참고도는 문제가 성립하는 수순이다.

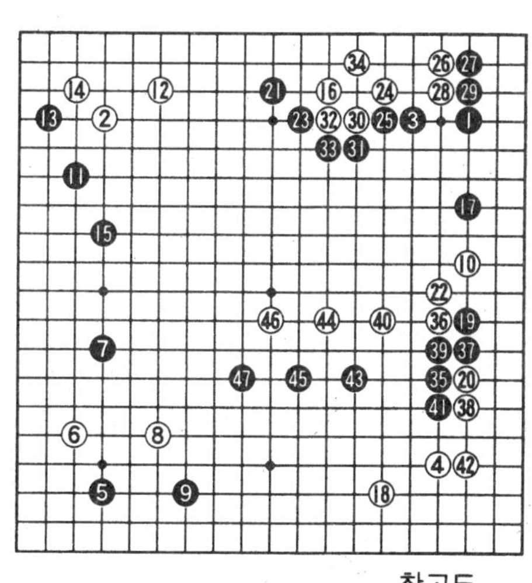

참고도

정해도(공격은 최대의 방어)

문제는 중앙으로 뛴 白의 일단의 성원에 있으며, 1의 절단이 공방의 급소가 되는 것이다.

黑2의 붙임수가 이런 경우의 타개수.

a나 b 등으로 직접 응수하는 것은 속수라는 것을 알아주기 바란다.

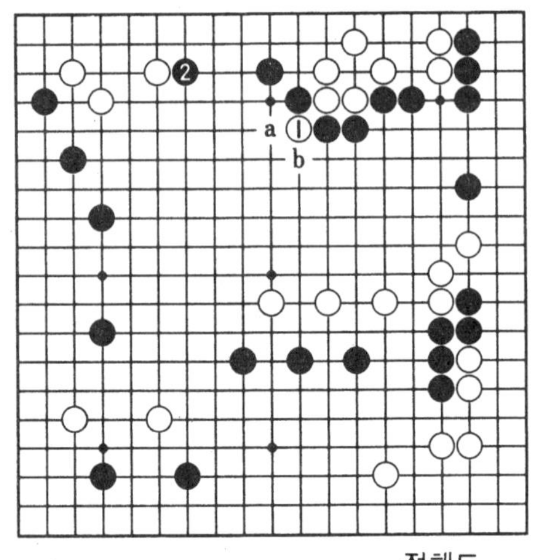

정해도

참고도1 좌하의 白 2점이 엷어졌으므로 1, 3으로 안정하는 것이 유력하지만 黑6으로 요충을 차지하면 대세에 뒤떨어진다.

6은 a의 단점을 해소시키는 방어와 黑b 白c 黑d의 공격을 노려 바로 본 국면을 결정하는 요점이 되는 것이다.

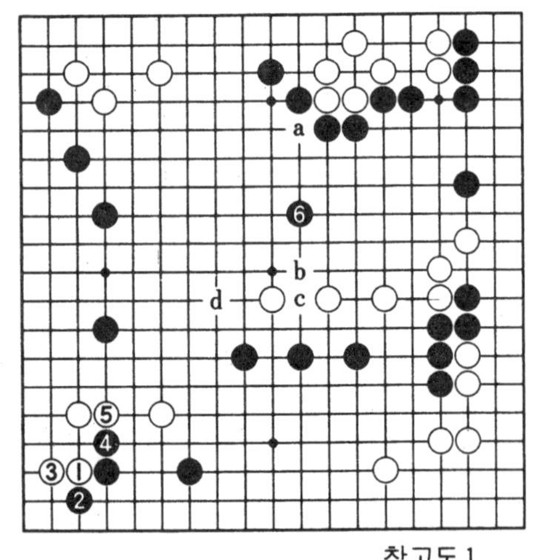

참고도1

그림1(안정)

白1은 黑에 타개의 기회를 주지 않는 수법.

黑2에서부터 4까지는 필연의 모양으로서 일단락되었다.

白5가 진작부터 노리고 있었던 것으로서 지금이 찬스.

黑이 6으로써 7로 받거나 하면 白6으로서 중앙은 안정된다.

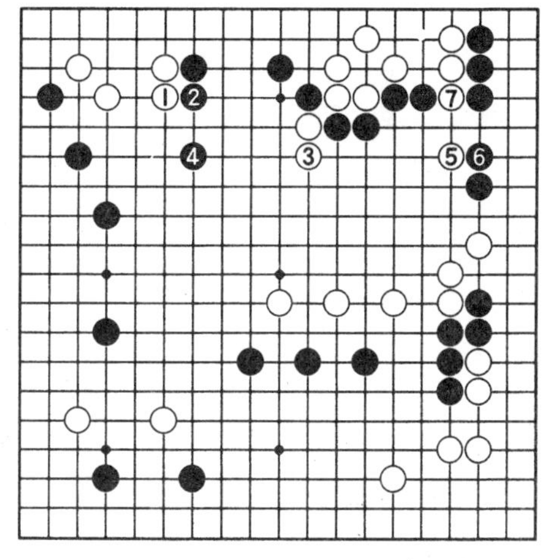

그림 1

참고도2 ▲의 붙임수에 대하여는 白1, 3이 보통이지만 이 경우에는 주위 상황을 파악하지 않은 무모한 수가 되는 것이다.

참고도3 따라서 黑2면 白3으로 뻗을 수밖에 없는 모양이지만, 黑6의 뻗기에서부터 10의 공격으로 돌아 白은 괴로워진다.

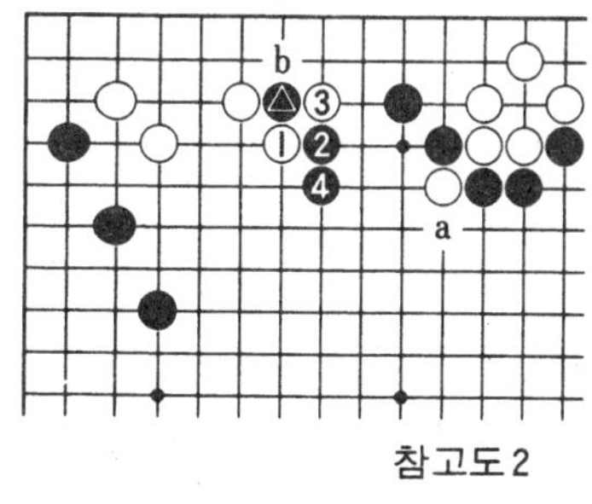

참고도2

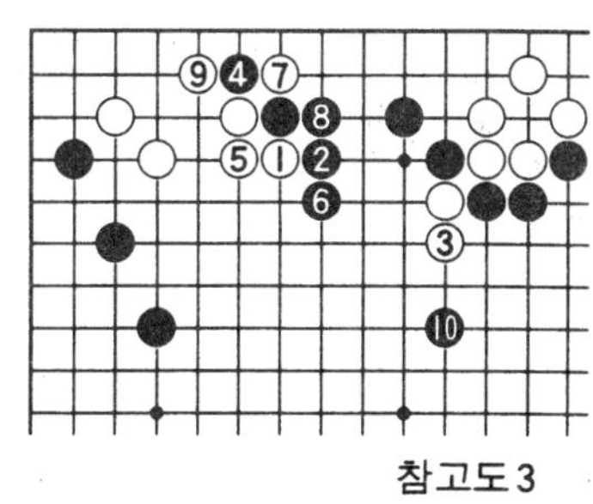

참고도3

그림2(白은 중앙의 안정을 달성)

黑1은 白2, 4의 절단을 유인하고 오른쪽과 연결하려는 것이다.

黑5의 붙임수가 묘수로서 중앙과 관련된 공격과 견디기는 쌍방이 무사히 일단락되었다.

이 갈림은 白이 중앙에서 안정을 이룩했지만 黑도 선수로 연결하여 불만은 없을 것이다.

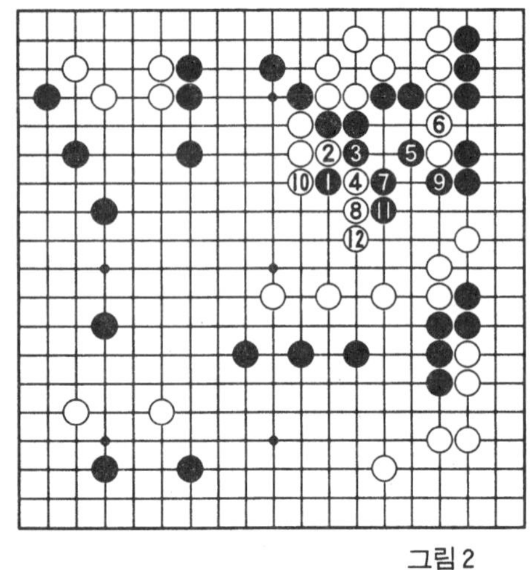

그림 2

참고도4 그림2의 黑1로써 호구를 치는 것은 무거운 수이다. 白2로 연결하면 黑은 연결하기가 어렵다.

참고도5 그림2의 白2로써 1로 밀어올리는 것은 黑2로 끼워붙이는 묘수가 발생하여 白5까지가 필연.

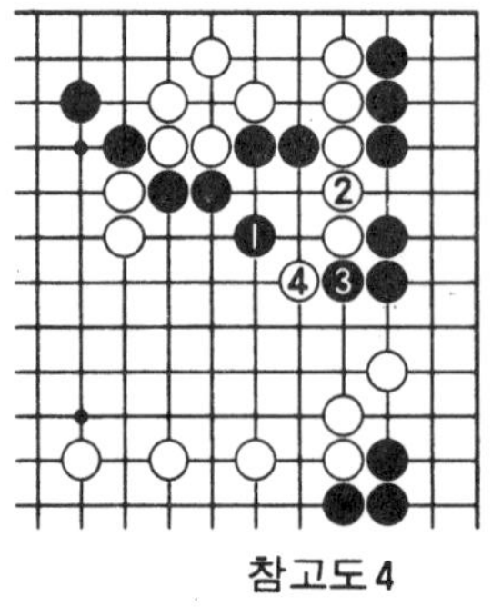

참고도 4

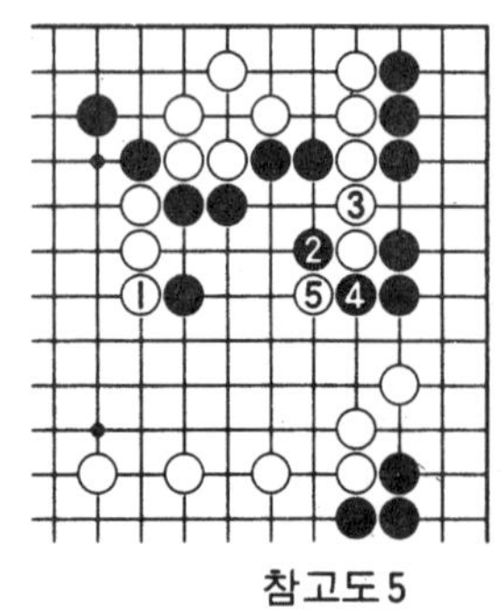

참고도 5

참고도6 참고도5에 이어서 黑1 이하의 수단이 있으며 5점을 사석으로 하여 두터운 맛을 구축한다.

黑9의 급소로 육박하면 白의 일단이 갑자기 엷게 된다.

가령, 이것을 견딘다고 하더라도 이의 영향력이 크므로 白은 불리하다.

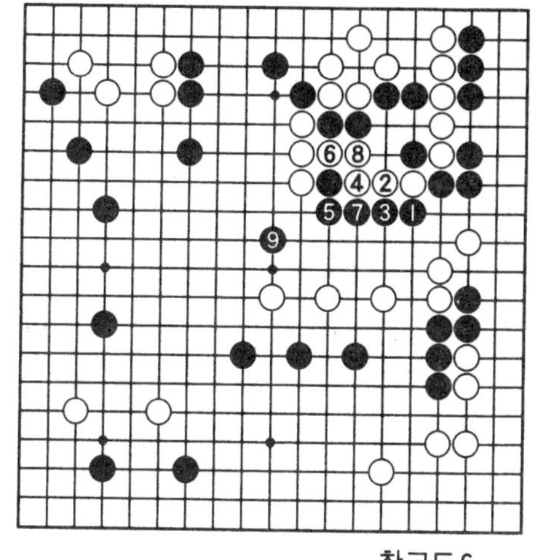

참고도6

그림3(공격의 급소)

黑1로 기는 것이 공격의 급소로서 국면의 주도권을 장악한다.

白은 10까지로 응수하는 것이 당연하다.

黑11이 쟁점의 급소로서, 이를 두지 않으면 白a 黑b 白c 黑d 白e가 빛나는 곳이 된다.

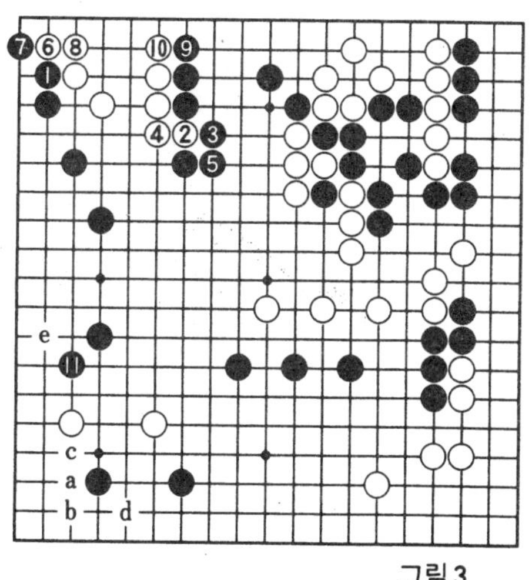

그림3

큰 돌도 죽는다

아무리 큰 돌이라고 하더라도 2눈이 없으면 죽는다.

「대마불사」라고 하는 격언이 있는 것처럼 큰 돌은 좀처럼 죽지 않는다. 그러나 아무리 크다고 하더라도 2개의 눈을 만들 가능성이 없으면 결국은 죽는다.

중앙의 黑돌은 49점이나 되지만 죽었다는 것을 확인하여 주기 바란다.

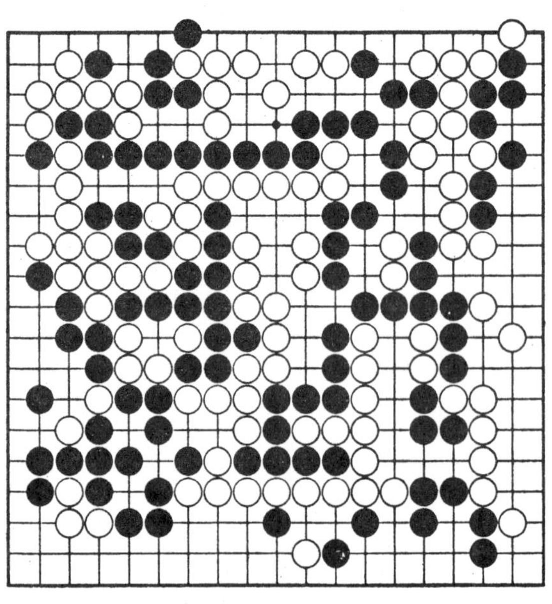

제 4 장

눈으로 포착할 수 있는 급소와 쟁점

눈으로 익히는 급소와 쟁점

서반전의 교졸은 이제부터 시작되는 중반전을 유리하게 이끌고 나가거나 아니면 불리한 상태에서 싸우지 않으면 안 된다고 하는 중요한 역할을 하고 있다.

포석 단계에서는 중반의 수나 끝내기, 그리고 사활 등과는 달리 결론을 간단하면서도 뚜렷하게 내기가 어려우므로「이 1수」로는 좀처럼 단정할 수 없는 요소도 있다.

즉, 각자의 취미와 기풍에 따라 실리나 세력을 취하여도 모두가 성립될 수 있다고 생각되기 때문이다.

그것은 중반전과는 달리 수를 읽을 수 있는 것이 아니며 감각적인 요소가 중심이 된다.

바둑은 전국적인 급소를 감각적으로 포착하고 쌍방의 쟁점을 적절하게 찾아낼 수 있는 힘을 요구한다.

그러므로 이 강좌에서는 감각 양성을 위하여 도움이 될 수 있도록 기본적인 소재를 수집하였다.

범 례

1. 원형의 문제도는 나의 실전 경험에서 선정한 것이다.
2. 서반, 중반에 있어서의 밸런스 감각, 모양의 요충, 공방의 급소 등 실전에 도움이 될 수 있는 소재를 엄선하였다.
3. 급소와 쟁점을 포착하는 감각 문제이므로 힌트는 주지 않기로 하였다.
4. 해설의 페이지는 정해도와 실패도만을 소개하고 있는데 이는 노림이「서반의 1수」에 있으며 감각 양성에 포인트를 두고 있기 때문이다.

제 1 형

삭감의 급소

○白번

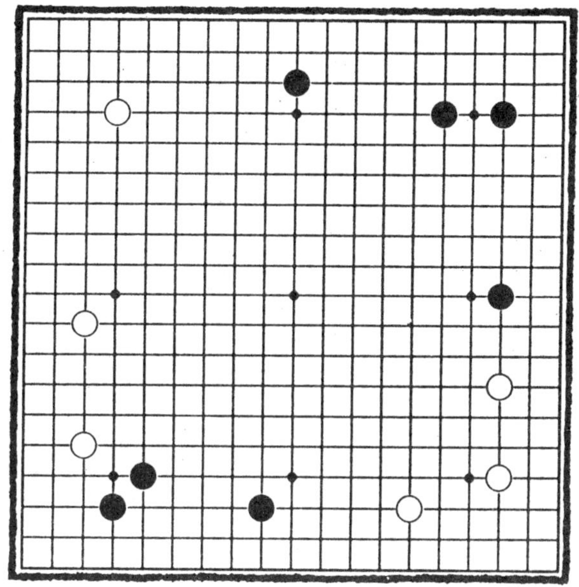

제 2 형

밸런스

○白번

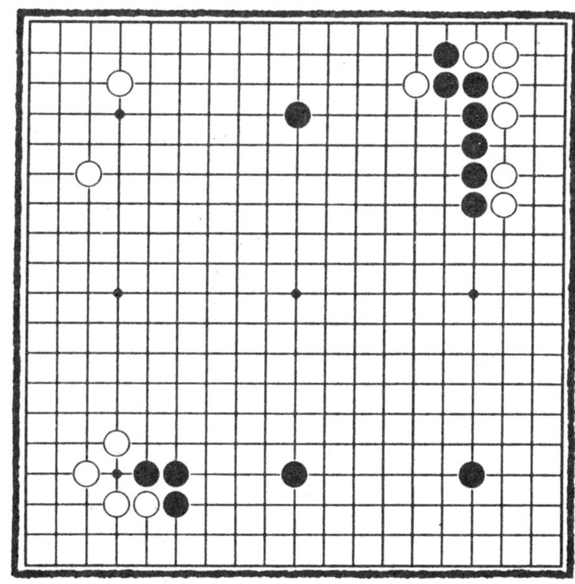

정해도 우상귀 黑 모양의 삭감이 초점이지만 白1의 어깨짚기가 제1감(第一感)의 급소.

白7까지 얕게 삭감하면서 黑4, 6의 두터운 맛을 △이 삭감하고 있다.

[제1형 정해도]

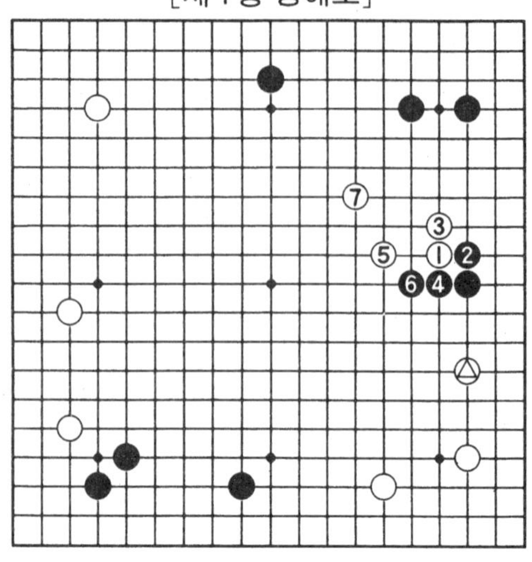

실패도 白1로 실리를 선택하는 수도 생각될 수 있지만 이 경우에는 방향 감각이 잘못되어 있다.

黑2의 뛰기가 절호점이 되어 黑 모양의 삭감이 매우 어려워진다.

정해도가 포석 구상에 있어서 기본적으로 익혀야 하는 것이다.

[실패도]

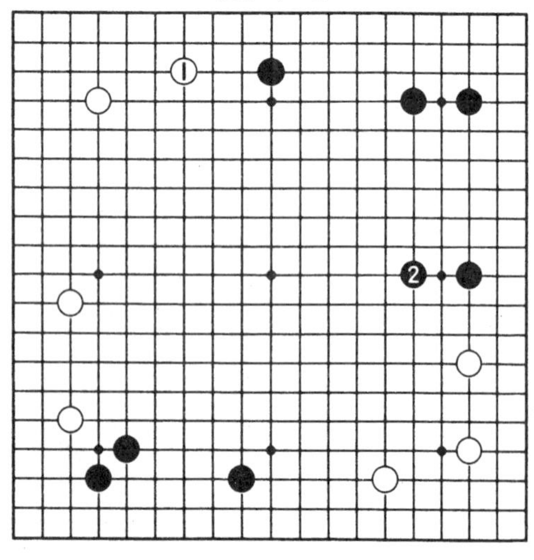

정해도　白1로 2칸높이 구축하는 것을 밸런스가 잡힌 1수라고 할 수 있다. 黑 모양의 제한과 자기 진지의 확대를 도모하는 일석이조의 수이다.

白1로써 a 또는 b로 낮게 두는 것은 중반의 국면이므로 문제이다.

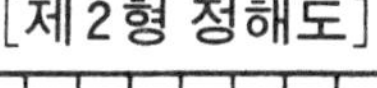
[제2형 정해도]

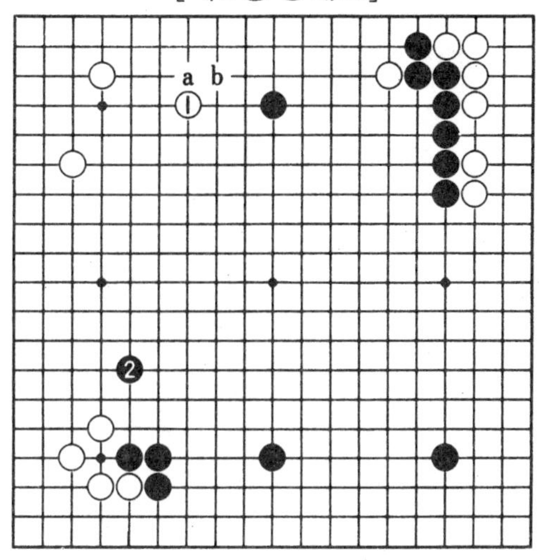

실패도　白1도 세력삭감의 급소이지만 黑2로 쟁점으로 돌아 白에 이득이 없을 것이다.

黑4가 되면 黑 모양의 위력이 전국을 제압한다.

[실패도]

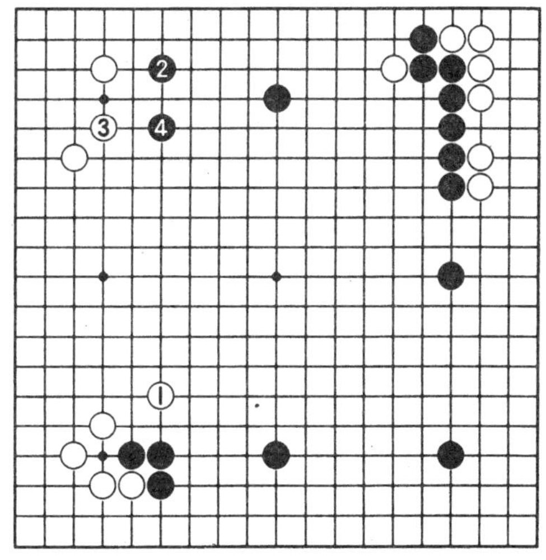

제 3 형

요충

○白번

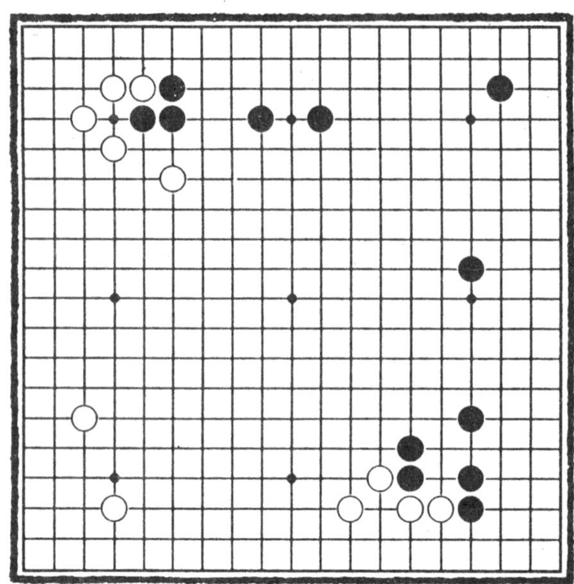

제 4 형

공방의 급소

○白번

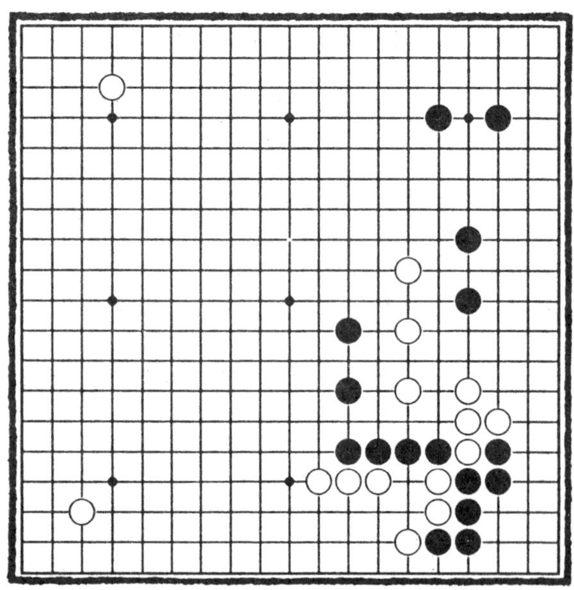

정해도 국면을 양분한 국면 구성인데 白1의 日자가 세력 삭감의 요충이 된다.

白1의 점은 白의 모양을 넓히면서 黑 모양의 발전을 저지시키는데 활용하고 있는 것이다.

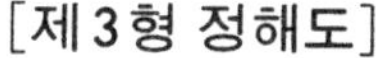
[제3형 정해도]

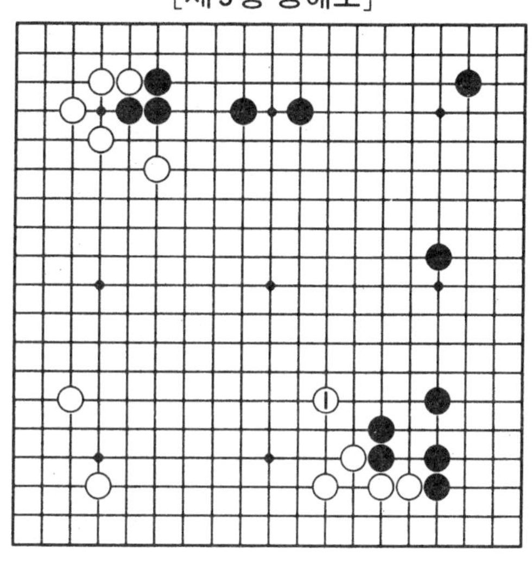

실패도 白1 또는 a, b 등으로 방어하는 것도 물론 큰 수이나 대국관이 결여된 수라고 할 수 있다.

급소인 黑2에 두면 순식간에 모양의 밸런스가 무너지고 이의 차이는 역연하다.

[실패도]

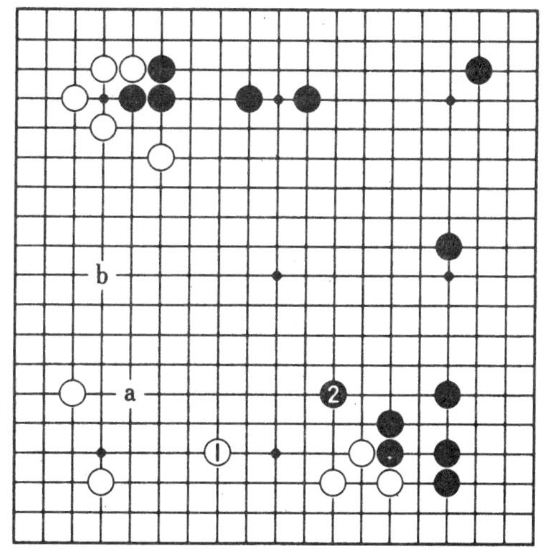

정해도 좌상귀의 군힘이 눈에 띄고 있는데 白1로 2칸높이 구축하는 것이 급소의 1수.

◎과의 균형 유지와 안의 黑을 공격할 때에 활용한다.

白1로써 a까지 진출하는 것은 黑b가 남으며, 白c는 ◎가 낮은 관계로 발전성이 문제이다.

[제4형 정해도]

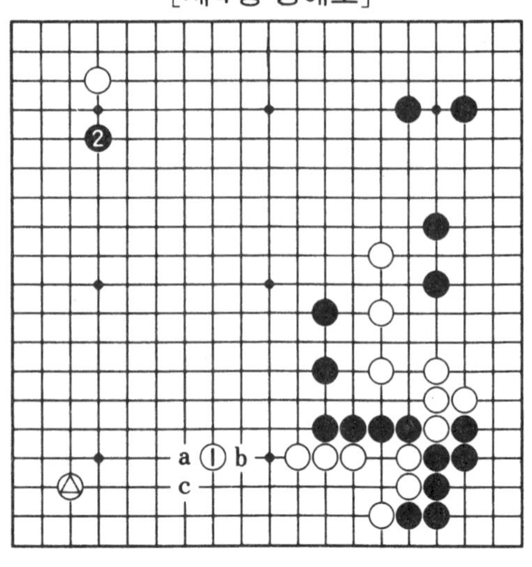

실패도 白1로 좌상귀를 굳히는 것은 黑2 또는 a가 白의 공격을 보고 준엄한 협공이 되기 때문에 여기서는 정해도가 우선이다.

[실패도]

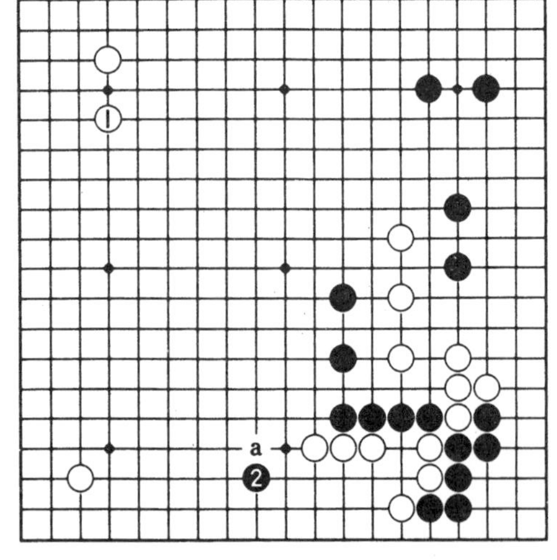

제 5 형

노림의 급소

●黑번

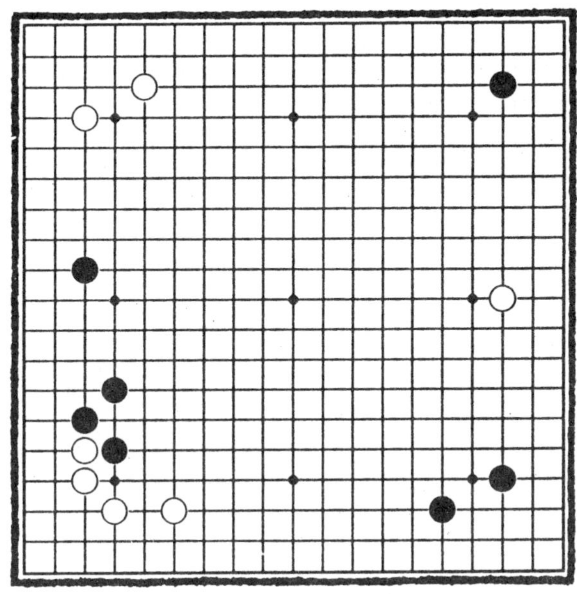

제 6 형

빛나는 1수

○白번

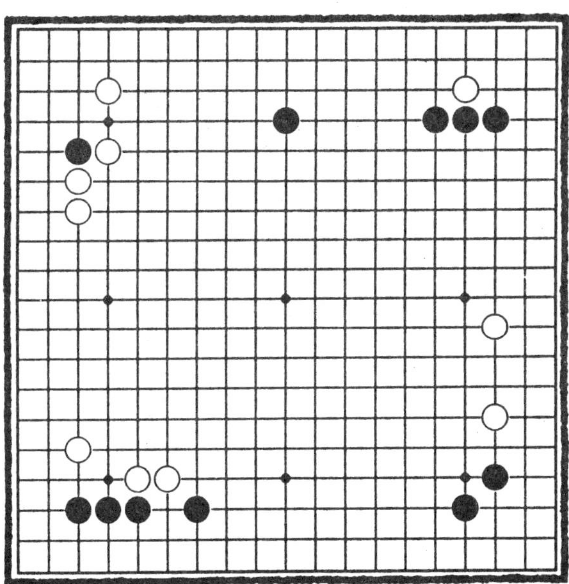

정해도 큰 벌리기가 각처에 있는데 이 구도에서의 쟁점은 좌변과 우변이 되는 것이다.

黑1이 급소의 벌리기로서 다음의 노림수는 a, b 등으로 중앙을 넓히는 즐거움을 남기고 있다.

白은 4의 2칸벌리기가 급소이다.

[제5형 정해도]

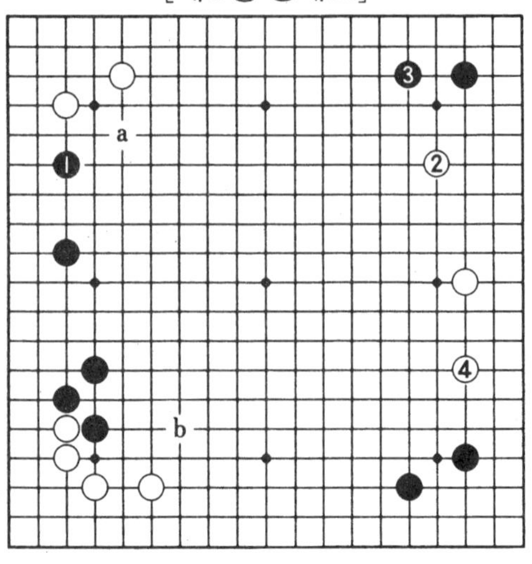

실패도 黑1도 큰 자리인데, 그러면 좌변의 쟁점인 白4로 돈다.

白으로부터 a의 노림수가 발생하였으므로 정해와의 차이가 크다.

[실패도]

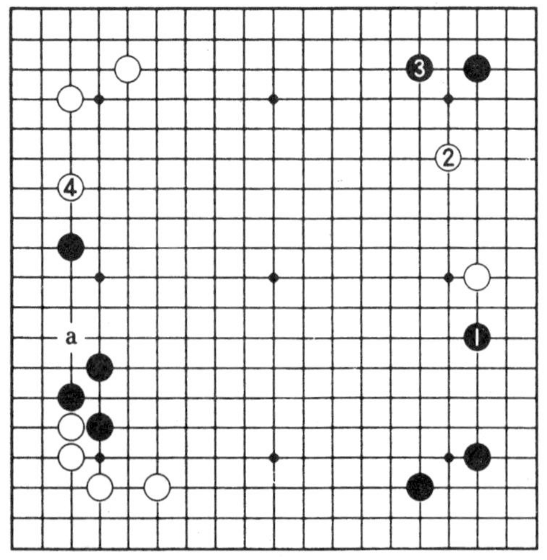

정해도 白1의 2칸벌리기가 절대의 급소이다. 우변에 여유를 두면서 위쪽의 黑 세력을 삭감한다.

좌변과 우상귀도 눈에 띄고 있지만 우변의 쟁점에는 미치지 못한다.

[제6형 정해도]

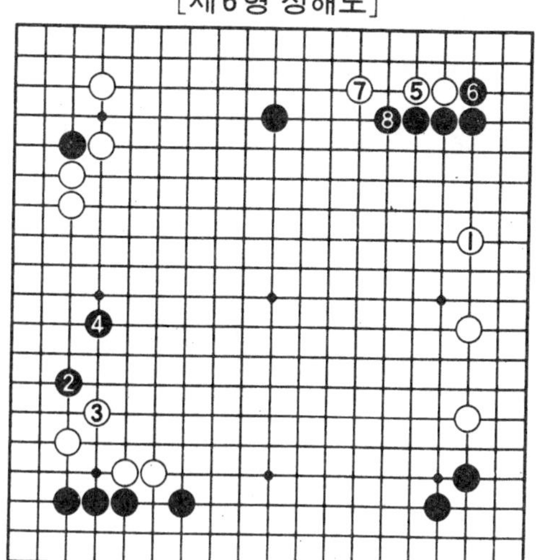

실패도 좌변의 白1 또는 a 등도 단독으로는 절호점이 되지만 黑2는 절대로 허용할 수 없는 국면이다.

白 2점이 엷어지고 방어 일변도로 나가면 불리하다.

[실패도]

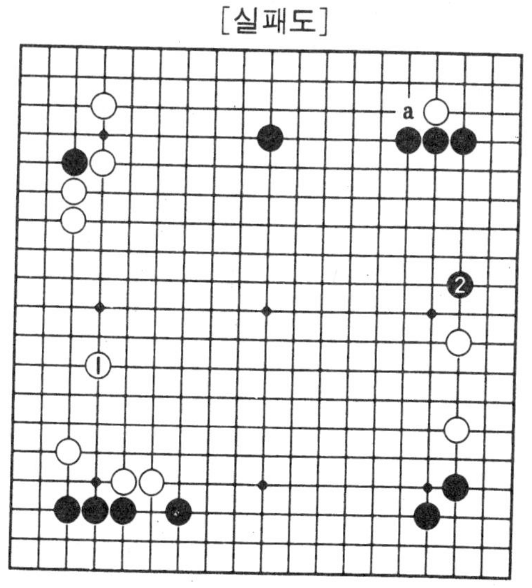

제 7 형

흉내바둑의 급소

○白번

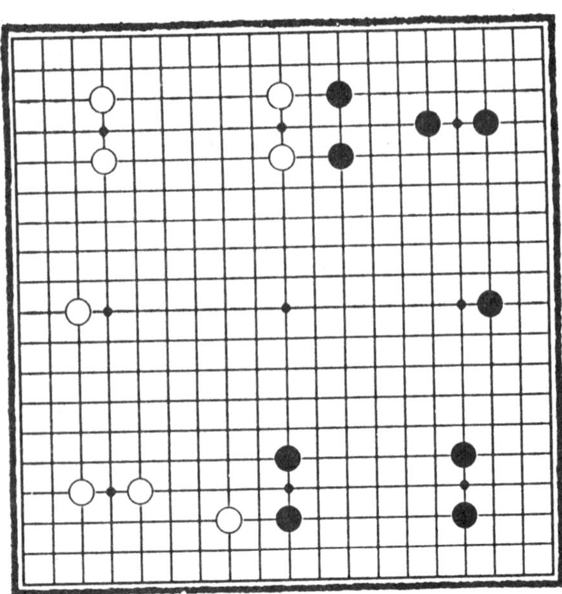

제 8 형

양자 택일

●黑번

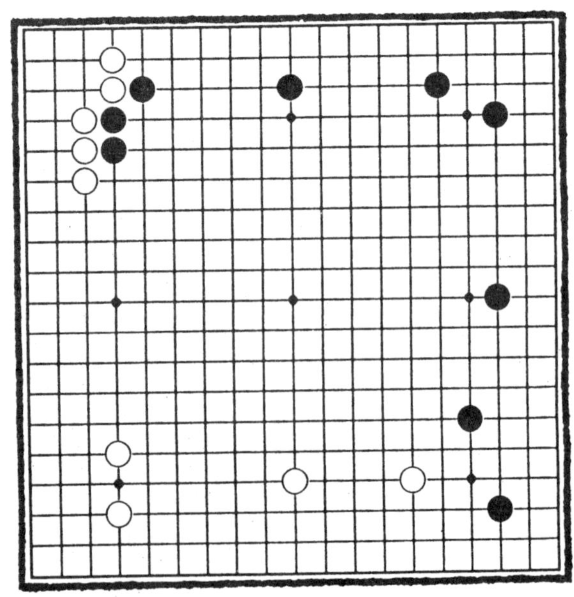

정해도 흉내 바둑의 포인트는 언제 어디에서 변화하는가에 있는데 黑이 17수째에 ▲로 뛴 곳에서 白1, 3으로 변화하였다.

白3은 黑 모양으로 임하는 급소의 1수라고 할 수 있다.

黑4로 급소로 꼬부리고 3의 1점을 노린다.

[제7형 정해도]

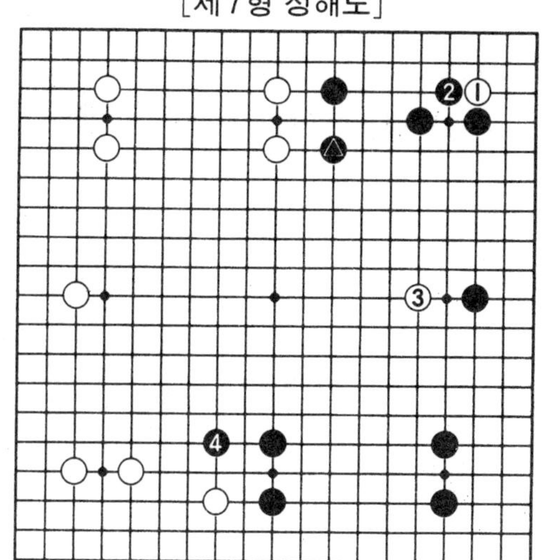

실패도 白1로 계속 흉내를 내는 것은 黑6의 천원(天元)이 절호의 타이밍으로서 이의 가치는 상당하며, 1인 때가 변화할 찬스이다.

[실패도]

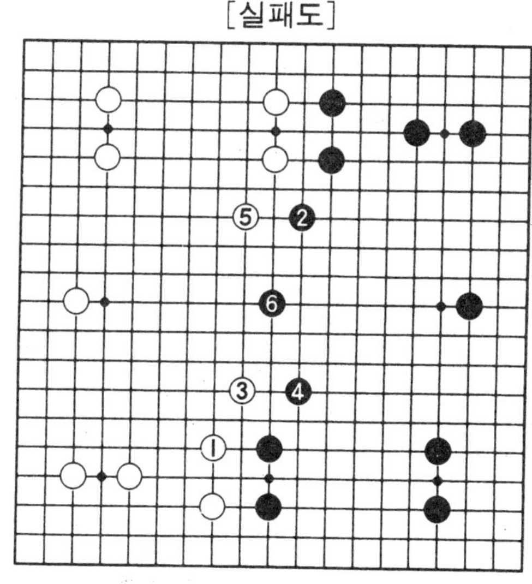

정해도 국면은 모양을 넓히느냐 침투를 하느냐의 갈림길인데 黑1의 침투가 절호의 타이밍.

그러므로 白2를 두고 모양의 중심점인 4로 도는 호흡이 돌의 리듬이다.

黑5로써 a로 우상을 제압하면 白5의 씌우기로 하변의 골이 깊어진다.

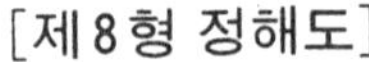

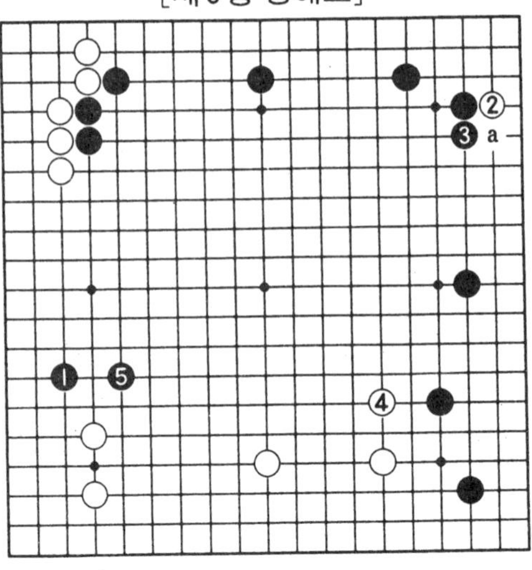

실패도 黑1의 뛰기는 모양의 급소이지만, 그러면 白2의 구축이 이에 못지않은 호점이 된다.

[실패도]

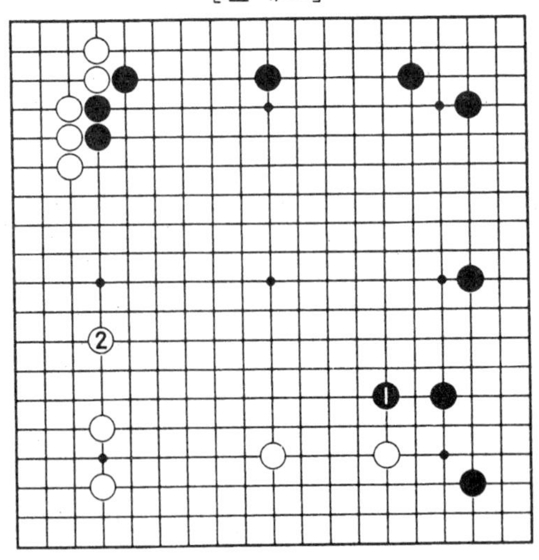

제 9 형

타개의 급소

○白번

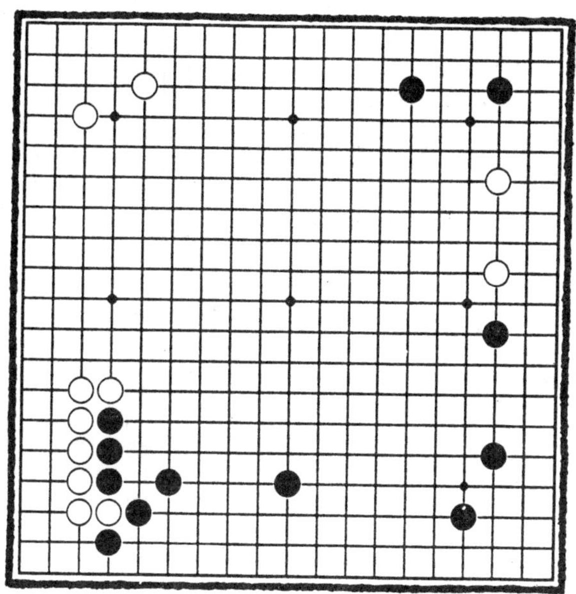

제 10 형

생동감 있는 1수

●黑번

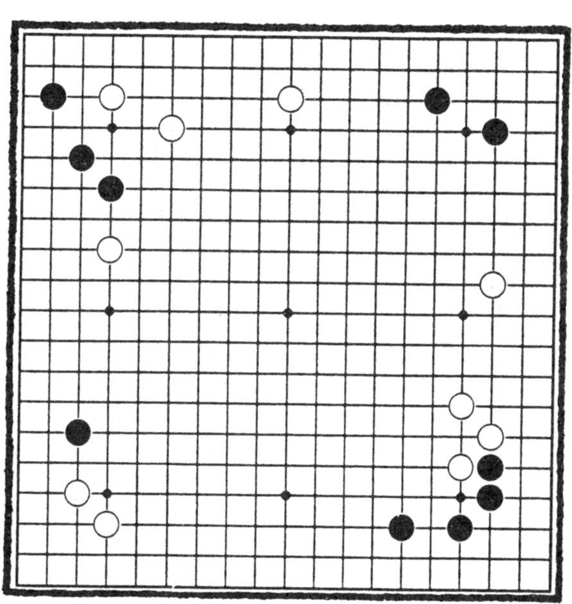

정해도 白1이 침투의 급소이다.

黑2, 4는 白의 타개를 허용하지 않는 상용의 응수.

白5의 日자가 고심의 1수로서 모양의 급소이다.

즉, 하변은 黑의 세력권이므로 가볍게 처리하는 것이 긴요.

黑6으로써 a라면 白b 또는 c.

[제9형 정해도]

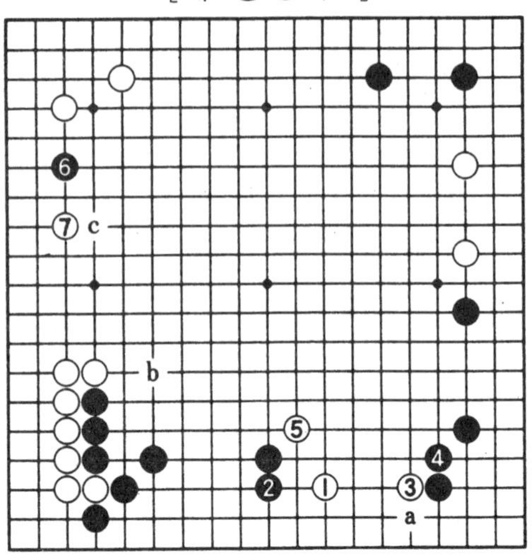

실패도 평범하게 白1로 뛰는 것은 黑2로 탈출이 어려워진다.

黑4, 6으로 돌이 부딪치면 실패이다.

[실패도]

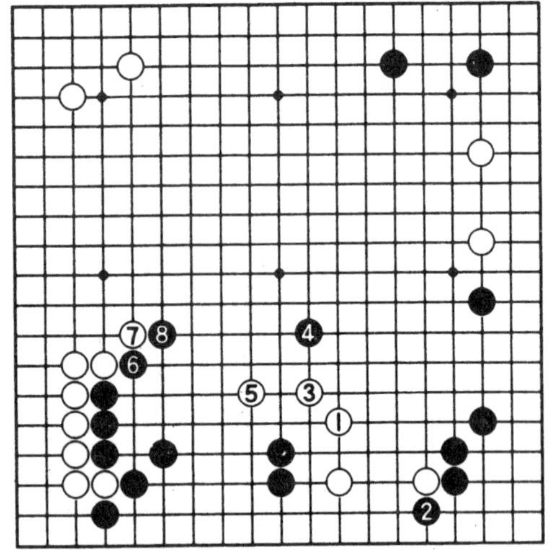

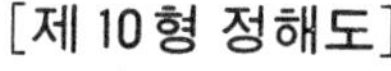
[제 10형 정해도]

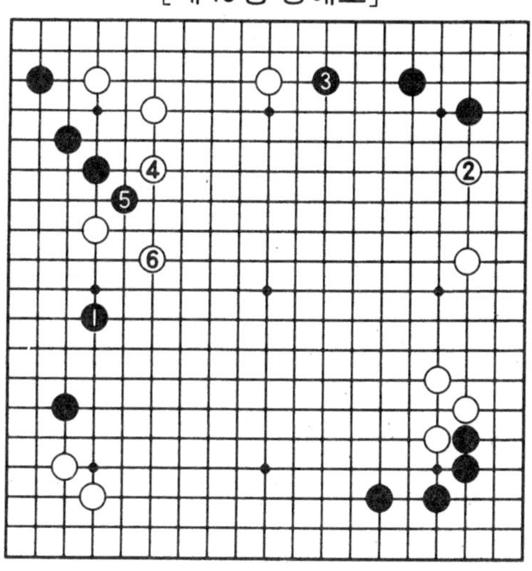

정해도 정석에 구애되지 않고 黑1로 2칸에 높이 벌리는 것이 협공을 겸한 살아 있는 수이다.

白2 黑3으로 쟁점을 차지하고 白4에서부터 6으로 서로가 급소에 두고 중반전에 돌입한다.

黑1의 착상이 떠오르면 그 감각은 뛰어나다고 할 수 있다.

[실패도]

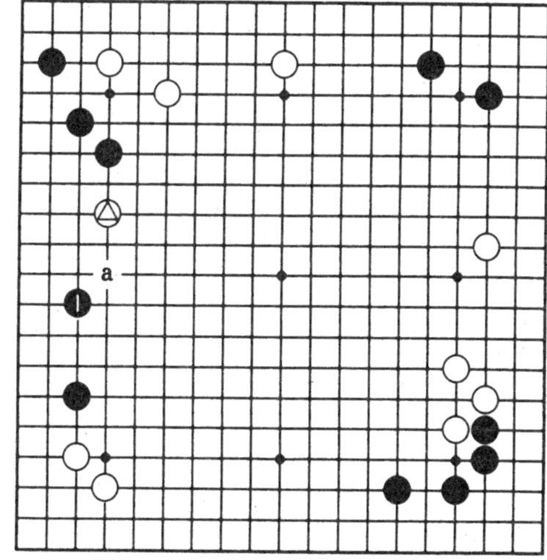

실패도 정석은 黑1의 2칸이나, 이것으로는 △에 영향을 미칠 수 없다.

나중에 △의 공격으로 돌았을 때에 白a로 달아나는 것이 불만이다.

제11형

스케일의 크기

●黑번

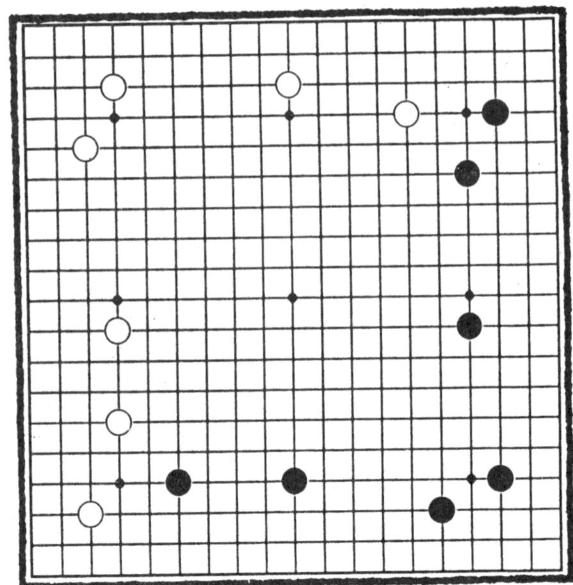

제12형

변화술

○白번

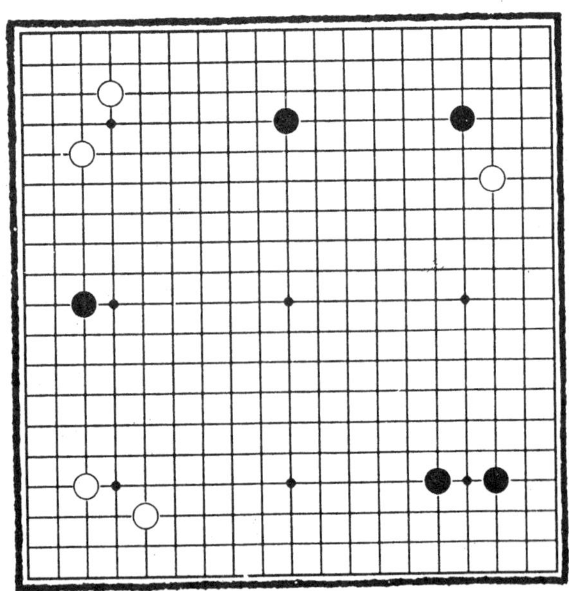

정해도 좌우에 큰 모양을 편 국면인데 黑1의 뛰기가 요충의 1수이다. 바로 모양의 중심점이며 黑의 폭이 깊어졌다.

[제 11형 정해도]

실패도 黑1의 뛰기, 또한 a, b 등도 모양을 넓히고 싶은 급소이나 白2의 호수에 미치지 못하며 적당치 않다.

전국의 급소를 제1감으로 포착하는 케이스인데 이 감각을 몸에 익혀 주기 바란다.

[실패도]

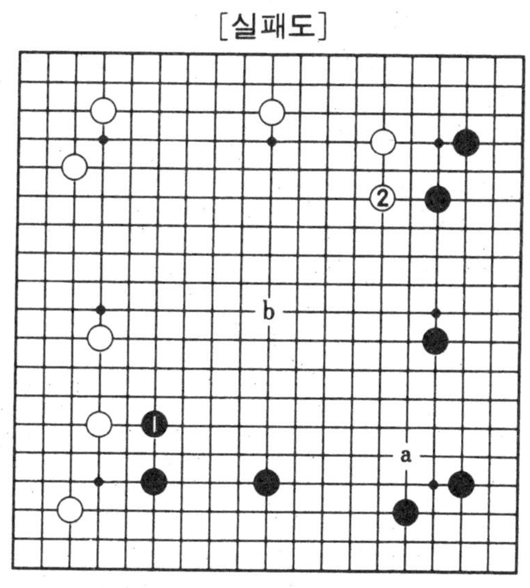

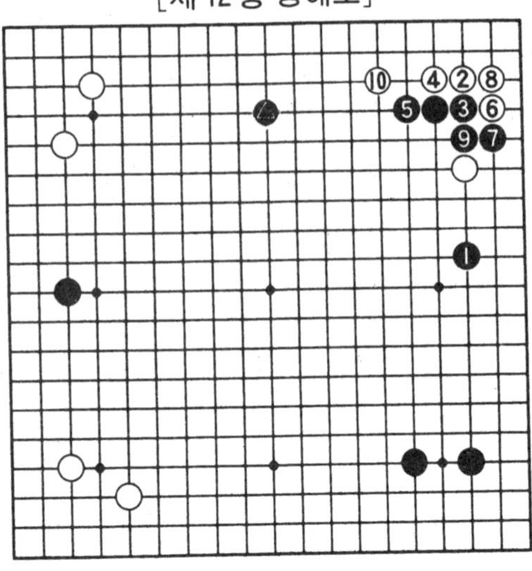

정해도 이 포석에서 黑1로 협공하면 白2로 귀에 전진하고 빨리 안정될 수 있는 기법을 몸에 익혀 주기 바란다.

白10까지의 정석을 예상할 때 黑의 협공이 협소하고 ▲의 착점도 불안정하므로 黑의 의문인 형세다.

[실패도]

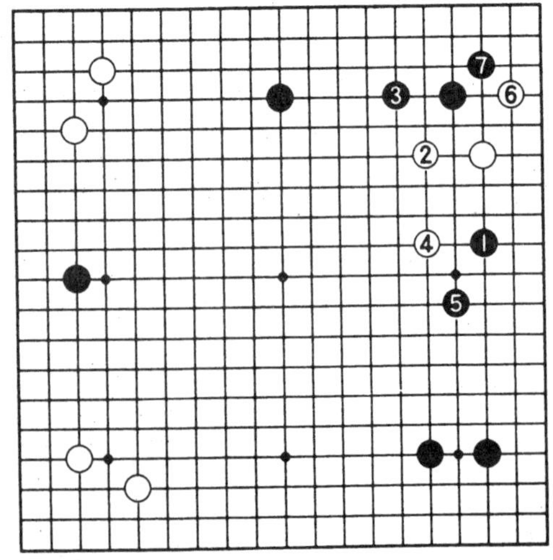

실패도 白2의 뛰기는 무거운 착상이므로 좋지 않다.

黑3 이하 7까지는 보통의 응접이지만 白은 불안정한 상황이다.

제13형

허술한 작전

○白번

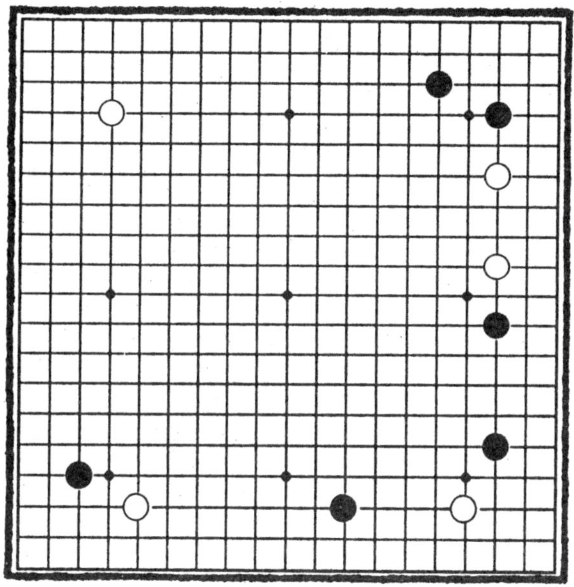

제14형

이 1 수

●黑번

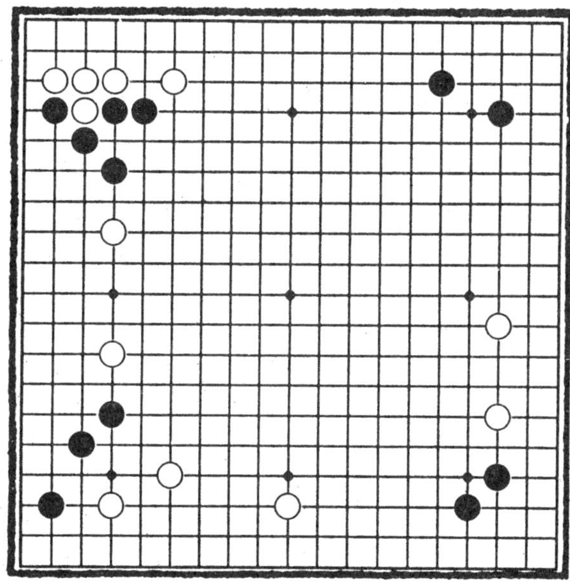

정해도 포석 구상을 할 때에는 돌의 배치에 주의해야 하는데 이 국면에서는 白1로 벌리는 것이 적절하다.

黑2에서부터 6까지 두면 ▲의 벌리기가 협소하며, 白1이 黑의 두터운 맛을 삭감하고 있으므로 이 작전은 성공이라고 판단된다.

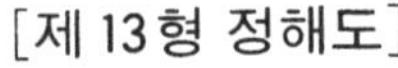
[제13형 정해도]

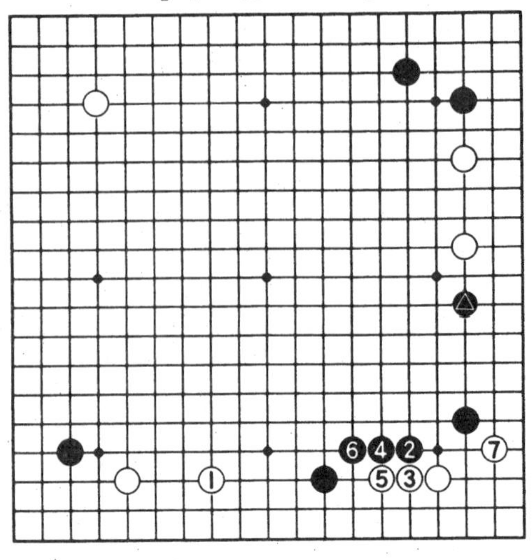

실패도 상식적으로 白1의 口자는 黑2의 계략대로 되어 白의 불리한 구도가 된다.

[실패도]

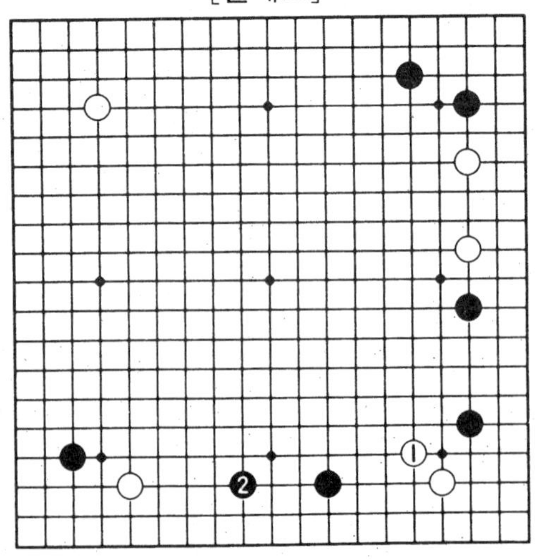

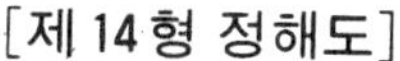

[제 14형 정해도]

정해도 이 국면에서는 黑1의 육박이 절대적인 급소가 된다.

이렇게 두고 우상귀의 모양을 넓히면서 白의 2칸벌리기를 옭게 한다.

실전에서 가끔 나오는 구도이므로 1의 요점을 놓치지 않기 바란다.

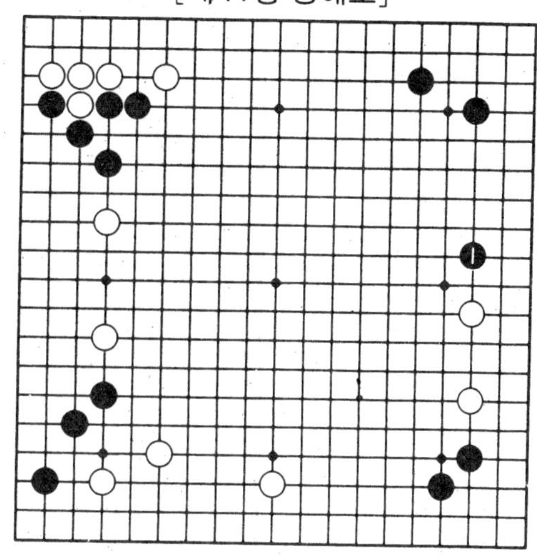

[실패도]

실패도 黑1로 하변에 벌리는 것은 방향 감각의 착각으로서 白2의 쟁점을 허용하면 대세에 뒤지게 된다.

黑a의 침투는 속전이 예상되고 있는 제2의 방안.

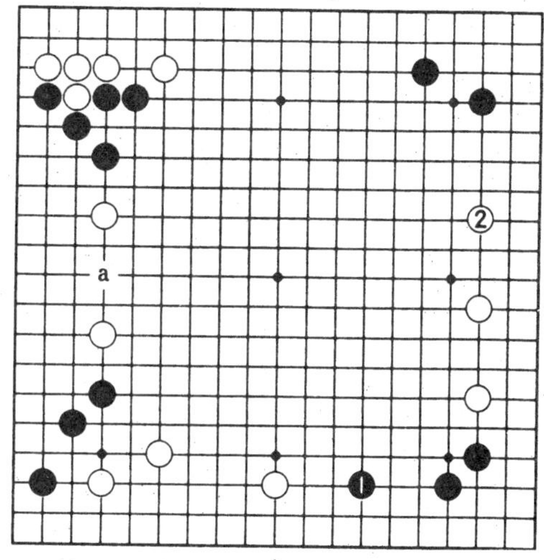

정해도 평범한 포석 구성이나, 黑이 보유하고 있는 세력을 상정하고 白1의 협공이 급소가 되고 있다.

黑2를 유인하여 白3이 黑의 두터운맛을 삭감하는 위력을 발휘한다.

白은 속전을 피하고 여유 있는 작전을 수행하도록 서반에서 명심하여야 한다.

[제 16형 정해도]

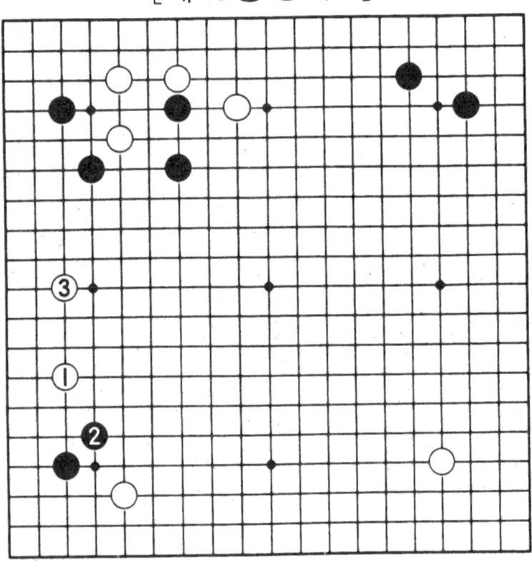

실패도 白1의 큰 자리는 우변에 관한 한 쟁점이 된다.

그러나 黑2, 4라고 하는 두터운 맛이 영향력을 행사하여 6의 속전이 위력을 발휘한다.

[실패도]

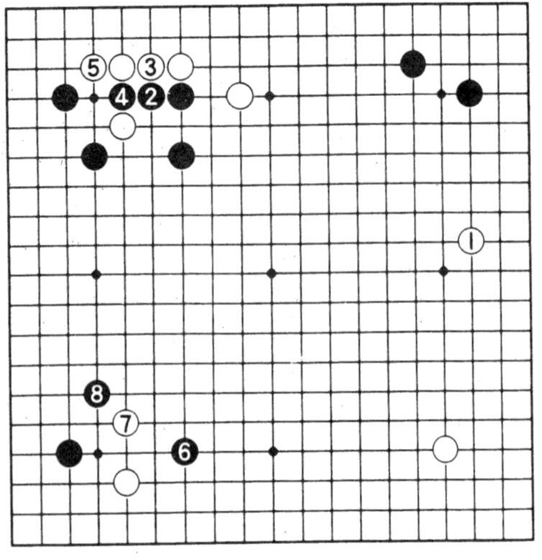

제 17 형

큰 세력에 있어서의 급소

○白번

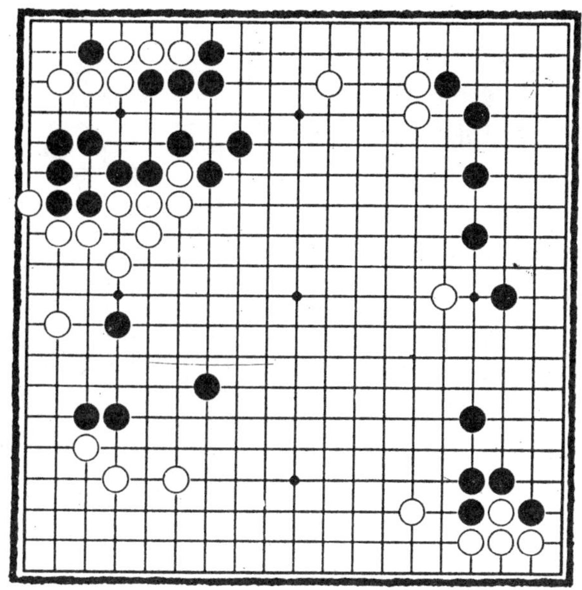

제 18 형

호점보다는 급한 자리

●黑번

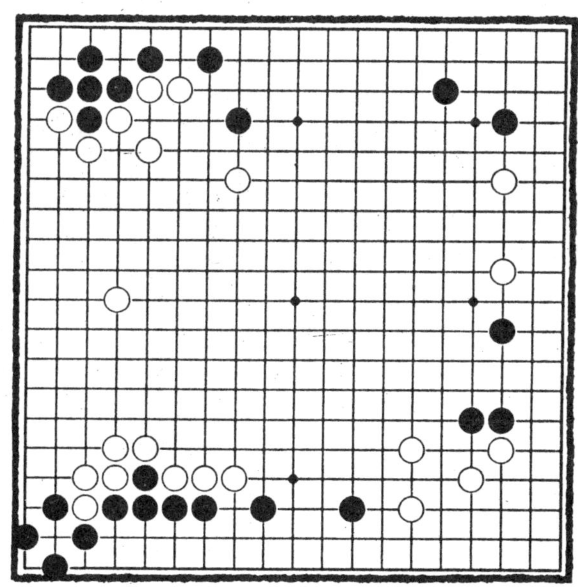

정해도 黑의 확정지는 우변뿐이지만 白은 도처에 영토를 차지하고 있어 불리하지 않다.

그러므로 평범한 白1, 3의 젖혀잇기가 큰 세력에 있어서의 급소가 된다.

△에 성원을 보내면서 a의 침략을 남기고 白7까지면 白이 유망한 형세이다.

[제 17 형 정해도]

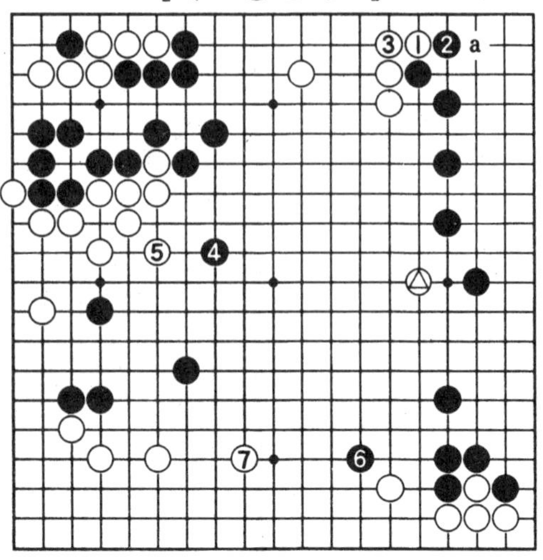

실패도 白1로 벌리는 것은 黑2, 4의 젖힘이 급소가 된다.

전국적으로 白이 엷어지고 △은 불안하다.

黑a의 급소가 꺼림칙하다.

[실패도]

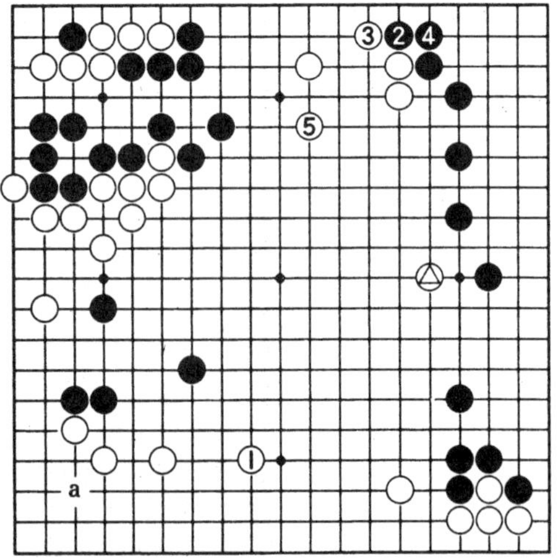

정해도 국면의 초점은 좌변의 黑 모양에 있는데 지금은 삭감으로 도는 것이 찬스이다.

黑1의 침투가 급소이며, 白2도 이 점에 붙이고 처리하는 것을 저지하는 것이 급소.

黑3은 a의 건너가기를 남기고 黑5의 ㅁ자로 나오며 白모양을 파괴하였다.

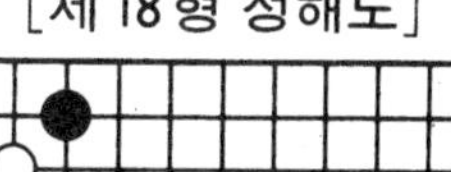

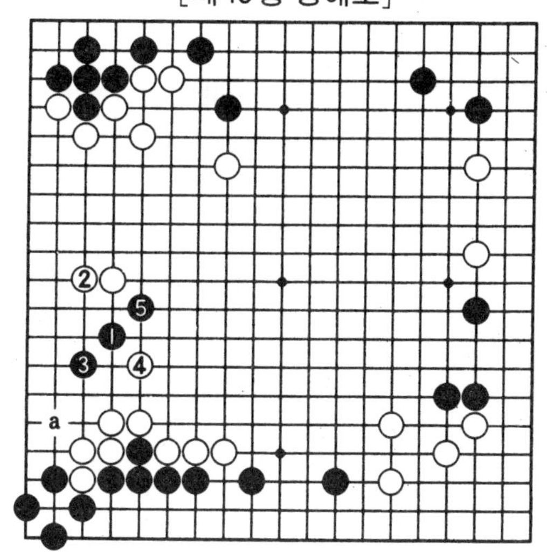

실패도 黑1은 상변을 확대하는 호점이지만 白2가 선수가 되는 것이 포인트.

黑3을 유인하고 白4의 급소로 두게 되어 黑은 삭감의 찬스를 잃게 된다.

[실패도]

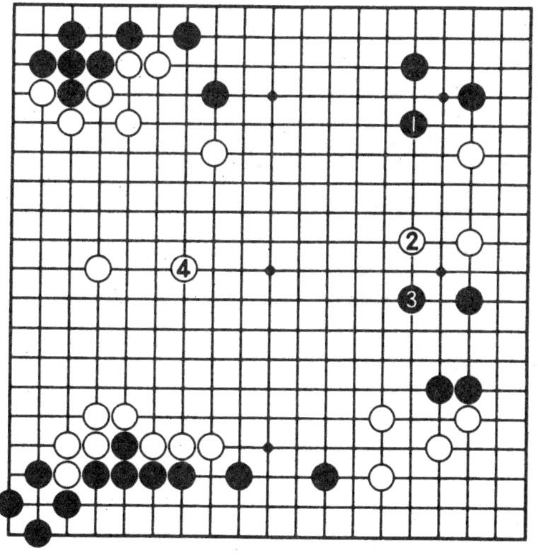

대국(対局) 매너

바둑을 두는데 있어서 특별한 예법은 없지만, 둘이서 행하는 게임이므로 룰 이전에 최소한의 예의는 지키지 않으면 안 된다.

우선 해서는 안 되는 것은 첫째, 일단 반상에 둔 돌을 다른 곳에 옮길 수 없다는 것이다. 일단 두고 난 다음에는 당장에 좋은 수단을 깨달았다고 하더라도 이미 때는 늦은 것이다. 먼저 착수점을 결정하고 나서 돌을 두어야 하는것이다.

다음에 상대의 사고(思考)를 방해하는 행위도 삼가하지 않으면 안 된다. 바둑은 정신의 집중과 상상력의 게임이다. 반외(盤外)의 언동으로 상대의 미스를 유발하여 비록바둑에는 이겼다고 하더라도 이것이 기술 향상과 연결될 수 없다는 것을 알지 않으면 안 된다.

또한, 대국자가 아닌 관전하는 입장이 되었다고 하더라도 결코 조언(훈수)을 하지 않는다는 것도 매너 가운데의 하나이다. 승패를 겨루는 싸움이라고 하지만 결국은 서로가 즐기기 위한 게임으로 대국자나 관전자가 피차 불쾌감을 사지 않도록 한다.

편집실 편 **트럼프 · 포커게임** 국판 / 224면	●원래 게임은 즐긴다는 것이 가장 중요하다. 본서는 트럼프를 보다 즐겁게 즐길 수 있도록 바른 룰과 게임 방법을 알기 쉽게 엮었다.
편집실 편 **마 술 백 과** 국판 / 208면	●누구나 다 마술을 하고 싶은 충동을 한번쯤은 느꼈을 것이다. 이 책은 마술을 익히는데 도움을 주고 열의에 찬 마음으로 최선을 다할 수 있게 엮었다.
정완희·이순희 엮음 **레크리에이션 핸드북** 신국판 / 232면	●현대인은 복잡한 인간 관계로 많은 스트레스를 받고 있다. 시달린 몸과 마음의 피로를 일상 생활 중에서 풀어 즐겁고 명랑한 삶을 창조할 모든 것이 들어 있다.
박창영 편저 **레저 레크리에이션** 실내편/신국판/214면 실외편/신국판/248면	●오늘날에 누구나 건강한 삶을 위해, 원활한 대인관계를 위해, 삶의 보람과 기쁨이 인생을 통하여 펼쳐질 수 있도록 폭넓게 엮었다.
편집실 편 **야외 레크리에이션** 4·6판 / 256면	●현대인의 휴식 공간을 차지하고 있는 놀이들을 쉽고, 간결하고, 자연스럽게 접할 수 있도록 꾸몄고, 자연의 품에서 피로를 풀도록 엮었다.
서선택 엮음 **레크리에이션가이드** 국판 / 256면	●본 지도서는 일반 게임, 싱잉 모션, 민속 무용, 홍 몸짓, 심성 계발 훈련, 야외 게임등 레크리에이션의 여러 분야를 밝은 웃음과 풍요한 마음을 가져다 주도록 흥미진진하게 엮었다.

포석의 급소와 쟁점

지은이 坂 田 栄 男
엮은이 一信·囲碁書籍編纂會
교 열 심 종 식
펴낸이 南 溶
펴낸데 一 信 書 籍 出 版 社

주소 : 121-110 서울 마포구 신수동 177-3
등록 : 1969. 9. 12. NO. 10-70
전화 : 영업부 703-3001~6
편집부 703-3007~8
FAX 703-3009

ISBN 89-366-0741-3

값 7,000원